建筑业与房地产企业工商管理培训教材

国际工程管理

建筑业与房地产企业工商管理
培训教材编审委员会

中国建筑工业出版社

图书在版编目（CIP）数据

国际工程管理/建筑业与房地产企业工商管理培训教材编审委员会编．-北京：中国建筑工业出版社，1998
建筑业与房地产企业工商管理培训教材
ISBN 978-7-112-03607-3

Ⅰ．国⋯　Ⅱ．建⋯　Ⅲ．对外承包-管理-教材　Ⅳ．F752.68

中国版本图书馆CIP数据核字（98）第17637号

  本书简明扼要地介绍了国际工程管理的有关概念和基本知识。全书共分为11章，其中第一章介绍国际工程的概念、国际工程市场和我国国际工程事业的情况。第二、三章介绍国际工程咨询，包括：咨询公司的业务开发和工程咨询服务的内容，工程咨询招投标的方式、程序和做法等。第四至七章介绍国际工程承包，包括：资格预审，招标文件内容与通用格式，FIDIC土木工程施工合同条件，投标报价知识与实例，国际工程承包合同管理等。第八、九章介绍国际工程管理中的两个重要问题：国际工程风险分析与防范和国际工程承包索赔管理。第十、十一章分别介绍与国际工程密切相关的国际货物采购和外汇与融资的基本知识。

  本书是建筑业与房地产企业工商管理培训教材之一。也可供工程项目业主、咨询工程师、承包商以及高等学校有关专业师生学习参考。

建筑业与房地产企业工商管理培训教材
国　际　工　程　管　理
建筑业与房地产企业工商管理
培训教材编审委员会

*

中国建筑工业出版社出版、发行（北京西郊百万庄）
各地新华书店、建筑书店经销
北京同文印刷有限责任公司印刷

*

开本：787×1092毫米　1/16　印张：14½　字数：350千字
1998年7月第一版　2010年10月第十二次印刷
印数：32001—33000册　　定价：21.00元
ISBN 978-7-112-03607-3
(14833)

版权所有　翻印必究
如有印装质量问题，可寄本社退换
（邮政编码　100037）

建筑业与房地产企业工商管理培训教材编审委员会

顾　　问：郑一军（建设部副部长）
　　　　　姚　兵（建设部总工程师，建筑业司、建设监理司司长）
主任委员：李竹成（建设部人事教育劳动司副司长）
副主任委员：何俊新（建设部建筑业司、建设监理司副司长）
　　　　　沈建忠（建设部房地产业司副司长）
委　　员：（按姓氏笔画为序）
　　　　　丁士昭（同济大学教授、博士生导师）
　　　　　丁烈云（武汉城建学院教授）
　　　　　毛鹤琴（重庆建筑大学教授）
　　　　　田金信（哈尔滨建筑大学教授）
　　　　　丛培经（北京建筑工程学院教授）
　　　　　吕　健（北京建工集团五建公司副经理）
　　　　　曲修山（天津大学教授）
　　　　　刘长滨（北京建筑工程学院教授、博士生导师）
　　　　　刘尔烈（天津大学教授）
　　　　　刘洪玉（清华大学教授）
　　　　　向建国（中国建筑工业出版社副编审）
　　　　　张　维（天津大学教授）
　　　　　张兴野（建设部人事教育劳动司培训处副处长）
　　　　　张学勤（建设部房地产业司综合处副处长）
　　　　　何伯洲（哈尔滨建筑大学教授）
　　　　　何伯森（天津大学教授）
　　　　　李宝凤（北京城建四公司总工程师）
　　　　　李燕鹏（建设部建筑业司工程建设处副处长）
　　　　　吴德夫（重庆建筑大学教授）
　　　　　陈德强（重庆建筑大学副教授）
　　　　　林知炎（同济大学教授）
　　　　　班增山（北京城市开发建设总公司高级会计师）
　　　　　蔡建民（中房集团公司经营部副经理）
　　　　　潘蜀健（华南建设学院教授）

出 版 说 明

党的十四届四中全会《决定》要求,"全面提高现有企业领导干部素质"和"抓紧培养和选拔优秀年轻干部,努力造就大批跨世纪担当领导重任的领导人才"是实现今后15年宏伟战略目标和两个根本性转变的重要基础。为此,国家经贸委和中央组织部根据中央《1996~2000年全国干部教育培训规划》提出的要求,制订了《"九五"期间全国企业管理人员培训纲要》。《培训纲要》明确规定,"九五"期间对企业管理人员要普遍进行一次工商管理培训,这是企业转机建制,适应"两个转变"的迫切需要,也是企业领导人员驾驭企业走向市场的基础性培训。

为了搞好建筑业与房地产企业管理人员工商管理培训,建设部于1997年10月31日下发了《关于开展建筑业与房地产企业管理人员工商管理培训的实施意见》(建教[1997]293号),对建筑业与房地产工商管理培训工作做出了具体部署。同时,我司会同建筑业司、建设监理司、房地产业司邀请部分高等院校管理系的教授和企业经理召开了两次研讨会,并成立了"建筑业与房地产企业工商管理培训教材编审委员会",仔细研究了国家经贸委培训司统一组织编写的《工商管理培训课程教学大纲》,分析了建筑业与房地产企业与一般工业企业和商业企业在生产过程、生产方式、生产手段及产品的营销形式等诸方面的差别。根据国家经贸委提出的"各地区、各行业根据自己的实际情况和需要,可增设和调整若干课程和专题讲座"的要求,结合行业特点,对国家经贸委发布的《工商管理培训课程教学大纲》(包括1个专题讲座,12门课程)做了适当调整,其中6门课程的大纲完全是重新制定,并新编了相应的教材。它们是《工程项目管理》、《建筑业与房地产企业财务报告分析》、《建筑与房地产公司理财》、《建筑市场与房地产营销》、《建设法律概论》、《国际工程管理》,分别替换经贸委组织编写的以下6本教材:《现代生产管理》、《财务报告分析》、《公司理财》、《市场营销》、《经济法律概论》、《国际贸易与国际金融》。其余6门课程的教材仍须选用国家经贸委的统编教材。

以上6本教材经"建筑业与房地产企业工商管理培训教材编审委员会"审定,现交中国建筑工业出版社出版、发行。

由于工商管理培训是一项新的培训任务,各院校教师还不太熟悉,加之时间仓促,目前拿出的教材,肯定有不尽完善之处。为此,我们建议:一是对本套教材作为试用,通过一段时间的使用和教学实践,再进行修订,使之更加完善,更加符合实际。二是在试用过程中,各培训院校一定要根据教学大纲的要求紧密结合本地区、本行业和培训对象的需要,联系实际,因材施教,精心安排好各门课程的教学内容,努力探索,不断提高培训质量。

在教材的编写过程中,我们得到了部里有关领导和很多专家教授的指导和帮助,得到了有关业务司局和高等院校、企业的大力支持和合作,在此,我们一并表示感谢。

建设部人事教育劳动司
1998年6月18日

前　言

我国国际工程事业是随着改革开放的深入逐步发展起来的，近20年来，从无到有，从小到大，取得了令人瞩目的业绩。为了从根本上提高我国公司的素质和竞争力，实现这项事业的可持续性发展，加强国际工程人才的培养已成为当务之急。从事国际工程管理不仅要具有扎实的工程技术专业知识，同时还要有从事国际工程管理必不可少的管理、金融、贸易、法律等方面的知识。只有这样，才能适应日益激烈的国际工程市场竞争的需要。

本书力求简明扼要地介绍国际工程管理基本知识，并遵循以下原则：(1) 按照国际最新信息，介绍工程项目管理的国际惯例；(2) 密切联系我国国际工程实际。

全书共分为十一章。第一章介绍国际工程的概念、国际工程市场和我国国际工程业的情况；第二、三章介绍国际工程咨询；第四、五、六、七章阐述国际工程招标、国际通用合同条件、国际工程施工投标报价以及合同管理；第八、九章介绍国际工程管理中的两个重要问题：风险管理与索赔管理；第十、十一章分别介绍国际工程货物采购和有关国际金融知识。

在本书的编写过程中，参考了我国学者和专家近年来有关论著和研究成果，并且得到了天津大学何伯森、建设部张兴野以及许多同行的大力支持和帮助，谨在此一并表示感谢。

参加本书编写的人员有天津大学刘尔烈（第一、二、三章）、汪洋（第四、五章）、张连营（第六章）、吕文学（第七、九章）、王秀芹（第八、十一章）、鹿丽宁（第十章）。由刘尔烈担任主编、吕文学任副主编，哈尔滨建筑大学田金信担任主审。

由于编者水平所限，加之时间仓促，书中错误和疏漏在所难免，诚恳希望广大读者批评指正。

目 录

第一章 绪论 ……………………………………………………………………… 1
 第一节 国际工程的概念 …………………………………………………… 1
 第二节 国际工程市场 ……………………………………………………… 3
 第三节 发展中的我国国际工程事业 ……………………………………… 7
第二章 国际工程咨询公司与咨询服务 ………………………………………… 10
 第一节 概述 ………………………………………………………………… 10
 第二节 国际工程咨询服务的内容 ………………………………………… 12
 第三节 国际工程咨询公司的经营管理 …………………………………… 21
第三章 国际工程咨询招标与投标 ……………………………………………… 24
 第一节 国际工程咨询招标 ………………………………………………… 24
 第二节 国际工程咨询投标 ………………………………………………… 29
 第三节 国际工程咨询费用的计算 ………………………………………… 32
第四章 国际工程承包招标 ……………………………………………………… 36
 第一节 概述 ………………………………………………………………… 36
 第二节 资格预审 …………………………………………………………… 40
 第三节 招标 ………………………………………………………………… 44
第五章 国际工程合同条件 ……………………………………………………… 67
 第一节 国际工程常用合同条件概述 ……………………………………… 67
 第二节 FIDIC《土木工程施工合同条件》 ……………………………… 70
第六章 国际工程施工投标报价 ………………………………………………… 89
 第一节 投标报价工作程序与准备工作 …………………………………… 89
 第二节 报价的基本组成 …………………………………………………… 94
 第三节 各类基础单价的计算 ……………………………………………… 98
 第四节 单价分析与标价汇总 ……………………………………………… 102
 第五节 国际工程投标报价的实例 ………………………………………… 104
 第六节 报价技巧与决策及投标文件的编制 ……………………………… 117
第七章 国际工程承包合同管理 ………………………………………………… 122
 第一节 合同管理的组织机构与内容 ……………………………………… 122
 第二节 工程变更管理 ……………………………………………………… 129
 第三节 工程计量与支付管理 ……………………………………………… 132
 第四节 合同的文档管理 …………………………………………………… 140
第八章 国际工程风险分析与防范 ……………………………………………… 143
 第一节 风险因素 …………………………………………………………… 143

第二节 风险分析与评价 …………………………………………… 148
   第三节 风险防范措施 ……………………………………………… 153
第九章 国际工程承包中的索赔管理 ………………………………… 161
   第一节 概述 ………………………………………………………… 161
   第二节 工程索赔依据与索赔程序 ………………………………… 164
   第三节 索赔值的计算 ……………………………………………… 168
   第四节 国际工程争端的解决 ……………………………………… 178
第十章 国际工程货物采购 …………………………………………… 182
   第一节 概述 ………………………………………………………… 182
   第二节 国际贸易惯例 ……………………………………………… 186
   第三节 国际货物销售合同的基本条款 …………………………… 192
第十一章 外汇与融资的基本知识 …………………………………… 203
   第一节 外汇 ………………………………………………………… 203
   第二节 融资 ………………………………………………………… 213
主要参考文献 …………………………………………………………… 222

第一章 绪 论

本章阐述了国际工程的概念、国际工程市场的现状和特点，介绍了国际工程商情信息渠道，分析了我国公司在国际工程市场中的地位，指出了发展我国国际工程事业必须解决的问题。

第一节 国际工程的概念

一、国际工程及其特点

（一）国际工程的含义

所谓国际工程，是指一个工程项目的参与者来自不止一个国家，并且按照国际上通用的工程项目管理模式进行管理的工程。从我国的角度看，国际工程包括我国工程单位在海外参与的工程，也包括大量的国内涉外工程，如利用世界银行等国际金融组织的贷款项目，因而国际工程属于国际经济合作范畴。

工程单位和人员从事的国际工程业务，通常可以分为两个主要领域：一个领域是国际工程咨询；另一个是领域是国际工程承包。

在国际工程市场上，工程咨询公司和工程承包公司可从事的业务范围并没有被严格划分，一些有实力的咨询公司涉足的往往不是单纯的设计咨询任务，而许多承包公司正在向提供全面服务发展，承揽"设计——施工"项目。近年来，国际工程咨询与国际工程承包已呈现出相互渗透、相互竞争的形势。

（二）国际工程的特点

从事国际工程同从事国内工程相比较，具有以下特点：

1. 具有合同主体的多国性

国际工程签约的各方通常属于不同的国家，受多国不同法律的制约，而且涉及的法律范围极广，诸如招标投标法、建筑法、公司法、劳动法、投资法、外贸法、金融法、社会保险法、各种税法等。

一个大型的国际工程项目建设可能涉及多个国家，如业主、承包商、承担设计、设备制作与安装及各专业工程的分包商、咨询工程师、贷款银行和劳务等可能属于不同的国家，有多个不同的合同来规定他们之间的法律关系，而这些合同中的条款并不一定都与工程所在国的法律、法规一致。这就使得项目各方对合同条款的理解易于产生歧义，当出现争端时，处理起来往往较为复杂和困难。

2. 影响因素多、风险增大

国际工程受到政治、经济影响因素明显增多，风险相对增大，诸如：国际政治经济关系变化引起的制裁和禁运；某些资金来源于国外的项目资金减少或中断；某些国家对承包商实行地区和国别限制或歧视政策；工程所在国与邻国发生边境冲突；由于政治形势失稳而可能发生内战或暴乱；由于经济状态不佳而可能出现金融危机等等，都有使工程中断或造成损失的可能性。因此，从事国际工程不仅要关心工程本身的问题，而且还要关注工程所在国及其周围地区和国际大环境的变化带来的影响。

3. 按照严格的合同条件和国际惯例管理工程

国际工程的参与者不能完全按某一国的法律法规或靠某一方的行政指令来管理，而是采用国际上已多年形成的严格的合同条件和工程管理的国际惯例进行管理。一个国际工程项目从开始至投产其实施程序具有一定的规范化，为保证工程项目的顺利实施，参与者必须不折不扣地按合同条件履行自己应尽的责任和义务，同时获得自己应有的权利。合同条件中的未尽事宜通常应受国际惯例的约束，使得经济利益产生矛盾的各方，尽可能取得一致和统一。

4. 技术标准、规范和规程庞杂

国际工程合同文件中需要详尽的规定材料、设备、工艺等各种技术要求，通常采用国际上被广泛接受的的标准、规范和规程，如ANSI（美国国家标准协会标准）、BS（英国国家标准）等等，但也涉及到工程所在国使用的标准、规范和规程。还有些发展中国家经常使用自己的尚待完善的"暂行规定"。这些技术准则的庞杂性无疑会给工程的实施造成一定的困难。

二、国际工程咨询

咨询的原意为"征求意见"，现代咨询被赋予了更丰富的内容和含义。工程咨询（Engineering Consulting）指的是在工程项目实施的各个阶段，咨询人员利用技术、经验、信息等为客户提供的智力服务。换言之，就是咨询专家受客户委托为寻求解决工程实际问题的最佳途径而提供的技术服务。为国际工程项目提供的咨询服务，称为国际工程咨询。

第二次世界大战以后，伴随着世界技术革命和社会经济的发展，工程咨询也开始走向国际市场，其业务范围已由建筑业迅速扩展到水利、电力、交通、矿产、机械、冶金、农业、环境等各个领域，成为一个多学科、跨行业、融合经济与技术的综合性服务行业。

按照一般的产业划分方法，工程咨询属于第三产业范畴，但是它与一般的第三产业有着根本上的区别，它是知识密集型的高级智力服务行业，咨询人员是工程师、教授、研究员、会计师及其他具有专门知识的专家和技术人员。工程咨询公司不仅可以为客户提供专门的高新技术，如专利发明等，而且可以协助客户实施工程项目，如可行性研究、工程设计等，从而达到预期的项目目标。因此，工程咨询在工程建设中起着十分重要的作用。世界银行声称自己95%的贷款项目都是成功的，成功的重要原因之一是通过咨询公司参与项目的全过程，帮助与监督业主实施工程项目。

三、国际工程承包

工程承包（Engineering Contracting）一般是指工程公司或其他具有工程实施能力的单位受业主委托，为业主的工程项目或其中某些子项所进行的建造与维修活动。国际工程承包系指参与国际工程项目的承包活动。

国际工程承包的参与者可划分为业主、咨询工程师（或称工程师）和承包商三个方面，其中任何一个方面都不一定是单个的自然人或法人，例如工程项目的业主可能包括工程所在国政府的几个部门，或者若干个合营或投资者，还可能有银行和贷款财团参加；承包方也可能涉及多家承包商以各种各样的合作方式共同完成一个工程项目。

工程承包是交易活动的一种方式,但又不同于一般的货物贸易,主要表现在:

(一)承包工程合同客体——工程项目的不可移动性

通常工程的实施只能或者基本上要在工程所在地进行。这样就产生了一系列的问题,如劳务、材料、设备要集中于工程现场,从而需要建造大量临时性设施。在遇到各类问题时,只能在现场返工或维修,如果出现无法修补的质量问题,就只能拆除重建,这无论对于业主或承包商都是严重的损失。因此,承包商、业主和工程师必须认真加强管理,严格保证工程质量。

(二)履约时间——施工周期的长期性

工程承包比普通贸易活动的履约时间相对要长得多,特别是大型工程项目的承包建设,例如:水电站工程、矿山工程、港口工程等,有些长达数年或更长。履约周期长将产生较多的不可预见因素,工程风险增大。为此工程承包合同应当对可能出现的各种风险因素及其补救措施作出明确的规定。

(三)履约过程的渐进性和连续性

工程的特性决定了承包合同只能连续地渐进式履约,而且必须按照一定的程序和步骤(工序)连续地进行。这种履约方式,要求周密和详细的计划与协调管理,科学严格的监督与检验制度,还要有合理和可行的计价与付款方法。

国际工程承包除了具有上述工程承包的所有特征之外,还有其专有的特征——国际性,这就使得它比一般的工程承包更为复杂化。

第二节 国际工程市场

一、国际工程市场的现状和特点

(一)国际工程承包市场现状

国际工程承包市场是一个广阔的市场,要准确的统计全世界各国的咨询公司和承包公司在国外的合同额和营业额是非常困难的。因而,在实际上国际工程界统计的国际工程总规模习惯上采用以若干家大公司的咨询或承包额来表示,而不是统计所有的国际工程公司在国外的合同额或经营额。这种统计方法从客观上反映了国际工程市场的规模和分布,从中可以看出发展的趋势和存在的问题。下面介绍的国际工程承包和咨询情况,是根据美国"工程新闻记录"(Engineering News Record,ENR)近几年来发表的统计数字汇总的。表1-1介绍了自1991年至1996年历年世界上国外合同额或营业额排行前225名的大公司的合同额或营业额的地区分布情况。

从表1-1可以看出,亚洲工程承包市场较为活跃,大致保持了世界承包国外营业额的三分之一左右。由于金融危机,预计亚洲的工程项目增长率将受到影响,但从长远来看,亚洲仍是潜力巨大的工程市场。欧洲工程市场容量基数较大,是稳步发展地区。北美地区工程市场的营业额居中,是由于美国的大部分工程项目为美国本国的公司获得,未统计在本表中,而实际上北美也是一个很大的工程市场。中东地区由于受战争、油价等因素的影响市场变化较大。非洲市场容量增长不快,而拉美地区的营业额连续两年递增10%以上。在国际工程承包这个大市场中,目前美国、日本和欧洲发达国家的大公司占主导地位。

国际工程承包市场225家大公司国外市场分布（单位：亿美元）　　　表1-1

年	总额	地区分布					
		中东	亚洲	非洲	欧洲	北美	拉美
1991	1520	293	345	217	328	190	147
1992	1465	281	426	145	344	131	137
1993	1552	268	514	141	337	165	125
1994	922	110	310	91	214	134	64
1995	1050	102	380	92	281	122	72
1996	1268	135	425	103	351	173	81

注：1991~1993年为合同额，1994~1996年为营业额。

国际工程承包市场225家大公司国别分布与国外营业额　　　表1-2

承包商国籍		1994年			1995年			1996年		
		公司数目	国外营业额（亿美元）	百分比（%）	公司数目	国外营业额（亿美元）	百分比（%）	分司数目	国外营业额（亿美元）	百分比（%）
美国		52	148.52	16.1	49	174.73	16.6	48	225.08	17.8
加拿大		2	1.53	0.2	3	7.47	0.7	3	8.32	0.7
欧洲		85	485.02	52.6	87	525.31	50.0	79	627.90	49.5
其中	英国	12	114.12	12.4	11	51.27	4.9	10	143.91	11.4
	法国	9	116.15	12.6	10	162.53	15.5	10	162.66	12.8
	德国	17	101.54	11.0	14	117.84	11.2	14	135.50	10.7
	意大利	21	75.43	8.2	23	98.90	9.4	20	74.33	5.9
	荷兰	5	33.03	3.6	4	31.86	3.0	4	36.46	2.9
	其他	21	44.75	4.9	25	62.91	6.0	21	75.04	5.9
日本		27	190.41	20.6	29	224.07	21.3	28	242.56	19.1
中国		23	29.87	3.2	23	29.73	2.8	27	40.61	3.2
韩国		9	26.95	2.9	10	45.96	4.4	12	63.78	5.0
其他所有国家		27	39.85	4.3	24	43.00	4.1	28	59.53	4.7
合计		225	922.12	100	225	1050.25	100	225	1267.78	100

表1-2列出1994~1996年世界上国外营业额最多的225家大公司的国别分布及其所占的市场份额。由表1-2中可以看出，发达国家公司占225家大公司数量的75%左右，而营业额达到总额的85%以上。

（二）国际工程咨询市场的现状

国际工程咨询市场是与国际工程承包市场密不可分的。哪一个地区工程项目增多，则咨询市场和承包市场就会同时出现繁荣景象。表1-3列出自1994年至1996年历年国际上最大的200家咨询设计公司的国外营业额地区分布情况。

由表1-3中可以看出，1996年200家大咨询设计公司的国外营业总额比1995年增长31.3%，亚洲、欧洲一直占有较大的咨询市场份额，并保持了持续增长的势头，中东、北美、拉美、非洲地区1996年营业额与上一年相比都有不同程度的上升。这说明1996年是工程咨询市场形势发展最快的一年。

200家最大咨询设计公司国外营业额分布（单位：亿美元）　　　表1-3

时间	营业额总计	其中					
		中东	亚洲	非洲	欧洲	北美	拉美
1994	111.83	10.20	33.27	11.78	31.71	15.90	8.73
1995	110.12	10.45	35.28	9.07	34.20	12.60	8.26
1996	144.58	12.93	45.07	11.69	44.14	19.55	11.00

从世界各国工程咨询公司的实力分析，主要发达国家的工程咨询业经过一个多世纪的发展，已成为相当成熟和发达的产业，其共同特点是专业领域宽，业务范围大；有较完善的行业法规；工程咨询机构种类多，从业人员和公司数目多；技术水平高；积极开拓国际市场。如1996年200家最大的咨询设计公司中，美国公司有89家，其营业额达58亿美元，占总营业额的40.0%；加拿大有9家公司，其营业额为10.7亿美元，占总营业额的7.4%；欧洲有70家公司，其营业额为60.88亿美元，占总营业额的42.1%；日本有12家公司，其营业额为6.12亿美元，占总营业额的4.2%；其他所有国家共有20家公司，营业额合计为8.74亿美元，占总营业额的6.0%，其中仅有一家中国公司。

（三）国际工程市场的特点与发展趋势

国际工程市场是一个动态市场，随着国际政治形势、社会经济发展和科学技术进步而不断发展变化，目前国际工程市场的特点和发展趋势表现为以下几个方面：

1. 工程项目趋于大型化和复杂化，国际工程公司的实力与规模效益明显。一些规模大、实力雄厚的公司在竞争大、中型项目时，具有明显的优势，获得更多的中标机会，从而得到较高的经济效益。国际工程市场的这一特点，促进了一些大、中型公司纷纷相互联合、兼并，增强在世界各地区、各行业市场的竞争实力或垄断地位。如1996年排行前10名的最大承包商的营业额合计为423亿美元，接近全球最大225家公司总营业额的三分之一。

2. 近年来，国际工程市场流行"设计——施工"方式，为业主提供全面服务，据有关资料介绍，美国目前有大约三分之一的项目采用这种方式运作。这种趋势促使工程咨询设计与工程施工的密切结合，打破了传统观念上的咨询公司和承包公司的业务范围的划分和原有的工作方式，出现了大批的承包公司涉足咨询业务，以工程设计为龙头带动工程承包；而有实力的咨询公司总承包工程项目并组织施工分包。一种普遍的现象是咨询公司与承包公司相互联合承揽工程项目。国际工程市场呈现多元化的状况。

3. 为了维护本国工程公司的利益，许多工程项目东道国实行地方保护主义政策，对外国公司进入本国市场采取限制条件，如有一些发展中国家规定，外国公司不能单独承揽该国的建设项目等等。国际工程咨询、承包公司为了打破这些限制，占领市场，纷纷与当地公司建立起各种形式的联营公司。

4. 国际工程市场对工程公司的科技与管理水平要求不断提高。一方面是业主希望以高效率、低成本实施工程，以求得到较高的投资回报率，他们要求咨询、承包公司引进新工艺、新技术与科学管理；另一方面，随着国际市场竞争加剧，工程公司为了获得项目常常采取低利润率报价,这就相当于承担了较大的风险,因此,也需要依靠先进的技术和科学的管理来降低成本,取得竞争优势,保障公司生存和发展。

二、国际工程商情信息渠道

全面、准确、及时的获得市场信息是国际工程公司一项十分重要的工作,是获得项目的首要环节。搜集市场信息可以通过不同的方式和渠道,但应注意以较少的花费取得适合自己公司的高质量的信息。国际工程市场信息渠道通常有以下几个方面:

(一)国际专门机构

1. 联合国系统内的机构

联合国承担着及时传播商业信息的义务,主要信息来源是《开发业务》(Development Business)报。它由设在纽约的联合国经济和信息部出版,每年24期。这份报纸,也可通过计算机联网获得。它登载由世界银行、泛美开发银行、非洲开发银行和基金、亚洲开发银行、欧洲经济委员会、加勒比开发银行和联合国开发计划署提供资金以国际竞争性招标的方式采购的工程项目、货物及服务的通告。每年列入采购通告的总金额为230亿美元。有些国家政府的采购通告也登在这份报纸上。《开发业务》报的内容由五部分组成:

(1)提议的新项目;
(2)批准的新项目;
(3)授予合同的项目;
(4)采购通告;
(5)业务月报和业务季报。

2. 世界银行

世界银行运营的国际商业机会服务(IBOS)提供世界银行采购过程中的信息。这项服务包括定期邮寄以下几种主要的原始信息资料:

《每月业务摘要》列出所有规划中的项目,从它们首次列入到由执行董事会批准该项目贷款为止。通常每期大约有1200个项目。每一列出的项目都说明是否需要咨询服务。《每月业务摘要》可以单独购买。

《技术资料单》是在每一项贷款批准后出版的,介绍该项目的采购方法、融资情况等。

《一般采购通告》由采用国际竞争性招标项目的借款人发布。工程公司如果对通告内容感兴趣,应与借款人联系。

《特别采购通告》是为工程项目而发布的投标邀请,并作为一般采购通告的后续部分发布的。

《主要合同授标通告》公布最近授标的合同及其中标者。这份资料对有兴趣为总承包商提供分包或服务的公司有价值。

国际商业机会服务也可以从国际互联网上得到。

3. 区域性国际金融组织

区域性国际金融组织也都有自己的出版物。如亚洲开发银行的《每月业务摘要》(Monthly Operational Summaries)月刊和《亚洲开发银行商业机会:拟议中的项目,采购通告及合同授予》(ADB Business Opportunities:Proposed Projects,Procurement Notices And Contract Awards)等刊物介绍了融资项目的工程、货物采购和咨询服务信息。欧洲发展基金/欧洲投资银行的《信使》(Courier)杂志的"业务概要"中可以看到欧洲共同体项目活动发展计划信息等等。

（二）国家贸易促进机构

国际上有许多很有实力、专业化的贸易促进机构，它们是工程市场信息的很好的来源。许多国家的贸易促进机构正在提供范围广泛的服务，包括：

1. 专门的参考阅览室；
2. 联网的信息数据库；
3. 提供有关咨询服务；
4. 出版目标市场国家的概况资料。

我国外经贸部EDI服务中心通过信息网络接收我国驻外使馆商务参赞处的信息，并提供信息服务。

（三）商业化信息

国际许多商业信息公司正在世界范围内从事有偿商业信息服务。国际工程公司可通过他们的出版物或通过计算机联网的方式获得自己需要的工程信息。如较大的工程信息出版商Mc Graw Hill发行的《工程新闻记录》和《国际建设》；英国MDIS出版的《国际建设周刊》（International Construction Week）均刊登关于建设规划的新闻，其中包括按地区登载正在规划中的项目清单并介绍项目情况。其远东版包括了国际贸易中心（ITC）计划中的所有国家。

（四）国际、国内行业协会或商会

加入国际工程承包、咨询的行业协会或商会可以方便地获得有关信息。在国际上有国际咨询工程师联合会（FIDIC）等；国内有中国国际工程咨询协会（CAIEC）、中国对外承包工程商会（CHINCA）等。

（五）公司对外交流与合作

公司加强对外交流与合作是获得国际工程信息的最好方式之一。交流合作的方式是多种多样的，如与规划中的项目所在国政府、业主预先联系，进行项目跟踪；与外国公司广泛接触，进行交流与合作；通过已开展的咨询、承包项目，加深与当地和周边国家或地区的相互了解，发现潜在的项目机会；与我国驻外使馆商务参赞处人员保持联系；与世界银行、亚洲开发银行驻我国的办事机构或与之有关的我国政府部门联系，了解项目信息等等。

第三节　发展中的我国国际工程事业

一、我国公司在国际工程市场中的地位

我国国际工程公司对外咨询、承包工程事业是改革开放政策的产物，是在过去对外援助的基础上发展起来的，至今已有近二十年的历程。在此期间，这项事业从无到有，从小到大，克服了重重困难，取得了令人瞩目的业绩。

我国国际工程公司开始只有4家，现在已有700多家，业务已遍及世界180多个国家和地区。原来主要是劳务输出和承包一些较小的土木工程项目，派出劳务人员只有1万多人。1988年4月中国对外承包工程商会成立，标志着我国对外承包事业已步入快速发展的新阶段。到1996年底，我国对外工程承包、工程咨询、劳务合作业务全年新签的合同额已达102.7亿美元，完成营业额77亿美元，在外人数28万余人。1997年又有新的增长，全

年新签合同额为113.6亿美元,完成营业额83.8亿美元,年底在外人数33万多人。带动国产材料设备出口5亿美元。

我国已有27家承包公司跻身于世界最大225家承包公司的行列,工程领域已涉及冶金、电力、矿山、化工、石油、铁路等专业,并涉足于航天、核电等高新技术领域。

同国际工程承包相比,我国的国际工程咨询起步较晚,80年代获得的项目较少,营业额不大,自1993年2月成立"中国国际工程咨询协会"以来,形势有了很大改观,各会员单位奋力开拓国际工程咨询市场,取得了可喜的进步。截止1997年底国际工程咨询协会会员单位5年累计签定工程咨询合同2176份,合同金额累计达9.59亿美元,累计营业额为5.18亿美元。1996年全年新签的工程咨询项目合同545个,合同额总计为2.46亿美元。1997年新签合同664份,合同额为2.58亿美元。1994~1996年三年中每年有1到2家中国公司进入世界最大200家咨询公司行列。我国专门从事国际工程咨询事业的队伍不断壮大,有对外经营权的中国国际工程咨询协会的会员单位已由刚成立的56家,发展到目前的156家,显示了中国咨询设计行业的发展潜力。

同发达国家比较,我国国际工程事业尚存在一定的差距。

首先分析国际工程承包。1996年的统计资料显示,我国进入世界最大225家承包商排行榜的27家公司的国外营业额为40.6亿美元,占我国全行业总营业额的66%,我国27家公司在数量上占225家公司的12%,而营业额却只有225家公司总营业额的3.2%,相当于排行榜中第一名公司一家营业额的51%。从上述数字不难分析出:(1)27家公司在数量上仅占我国获得对外承包经营权的公司的极小比例,而国外经营额却占全行业的大部分份额,这说明我国多数海外承包业务还处于分散状态。(2)我国27家公司虽进入世界225家公司排行榜,但与排行榜中名列前茅的大公司相比,仍有很大差距。

其次分析国际工程咨询。世界每年国际工程咨询市场合同额约为250亿美元,我国1997年签订的合同额为2.58亿美元,仅占国际工程咨询市场份额的1%,从我国公司承揽的项目来看,小型项目多,大型项目较少;有一些咨询设计单位虽然有了对外经营权,但还没有走出国门,进入国际市场。1996年我国仅有1家公司进入世界200家最大的咨询设计公司行列。这种情况相对于我国比较雄厚的咨询设计力量来说是不相称的,应当引起我们很好的反思。

二、开拓我国国际工程事业新局面

在新的世纪即将来临之际,我国国际工程公司面临着一个大有可为的良好机遇。全球经济的稳步发展,形成了一个规模宏大的国际工程市场;我国改革开放不断深化,为我国工程公司创造了快速发展的良好环境。现在的问题是如何发挥我们的资源优势,克服各种不利于发展的制约因素,增强我国公司在国际市场上的综合竞争实力,不断进取,再创佳绩。当前制约我国国际工程事业进一步发展的因素主要是:新型管理人才缺乏;经营管理机制落后;资金筹措能力差;工程信息渠道不畅。

国际工程是一项充满风险的事业,国际工程公司要在激烈的国际竞争中站稳脚跟、开拓国际工程市场、减少失误、获取利润、求得生存与发展,最迫切需要的是一大批复合型、开拓型、外向型的中、高级国际工程管理人才。"复合型"主要是指知识结构要"软"、"硬"结合,即既有坚实的专业技术基础,又要通晓管理,有经济头脑,并具有较高的外语水平。"外向型"主要指要熟悉国际惯例:在技术方面,要熟悉国外的技术规范和实验标准;

在经济方面，要了解金融、外贸、财会、保险等有关知识；在管理方面，要熟悉国际工程管理的模式和要求，懂得国际通用的项目软件的应用；在外语方面，应具有听、说、读、写的能力，能熟练地阅读招标文件、直接用外语进行合同谈判和技术问题商谈。"开拓型"主要指要有远见卓识，对商务敏感，有正确的判断能力和快速应变能力，掌握社交公关技巧，有进取精神，会主动寻找机会，有强烈的市场意识，敢于和善于开拓市场，又有风险意识，不怕困难，百折不挠。

总之，商业竞争归根到底是人才的竞争，我国工程企业要开发和占领国际市场，必须要有一大批国际工程管理人才，每个公司应该拥有一批国际工程项目经理、合同专家、财会专家、投标报价专家、工程技术专家、物资管理专家、索赔专家、以及金融专家，才能在国际市场上承揽大项目，才能获得良好的经济效益。

中国工程企业开拓国际市场的另一个重要条件就是：深化企业改革，转变经营管理机制，在用人制度、经营决策、财务制度、内部管理等很多方面彻底摆脱计划经济的影响，建立适合国际化经营、市场经济的经营管理机制。我国工程公司与国际大咨询公司、承包商最根本的差距就是经营上的差距。如果这个差距不消除，我国公司仍很难与国际大工程公司在竞争中抗衡，也很难实现更大的发展。因此对于全行业来说，当务之急是根据实际情况尽快完成新、旧经营机制的转换，适应国际竞争的需要，向经营管理机制科学化要效益，是我国公司实现持续发展的必由之路。

思 考 题

1. 什么是国际工程？国际工程的特点是什么？
2. 简述国际工程咨询和国际工程承包的基本概念。
3. 简述国际工程市场信息渠道。
4. 开拓我国国际工程事业新局面的关键是什么？

第二章 国际工程咨询公司与咨询服务

本章首先阐明咨询工程师的概念、业务素质与道德准则，介绍国际工程咨询公司及其业务范围，接着详细阐述国际工程咨询在项目各阶段的服务内容，最后分析国际工程咨询公司的管理特点、经营战略和业务开发步骤。

第一节 概 述

一、咨询工程师

咨询工程师（Consulting Engineer）是从事工程咨询服务的工程技术人员和其他专业人员的统称。

现代工程咨询是现代科学、技术、信息综合运用的智力服务活动，咨询工程师所具有的专业知识、实际经验和信息水平决定了咨询质量，因此，对咨询工程师的素质有很高的要求。在许多经济发达国家，如美国、英国、日本等国家，对咨询工程师需要进行资格审核和注册，以规范工程咨询的行业管理。

咨询工程师应当具有如下业务素质：

（一）扎实的专业知识和技能

咨询工程师应当具有高水平业务能力，是自己专业领域内的专家，能从事项目的规划，设计和施工，熟悉计算机的应用，并掌握一门外语。

（二）广博的知识结构

咨询工程师应有广博的知识范围，除了掌握专业技术之外，对于各类工程项目建设过程和特点均应有较深的了解，还应懂得经济、管理、金融和法律等多方面的知识。

（三）丰富的工程实践经验

工程咨询是实践性很强的业务，要能够很好的完成诸如项目的可行性研究、工程设计、施工监理和施工管理等各项工作，必须具备丰富的工程实践经验。

（四）较强的组织、协调和管理能力

咨询工程师的工作性质决定了他们除了与本公司各方面人员协同工作，还要经常与客户、合同各方、政府部门、金融机构及物资供应商等发生联系，处理各种面临的问题。这就要求咨询工程师具有一定的组织、协调能力和工作管理水平。

（五）勇于开拓不断进取的精神

随着世界科学技术迅速发展，新产品、新工艺不断涌现，咨询工程师必须积极进取、更新知识、并勇于开拓新领域，与科技进步并驾齐驱。

除了上述业务素质，咨询工程师还必须具备良好的职业道德，在国外，许多咨询行业协会都制定了自己行业的规范和准则，用来指导咨询工程师的职业行为。国际咨询工程师联合会（FIDIC）要求咨询工程师做到的道德准则可以归纳为以下几个方面：

1. 对社会和职业的责任感；
2. 承担与自己能力相适应的工作，并细心努力做好；
3. 在任何时候均为了委托人的合法权益行使职责，并且正直和忠诚地进行职业服务；
4. 在提供职业咨询、评审或决策时实事求是，保持公正性，不接受可能导致判断不公的报酬；
5. 以客观公正的态度对待同行或他人，不做损害他人名誉和业务的事情。

二、国际工程咨询公司

国际工程咨询公司是具有独立法人地位的经营实体。世界银行要求承担其贷款项目咨询服务的公司应具备：

（1）与所承担的工作相适应的经验和资历；

（2）与业主签定受法律约束的协议的法人资格。

国际工程咨询公司的组成模式有多样性，可以是公营公司、私营公司、联营体、国际组织、大学和研究所，较大型的工程咨询公司多采用有限责任公司的形式。工程咨询公司在规模上大小不等，在国外有几人的小公司，也有从业人员数百人的中型公司和几千人的大型公司。不同的工程咨询公司业务范围彼此差异也很大，但往往只限于一个或几个工程领域。

由于国际工程大多比较复杂，所以从事国际工程咨询的公司多为大中型公司。随着社会经济发展和科技进步，工程项目日趋大型化和复杂化，要求多专业综合型的咨询服务，这样的咨询服务往往需要若干家公司共同承担，并且还有来自科研机构和大学的不同学科的专家参加咨询工作。

三、国际工程咨询公司的业务范围

国际工程咨询公司的业务范围很广泛，其服务对象可以是业主、承包商、国际金融机构和贷款银行，工程咨询公司本身也可以与承包商一起联合投标承包工程项目。

（一）为项目业主服务

项目业主在项目建设过程中通常聘请工程咨询公司为其提供技术服务。服务的内容可能贯穿于整个建设过程，也可能为项目的某一阶段或某具体任务提供咨询服务，其中涉及到从项目选定、项目决策、工程设计、工程招标、施工管理、竣工验收、后评价等许多工作内容。咨询工程师不仅作为业主的受雇人开展工作，而且也代替了业主的部分职责，协助业主完成工程项目的开发与建设。

（二）为承包商服务

工程咨询公司往往以分包商的身份承担工程项目咨询，为承包商或总承包商提供服务。工程咨询公司通常负责工艺系统设计、生产流程设计以及不属于承包商制造的设备选型与配套任务，编制设备、材料清单、工作进度计划等，有时还要协助承包商澄清有关技术问题；如果总承包商负责交钥匙工程，咨询公司则要承担土建工程设计、安装工程设计，协助编制成本估算、施工进度计划和设备安装计划，进行设备检查与验收，参加整套系统调试和试生产等项工作。

（三）为贷款银行服务

工程咨询公司受贷款银行的聘请，对申请贷款项目的可行性、设计方案的可靠性、投资估算的准确性进行评估，并对项目的财务指标进行核算或进行敏感性分析，提出客观公正的报告，作为银行贷款决策的重要依据。

联合国援助机构和国际金融组织，如联合国开发计划署、世界银行等，通常都要求项目业主选聘工程咨询公司对贷款项目提供咨询服务，帮助业主组织工程项目的实施，采用先进的工艺技术，达到预期的项目目标，发挥投资的最大经济效益和社会效益。

（四）联合承包工程

在国际工程市场上，一些大型工程咨询公司往往与设备制造及土木工程承包商组成联营体，共同投标承揽工程建设项目；有的工程咨询公司参与BOT建设项目。有些实力很强的工程咨询公司主动向业主提出项目建议书，并帮助项目融资，争取作为总承包商负责组织实施交钥匙工程。

第二节 国际工程咨询服务的内容

一、概述

咨询公司为工程项目提供服务的内容与工程项目建设程序密切相关。一般来说，各个国家都通过法规形式规定适合本国需要的建设程序，但国际工程建设的基本程序都是类似的。一个工程项目从开始酝酿到竣工投产完成一个项目周期，大体上可概括为以下四个阶段：

（一）项目决策阶段。主要任务是进行一系列调查与研究，为投资行为作出正确的决策。

（二）建设准备阶段。主要是为项目进行建设做好各种准备工作，如办理审批手续，进行工程设计和工程采购等。

（三）项目实施阶段。主要是按合同进行项目的施工、竣工和投产，达到预期项目目标，实现投资效益。

（四）总结阶段。在项目投产或运营一段时间之后，对项目建设的全过程、项目选择、建设方案、项目目标的实现情况，特别是项目的经验和教训进行总结与评价。

国际工程咨询在项目各阶段的服务内容如图2-1所示。

世界银行对贷款项目的审批极为严格，将一个项目周期划分为六个阶段，即项目选定、准备、评估、谈判与批准、实施和监督、总结与评价。其中前四个阶段为项目的立项工作，即上述项目决策阶段的工作，而把建设准备和实施合并成一个阶段，并规定必须有世行认可的咨询公司参加。这样就更充分地保证了贷款项目的有效率，提高了项目成功率。

二、项目决策阶段咨询

项目决策阶段咨询也称投资前咨询。在投资之前，工程咨询公司受客户委托运用现代工程经济学、市场学、项目管理学理论，通过深入的调查研究，采用先进的信息处理技术，帮助客户鉴别项目，从社会、经济、技术、财务、组织管理等方面进行分析论证，设计选择项目优化方案，减少投资风险，以达到实现最佳效益的目的。

（一）规划咨询

1. 区域发展规划

区域发展规划是在国家宏观经济发展战略指导下，根据本区域的具体情况、资源优势和限制条件，并考虑到与周围地区的协作关系，提出本区域长远的社会经济发展总体战略部署。制定区域发展规划对于合理利用资源，优化产业结构，保护生态环境，促进社会经

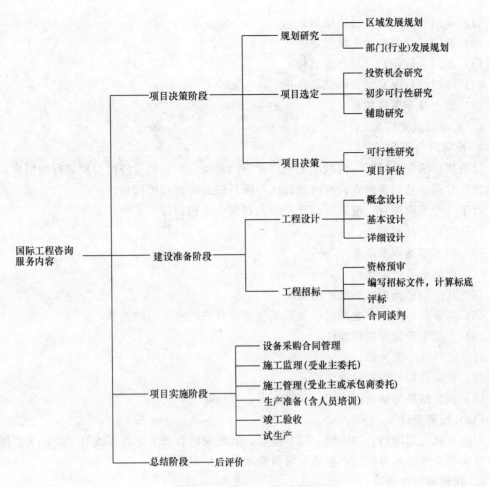

图 2-1 国际工程咨询服务内容

济各方面关系协调一致，保持本地区长期稳定发展均有重要作用。

区域发展规划通常包括以下方面内容：

(1) 区域发展目标；
(2) 区域开发方案；
(3) 区域产业结构；
(4) 基础设施规划；
(5) 资源开发规划；
(6) 环境保护规划；
(7) 社会发展和科教文卫规划。

2．部门（行业）发展规划

部门（行业）发展规划是根据国家经济发展的总体目标和对本部门（行业）的发展要求，在分析国内外相关产业发展和市场需求趋势的基础上，制定本部门（行业）发展战略目标和产业政策，合理安排本部门（行业）的地区布局和重点建设项目等可持续发展战略部署。

部门（行业）发展规划一般包括以下内容：

（1）部门（行业）发展战略目标；

（2）部门（行业）产业政策；

（3）部门（行业）内部产业结构；

（4）部门（行业）发展外部条件；

（5）重点骨干项目建设规划。

（二）项目选定咨询

1. 投资机会研究

投资机会研究是对某一区域、某一产业部门或某一项目的投资机会所进行的研究，其目的是通过初步的调查研究，探讨建设这个项目的必要性和可行性。

对于一个工业项目，投资机会研究的内容至少应包括以下方面：

（1）项目产品的用途；

（2）初步市场需求调查；

（3）产品的资源条件；

（4）其他国家或地区同类产品情况；

（5）本项目与其他产业部门的关系或与国际有关产业部门的关系；

（6）产品生产延伸的可能性；

（7）经济性一般分析；

（8）投资趋向和保护政策要求；

（9）预测结果与结论；

（10）投资建议。

对于普通民用项目，如旅馆、写字楼等，其研究内容与上述具有类似之处，主要探讨投资方向的合理性和可能性，初步分析投资效益并提出建议。

2. 初步可行性研究

初步可行性研究也称预可行性研究，是对项目方案进行的初步技术和经济分析，对投资建议进行的鉴别和估价。研究的目的是判断投资项目是否真正有前途。研究中应提出影响项目可行性的关键因素，并确定是否要对这些关键因素（例如市场、原料、厂址、规模、试验等）进行专题调查研究，通过初步可行性研究，掌握较多的数据，以便决定是否有必要进一步作详细的可行性研究。

初步可行性研究只对投资项目提出一个轮廓，并分析其建设的必要性和可行性。研究的具体内容为：

（1）项目方案。其中包括项目产品、生产规模、原料供应、工艺路线、设备选型、厂址选择、建设工期等。

（2）投资效益分析。其中包括粗略估算经济指标、社会与经济效益分析、预测等。

3. 辅助研究

辅助研究也称专题研究，它是对一个项目的初步可行性研究中某些关系重大而又模糊不清或者因其比较复杂需要进一步了解的问题进行专题性的调查研究。一些常见的辅助研究专题内容有：

（1）市场研究。包括市场需求的调查和预测，市场渗透的调查和预测等。

（2）原材料供应研究。包括原材料来源的目前状况和预测，原材料现行价格的调查以及预测分析等。

(3) 对某些原材料或其代用品的适用性的试验研究。

(4) 厂址选择。包括建厂条件的调查研究，也可以进行多方案比选，提出推荐意见。

(5) 生产规模研究。根据不同技术方案和市场需求情况，研究不同生产规模的经济效果，优选合理的生产规模。

(6) 设备选择研究。包括不同技术水平、供应来源和费用的调查研究，阐明不同的设备选择对投资、经营成本和效益的影响，提出推荐意见。

(三) 项目决策咨询

1. 可行性研究

可行性研究是对建设项目进行全面的技术经济论证，为投资决策提出较为可靠的依据，它的主要研究内容与初步可行性研究基本相同，只是调查研究在深度上和广度上更全面、更深入、更系统，使用的数据更为准确。同时还需要进行多种方案的分析比较，以便优选，提出最佳社会经济效益方案的推荐意见。

一般工程项目可行性研究的主要内容有以下十一个方面：

(1) 市场分析和营销战略研究

对有关产品市场及市场环境资料进行系统的分析和估测，对非生产性项目主要是分析经济和社会发展需求，对生产性项目则主要是发现和寻求市场需要的新产品，研究消费者和竞争者的动向，分析市场容量及预测市场的增长率，制定市场营销战略。

(2) 建设条件与厂址选择

建厂条件应着重分析所需要材料和投入物的来源、数量、质量、供应年限、成本、运输方式、能力和费用等。厂址选择要考虑到自然条件、环境保护、基础设施和当地社会经济环境等各种因素，分析厂址对建设投资和生产成本的影响，通过多种方案的比较，选出建设投资最合适的地点。

(3) 工艺设计

其中包括工艺路线的选择和技术评价、设备的选择、厂区布置及土建工程的规划、项目投资的初步估算等。

(4) 组织管理与人力资源

设计合理的组织结构，建立相应的管理制度，计算管理费用，提出项目对各种生产技术、管理人员的人力资源需求。

(5) 环境影响评价

对项目可能产生的生态环境影响进行全面、综合、系统、实际的分析评价。

(6) 社会影响评价

分析项目对项目所在国家和地区的社会发展目标所作的贡献和影响等。

(7) 项目实施计划

编制项目实施计划，包括项目进度安排、施工组织、资金使用和还贷计划等。

(8) 投资估算与资金筹措

对整个项目所需全部投资进行估算，确定融资渠道，分析筹资成本，根据项目实施的需要，安排资金的使用计划。

(9) 财务分析

对项目所需的投入物、未来的产出物以及项目的净收益进行估算、分析和评价。

(10) 经济评价

经济评价也称国民经济评价，是从全社会宏观经济角度来评价项目的收益，对社会经济发展的贡献。

(11) 风险分析

对项目未来实施过程中以及投入生产或使用之后可能遇到的各种风险进行分析预测，提出避免和减少风险的建议。

2. 项目评估

项目评估是由政府主管部门、投资者、项目贷款银行等有关各方组织或聘请另一家独立的咨询机构来完成。对可行性研究的结论进行审核和评价，进一步对投资项目的可靠性作出判断，使项目决策者能够对项目的选择与实施作出正确合理的决策。

一般项目评估的内容包括如下方面：

(1) 项目目标评估；

(2) 资源评估；

(3) 基础设施评估；

(4) 技术评估；

(5) 组织机构评估；

(6) 财务评估；

(7) 经济评估；

(8) 社会评估。

项目评估的程序一般分为六阶段，即评估前准备、组织评估组、制订评估计划、调查收集资料、分析测算以及编写评估报告。

三、建设准备阶段咨询

项目建设准备阶段的咨询服务内容主要有两个方面。第一方面是工程设计，按照项目发展时序和对设计深度的不同要求，国际上一般将设计工作划分为："概念设计"（Conceptual Design）、"基本设计"（Basic Design）和"详细设计"（Detailed Design）三个阶段。下面将作进一步介绍。第二方面是工程招标，国际公开招标应遵循一定程序进行，咨询工程师要协助业主完成资格预审、编制招标文件、评标、合同谈判等一系列工程采购工作。这方面的具体内容将在本书第四章"国际工程承包招标"中详细介绍。

(一) 概念设计

概念设计的基本目的是，通过简明的技术图纸和技术要求及其分析，探讨最佳设计方案，作为基本设计和详细设计的依据。

概念设计的深度由项目的性质和工程业主的要求来决定。至少应包括以下方面的内容：

1. 设计依据（业主委托书和可行性研究报告等）；
2. 设计基础资料概述；
3. 主要技术决定（工艺流程、主要设备选择、各专业设计准则等技术说明）；
4. 主要规划图纸；
5. 技术经济分析（价格估算和技术经济指标）；
6. 方案比较与评价。

概念设计一般委托专门的咨询公司进行。如果是交钥匙工程，也可能委托总承包商进行。

（二）基本设计

基本设计主要是作为编制施工详图和控制工程造价的基本依据。有些国家用基本设计阶段的图纸和文件进行招标，此时应能满足设备订货和估价师计算工程量以及投标者报价的需要。因此，基本设计的深度随其作用不同而有差异。

基本设计同概念设计相比，内容较全面和详细。

在图纸方面：

1. 工艺流程图应当反映工艺过程流向、设备型号和能力，应计算物料平衡数量等。
2. 总体布置图不仅反映出平面位置关系，还应当通过计算说明竖向布置的合理性。
3. 各车间设备布置图应反映工艺设备选用型号和布置以及对管线的要求。
4. 土建图纸应划分建筑、结构、钢结构和木作工程等。有详细的平面、立面和剖面图，构件的结构及其布置，装修要求及其选用材料等。
5. 动力、照明、给排水等专业设计图均应给出系统图和布置图，标明所用设备、仪表、阀门等的型号及管线的材质、管径等。

在技术说明方面：

主要技术决定应说明各专业的一些技术原则；列出各种设备仪器清单；说明采用的设计规范和施工技术要求，以及主要材料和特殊材料的规格、性能要求；编制主要工程量及概算和技术经济指标。

基本设计一般委托专门的咨询公司进行，也可由交钥匙工程的承包商提供。

（三）详细设计

详细设计也称施工详图设计。主要用于工程招标和用于承包商按图纸和技术说明进行施工工作。

详细设计的图纸和技术文件是在基本设计的基础上，根据业主的审查意见作适当修改和补充而成。详细设计应包括建设项目各部分施工详图（例如各部分建筑大样和结构大样图、构件加工详图、各专业管线和设备安装图等）以及验收标准、方法、施工预算等。

用施工详图进行招标的工程，施工详图由咨询公司绘制。用基本设计招标的工程，施工详图可由咨询公司在招标后补充提供，但其工程量和技术标准不能超出原招标图纸和技术文件的要求；也可由中标的承包商按基本设计的要求绘制，并交咨询工程师或转交咨询公司审查批准。

四、项目实施阶段咨询

咨询公司在项目实施阶段的咨询服务贯穿于从项目开工到项目投产的整个阶段。在此阶段咨询公司受不同服务对象的委托，承担不同的咨询任务：主要是受业主委托作为咨询工程师承担设备采购合同管理、工程施工监理、生产准备和竣工验收等工作；或者受业主或承包商的委托承担项目施工管理工作。当咨询公司自己负责交钥匙工程时，其工作内容和性质与总承包商类似。

（一）设备采购合同管理

设备采购合同管理的工作内容主要是：设备的质量控制、设备制造和供货进度控制、支付管理（包括预付款、阶段支付、最终支付等）以及当出现逾期交货、设备零件缺损时进

17

行索赔。

设备采购合同管理咨询服务具体工作有以下几个方面：

1. 在设备制造期间，监督检查设备及零部件的质量，出厂前作最终检测，确保达到合同规定的设备性能和质量要求。检查进度，督促厂商按时交货。按合同进行支付管理。

2. 督促办理设备运输和后勤工作，包括考虑人员的配备，检查采购订单，选择运输工具和运输路线，了解运费、保险、进出关手续，货物到达目的地后进行验收，当发现在运输途中损坏或出现短缺时进行索赔等。

3. 设备安装完毕，进行检查和试运行，鉴定其技术性能和参数指标是否达到设计要求。

4. 管理工地现场材料、设备的采购工作，包括现场采购计划的安排、施工材料和永久设备的接收、存储及保管。此外，所有与材料和设备有关的服务分包合同管理。

（二）施工监理

工程师受业主委托，根据承包合同及有关国际惯例，对承包商在施工中的行为进行综合的或专业的监督、检查、控制和评价，并采取相应的措施，保证施工工作符合有关的法律、法规，工程的质量、进度、造价满足合同条件，确保施工行为的合法性、科学性和经济性。

施工监理的工作内容可以概括为："三控"、"两管"、"一协调"。

"三控"，即质量控制、进度控制、造价控制，它体现了监理的任务和目标。

质量控制是监理工程师运用检验、测量、试验等技术手段和强制性措施，对承包商的建设施工活动进行监督管理，对影响工程实体质量的各种因素进行控制，使之达到合同规定的质量标准和要求。

进度控制是以事先拟定的工程进度计划为依据，对承包商的实际施工进程进行监督、检查、引导和纠正，以保证工程项目在合理工期内竣工投产。

造价控制是对施工工程中各种消耗和费用支出进行合理安排、监督与管理，使工程造价总和限制在业主事先确定的计划之内。

"两管"，即合同管理和信息管理。合同管理是达到监理目标的工具和手段；信息管理是进行监理工作的依据和基础。

合同管理是指对工程施工合同的签订、履行、终止等活动的全过程进行分析、检查与管理，以维护合同双方的正当权益。其中包括：合同文件管理、合同执行情况分析与检查、合同变更、支付管理和索赔管理等内容。

信息管理是指对工程施工活动中所需要的或产生的各种信息的分析、加工、传递、存储等进行科学的组织管理，使监理工作高效、有序地进行。其中包括：信息流程；文档资料管理系统；质量、进度与造价信息系统等。

"一协调"，即施工监理的组织协调。具体工作内容有：施工活动与政府有关部门之间的协调；业主与承包商之间的协调；工程施工生产要素如劳务、材料、设备、资金供应等方面的协调；项目各施工单位、各施工工序在时间、空间上的配合与协调等等。工程项目内部关系与外部关系的协调一致是工程项目顺利进行的必要条件。

总之，以上所述"三控"、"两管"、"一协调"包括了施工监理工作的全部内容。

（三）施工管理

施工管理一般是业主和承包商的工作。业主的管理工作可以由业主自己组织专门的管理班子进行，也可以委托一家专门的咨询公司代理，使业主从日常的管理事务中解脱出来。当总承包商缺少施工管理经验或施工管理人员时，也将施工管理委托给咨询公司承担。业主的管理相对比较宏观，而承包商的管理则必须十分具体。

1. 为业主服务的施工管理工作的基本内容

(1) 严格控制工程造价、质量与进度。分析预测在施工过程中发生的影响工程成本的各种意外风险，业主项目经理配合监理工程师及时处理有关问题，使工程造价不超过预算。与此同时，经常对实际工程进度与工程质量进行监督检查，落实施工进度计划，确保工程质量达到合同规定的标准。

(2) 抓好合同实施。贯彻执行合同中规定的各方的权利和义务，及时地、合理地解决合同实施中出现的各种矛盾，如监理工程师与承包商之间的矛盾等，使工程正常进行。

(3) 为工程实施创造良好的外部环境。如协助承包商办理工作人员入境签证、招工及劳务许可、进出口物资清关、提供施工场地等。

(4) 对施工安全、环境保护等方面的问题给予指导和监督等。

2. 为承包商服务的施工管理工作的基本内容

施工管理是通过建立合理的组织机构来实现的。管理施工现场的最高领导人是项目经理，根据工作需要可配备副经理、总工程师、总会计师、调度长、各职能部门以及各施工队队（组）长等。职能部门一般有施工、合同、计划、物资供应、财务、总务、实验室等部门。施工管理包括现场总管理和现场施工管理。

(1) 现场施工管理

现场施工管理是指按计划直接组织现场施工，最终完成符合合同要求的工程产品。具体内容涉及到现场工作的方方面面。主要有：制定具体的作业计划并付诸实施；接受工程师的指令，保证工程进度与工程质量；对涉及工程变更和影响工程成本的重大问题，提交合同部门研究；做好工程计量及已完工程统计报表，以便编制每月的工程结算清单；保证施工人员安全，维护保养设备，合理保管、使用材料；工地的行政管理与日常生活管理等。

(2) 合同管理

合同管理的重点是熟悉合同文件，掌握合同变更，在工程款支付和索赔方面争取获得监理工程师的支持和认可。

(3) 计划管理

计划管理重点是制定工程总进度计划，编制施工组织设计（包括施工方案和技术保证措施等），制定资源（劳务、施工机械、材料及永久设备等）的配置计划、资金流动计划等，力求各种方案的先进、经济、合理、优化。

(4) 物资采购与管理

这项工作包括各种工程材料、施工机具、永久设备、辅助材料的采购、保险、运输、保管、分发与回收等，不仅有工程所在国的物资采购，还涉及物资进出口的诸多问题。

(5) 财务与劳资管理

财务与劳资管理工作主要是：资金的筹集与运用；各种保函的开具与保函资金的风险防范；固定资产的管理与成本核算及经济效益的分析；收益的分配和使用等。

(6) 分包管理

分包管理是指根据分包合同对分包商进行管理，统筹工程施工程序和进度安排，协调各个分包商之间的工作配合，督促分包商履行应承担的责任和义务。

（四）生产准备和竣工验收

1. 生产准备

为使工程项目一次试车成功，按期交付生产或使用，在管理机构、人员配备、技术条件和物资供应等方面所进行的准备工作，称为生产准备。具体工作主要有以下方面：

(1) 根据生产阶段的人员编制，配备管理人员、技术人员和生产人员，并按要求进行岗位培训。

(2) 根据生产工艺、设备性能和用户需求制定各种生产投入物和产出物的技术标准，以及各道工序的技术操作规程。

(3) 对原料、材料、备品备件、工具器具等要落实采购合同、资金、运输、存储等各个环节，保证按质、按量、如期供应所需物资。

2. 竣工验收

竣工验收工作通常是指按验收前准备、初步验收、正式验收、工程移交与决算等几个步骤来进行的。

竣工验收前的准备工作包括整理与汇总技术档案，拟定验收范围、工作计划和验收程序等内容。

初步验收是在承包商完成自检，确认项目已符合验收条件，向监理工程师提交验收申请和正式验收之前这段时间内进行的。初步验收工作分为技术资料审核和工程实物验收两部分。技术资料包括竣工图、设备清单和技术文件、施工计划、工程变更、局部验收记录和其他技术档案等，全部资料要求详实、完整。工程实物验收一般包括对工程总体布局、主体工程、机电设备工程、环境配套工程以及采暖、通风、供水、供电等各专业工程等所进行的全面检查验收。生产设备需要经过单机检测和系统调试后，再进行联合试运转。

正式验收是由政府、业主和有关部门参加的整体验收。具体工作有监理工程师组织实施，是对技术资料和工程实物的全面正式验收。如果验收不合格，则提出意见并限期整改后再次验收；如果验收合格，则签署竣工验收证明书和验收工程鉴定书。

在完成上述工作之后，应进行工程移交与决算，移交技术资料和工程实物，进行竣工决算、支付竣工工程款。

五、项目后评价

工程项目建设完成并投入生产或使用之后所进行的总结性评价，称为后评价（Post Evaluation）。

后评价是对项目的执行过程、项目的效益、作用和影响进行系统的、客观的分析、总结和评价，确定项目目标达到的程度。由此得出经验和教训，为将来新的项目决策提供指导与借鉴作用。国际金融组织十分重视项目的后评价工作，建立了专门的机构，例如世界银行的执行评价局，负责指导和规范贷款项目的后评价工作。

后评价的方法论的基本原则是定量和定性相结合的对比法则，包括前后对比和有无项目对比等。后评价的基本内容一般包括过程评价、效益评价、影响评价、持续性评价和综合评价五个方面。

过程评价是将立项时的评估和可行性研究报告中所预计的情况同项目实际执行的结果进行对比分析，找出差距，分析原因。

效益评价,即财务评价和经济评价,是将内部收益率、净现值、贷款偿还期和敏感性分析等作为主要分析指标。

影响评价是对经济、环境和社会的影响评价。经济影响评价主要分析该项目对国家、所在地区、行业所产生的经济方面的影响;环境影响评价主要分析项目对所在地区环境与生态的影响,以及对自然资源的合理利用方面的影响;社会影响评价主要分析项目对社会发展、经济增长方面产生的有形与无形的效益与结果,如对当地就业、生活水平提高的影响。

持续性评价是指在项目的建设投资完成之后,针对项目的原定目标是否能继续,项目是否可以持续发展下去,未来能否以同样的方式建设同类项目等问题所进行的分析与评价。

综合评价是对项目目标的实现情况、效益状况和成功程度所进行的全面评价,是形成评价结论、总结经验教训、提出建议的依据和基础。

第三节 国际工程咨询公司的经营管理

一、国际工程咨询公司管理特点

一般来说,国际工程咨询公司作为企业,现代经营管理学中所有基本原则都适用于它。这里仅介绍国际工程咨询公司管理方法的一些特点。

由于工程咨询公司服务于工程项目的建设期,因此其任务具有阶段性和临时性;公司内部咨询人员参加项目的时间、地点和强度是由项目的具体任务和进度决定的,有一定的变动性;此外,工程咨询公司与一般公司的最大不同是,工程咨询公司拥有的工程技术人员及其经验与技能、知识产权和项目管理体系等构成其资产的大部分。以上特点决定了工程咨询公司管理上十分重视以下方面:

(一)增强公司的整体性和适应性

工程咨询公司的各个部门都是组成公司指挥体系的重要环节,并具有各自的功能,但是公司的整体功能并不是这些功能的简单集合,而是在管理上更注重发挥整体效能。各部门之间,特别是这些部门与项目组之间的合作,应体现一种相互依存关系,对客户构成一个有机的服务整体。咨询任务的顺利进行与胜利完成,除了公司领导层的统一调度与指挥之外,在很大程度上依赖于公司内部的密切合作。

与此同时,由于咨询任务的灵活多样性,要求咨询公司应具有较强的环境适应能力,善于处理外界的各种关系,在不同的社会经济环境和文化背景下,表现出极强的生存与竞争力,特别是公司的资源与经营方针能及时和灵活地调整,以适应市场的不断变化。

(二)重视激励公司员工的工作积极性

咨询公司应采取各种激励措施,激发员工的工作积极性。如实行竞争性的工资制度;提高员工的生活福利待遇、包括社会与医疗保险、带薪休假制度等;鼓动技术人员取得专业资格证书和注册,增加职业吸引力;实行按技术水平和工作业绩晋升的制度,提高公司的凝聚力。

(三)不断提高公司技术水平和管理水平

随着社会经济的发展,新材料、新技术不断涌现,工程项目也向大型化和复杂化方向演变。咨询公司也应适应形势的需要,将发扬和充实公司的专业特长,跟踪世界先进水平作为公司管理的重要内容。具体工作主要有:广泛采用先进的计算机技术,开发、应用功能强大的软件；利用互联网实现全球范围的信息交换和项目的跨国经营管理；重视员工的培训和知识更新；掌握高新技术项目的专业知识和项目管理知识，提高公司的综合实力。

二、国际工程咨询公司的经营战略

制定正确的经营战略是工程咨询公司生存和发展的保证，根据国际工程咨询行业和市场的特点，在经营战略方面侧重以下工作：

（一）确定公司的长期发展目标

确定长期发展目标是一种管理手段，能给公司活动指明发展方向，同时对员工产生激励作用。长期发展目标不应是单一的，一般要包括：

1. 确定盈利性目标，增加公司营业额和利润，保障公司可持续发展；
2. 扩展业务范围，提高市场占有率；
3. 改善公司资金结构，如增加员工持股比例，减少长期负债等；
4. 增强公司实力，增添人员和仪器设备（包括软件）；
5. 提高员工工资与福利，激发员工工作积极性；
6. 履行社会责任，如建立基金会，增加就业机会等，提高公司知名度。

（二）采取科学决策机制

任何公司的人力、物力都是有限的，管理层作出的战略决策，实质是把公司的全部资源以最优的配置来实现公司的目标。为此决策要科学化，要考虑下列因素：

1. 市场分析与预测；
2. 公司在特定专业工程项目中已占有的份额；
3. 公司的声誉、特长以及和竞争者相比较的优势和弱点；
4. 扩展业务的机会与风险。

（三）明确实施步骤

实现公司的发展目标，必须采取有力的措施和步骤。例如一个工程咨询公司想在某一业务领域确立自己的领先地位，可采用下列步骤：

1. 在一些国家或地区设立办事处，以扩大公司的影响，并通过在当地的业务活动，取得新的项目机会；
2. 将业务开发相对集中在这一领域，以获得更多的客户，特别是一些有影响的客户；
3. 对新客户采取低收费策略，着眼于获得更多项目和长远利益；
4. 聘用更多的在这一领域有经验和资格的专业人员，以便能够高质量地完成工程咨询任务；
5. 在有发展前景的地区，考虑成立合资公司，进一步增强竞争实力。

三、国际工程咨询公司的业务开发

在激烈的市场竞争中，积极有效地开发业务是国际工程咨询公司实现其发展战略的前提条件，业务开发应以公司的专业特长和实力为基础。通常其过程可分为几个相互衔接的步骤，如图2-2所示。

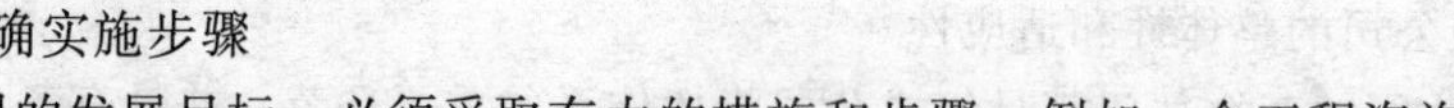

市场调研 → 项目选择 → 与客户加强联系 → 准备建议书 → 递交建议书

图2-2 国际工程咨询公司业务开发程序

（一）首先，由公司市场部以尽可能多的渠道搜集项目信息，确定可能的目标市场，详细了解这一目标市场的政治形势、经济状况、发展前景、工程建设项目的实施计划等。目标市场应选择多个，便于比较，选择前景较好的市场。

（二）为选择适合公司业务领域和专长的服务项目，公司专业部门应进一步对项目信息进行分析，分析的主要方面有：客户需要提供咨询服务项目的内容和要求；是否采用国际竞争性方式招标；本公司参与竞争的技术能力；需要采取的商务竞争策略以及咨询项目的风险分析等。通过分析研究对项目进行对比与筛选，确定公司准备参与的项目。

通过对项目的分析与筛选，可以避免投标的盲目性，减少执行项目的风险；同时，通过项目选择，体现和贯彻公司的经营战略。

（三）在项目选定之后，应立即组织项目投标小组，并作好以下工作：

1. 以书面形式向客户表达本公司对该项目的兴趣；

2. 编写好宣传本公司技术水平、工作经验和咨询人员资历的材料，如公司的能力声明文件等，让客户充分了解公司的实力；

3. 广泛收集与该项目有关的信息，充分了解项目的背景情况以及相关的政治、经济和自然环境条件；

4. 组织少数人员到项目所在地进行现场考察和与客户会晤。一方面可以获得项目的现场情况的第一手资料，直接了解客户对项目和咨询任务的想法；另一方面可以当面向客户宣传自己公司的实力，加深客户对公司的了解，增加中标的机会。

（四）编写咨询服务项目的投标书——建议书，按规定日期递交给客户。在下一章中将详细阐述。

思 考 题

1. 咨询工程师的概念和业务素质是什么？
2. 简述国际工程咨询的业务范围。
3. 简述项目决策阶段的咨询服务内容。
4. 简述建设准备阶段的咨询服务内容。
5. 简述项目实施阶段的咨询服务内容。
6. 简述项目后评价的基本内容。
7. 国际工程咨询公司的业务开发按什么步骤进行？

第三章 国际工程咨询招标与投标

本章从客户和咨询公司不同的角度，介绍在国际竞争性招标情况下，国际工程咨询招标及投标的方式、程序和具体做法。详细阐述工作大纲和邀请函的内容与格式、咨询公司的评选标准、建议书的编制和咨询服务费用的计算方法、通用咨询服务协议书的内容以及合同谈判与签约。

第一节 国际工程咨询招标

工程咨询在项目建设中起着至关重要的作用。为了科学地进行工程项目的实施，提高项目的成功度，获得预期的投资效益，必须选聘高水平的咨询公司（咨询专家）提供咨询服务。

一、招标方式

国际上通行的咨询公司（咨询专家）的招标方式有三种：指定招标、国际竞争性招标和有限竞争性招标。

（一）指定招标

指定招标也称谈判招标（Negotiated Bidding），是由客户直接选定一家公司通过谈判达成协议，为其提供咨询服务。这种招标方式通常在一些特定情况下采用。例如下列情况：

客户需要咨询公司承担严格保密的军事工程咨询任务，直接聘用有资格的相关公司；

客户需要某些咨询公司独家拥有的专利技术，直接聘用这家公司；

某咨询公司曾为客户进行过项目决策阶段的研究工作，并建立了良好的信誉，客户认为这个公司具有从事以后阶段的设计咨询任务的技术水平和能力，考虑到工作的连续性，节约再次选聘的时间和费用，仍然继续聘用该公司承担后续的工作任务。

（二）国际竞争性招标

国际竞争性招标（Unlimited Competitive Open Bidding）也称公开招标，是指在世界范围内公开招标选择工程咨询公司。采用这种方式可以为一切有能力的咨询公司提供一个平等的竞争的机会，客户也可以从众多的咨询公司中挑选一个比较理想的公司为其提供高质量和高效率的咨询服务。

目前国际工程咨询项目，特别是世界银行、亚洲开发银行等国际金融组织的资助或贷款项目大都要求国际竞争性招标，并为此专门制定了选择咨询公司的规章、制度、办法和程序。例如世界银行制定的《世界银行借款人以及世界银行作为执行机构使用咨询人员指南》（Guidelines on Consultants by World Bank Borrowers And by the World Bank as Executing Agency）和亚洲开发银行制定的《亚洲开发银行及借款人聘用咨询人员指南》（Guidelines on the Use of Consultants by Asian Development Bank and Its Borrowers）。

（三）有限竞争性招标

有限竞争性招标（Limited Competitive Selected Bidding）也称邀请招标，是客户利用自己的经验和调查研究获得的资料，根据咨询公司的技术力量、仪器设备、管理水平、过去承担类似项目的经历和信誉等选择数目有限的几家咨询公司发出投标邀请函，进行项目竞争。被邀请的公司数目通常为三至四家。

采用这种招标方式，参与竞争的公司数少，招标与评标工作量小，可以节约时间和费用，比较适合于工作内容相对不太复杂、金额不大的咨询项目。

二、国际竞争性招标程序及内容

根据国际惯例，国际竞争性招标方式选择咨询公司的过程大致可划分为七个步骤，如图3-1所示。

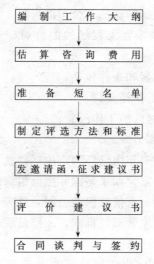

图3-1 国际工程咨询招标程序

以下分别介绍各个步骤实施的具体内容与做法。

（一）编制工作大纲

工作大纲（Terms of Reference，TOR）也称职责范围，是客户要求咨询公司完成的咨询任务的详细说明文件。

典型的工作大纲包括以下内容：

1. 概述。简述项目情况、项目的由来及其他有关背景资料。
2. 目标。说明该项目计划达到的目标。
3. 工作范围。详细说明咨询公司应当完成的咨询任务和具体要求。
4. 培训要求。如果需要人员培训，说明咨询公司在人员培训方面应做的工作。
5. 进度与报告。关于咨询工作进度计划和工作进展情况报告的要求。
6. 客户的义务。客户向咨询工作人员提供的有关资料、人员配合、设施和服务等支持的说明。

（二）估算咨询费用

咨询服务费用的估算是以工作大纲中拟定的工作量和预期成果目标为依据，估算完成咨询任务所需要的人力、物力、时间和费用。

费用估算对于客户和咨询公司都是必不可少的。客户需要了解为进行此项任务而支出的费用，列入项目预算，也可以通过费用估算对工作大纲中拟定的工作内容进一步理解，使之更为合理与符合实际；咨询公司需要从被聘用的角度，针对具体任务拟定咨询服务的工作方案和人员的配备，通过估算费用，进行合理报价。关于咨询服务费用的估算方法，将在本章第三节中专门介绍。

（三）准备短名单

为保证选出最理想的咨询公司，采取逐步遴选的方法。首先在大范围内征求与咨询任务的专业要求对口的咨询公司，形成一个数目较多的候选名单，称为长名单（Long List），例如，有30~40家公司或更多。这些公司可以是从国际金融组织设立的注册公司数据库中选出的公司，或者是客户熟悉和了解的公司，也可以是对该项咨询任务感兴趣的其他公司。

然后对长名单进行筛选。根据掌握的各公司的资料，审查若干因素，淘汰不理想的公司，选出所需专业领域内具有较丰富工程经验的公司5~7家，形成所谓短名单（Short List）。

确定短名单时考虑的主要因素和条件包括：

1. 公司完成的类似项目的工作经验；
2. 公司在项目所在的类似地区的工作经验；
3. 公司的技术水平和综合实力等。

一般来说，如果一家公司在一年内已经两次中标，就不能第三次列入短名单。来自一个国家或地区的公司不能超过两家。如果是国际金融组织的贷款项目，通常希望短名单中有一家来自发展中国家的公司和一家借款国的公司，或者有他们参加的联营公司。短名单需要国际金融组织和借款国双方主管部门批准，才能最后确定。

（四）制定评选方法和标准

在短名单准备好之后，应制定出咨询公司的评选方法和评选标准。常用的方法称为"双封制"（Two Envelope System），即咨询公司投标时，同时递交分别包装密封的"技术建议书"和"财务建议书"。评审时，先打开技术建议书进行评价，按评价结果排出咨询公司的名次，并首先邀请排名第一的公司进行合同谈判。财务建议书只是在谈判时才被打开，作为谈判的一项内容。如果谈判达成协议，则其他公司的财务建议书将被原封退回。

评价标准通常是以咨询公司及其工作人员的资历和经验、技术建议书的水平和质量、客户对咨询公司的信任程度和相互关系为主要考虑因素，而以咨询服务费作为次要考虑因素，这与工程承包的评价标准是不相同的。

（五）给短名单上的公司发邀请函，征求建议书

客户向短名单中的每一家咨询公司发出邀请函（Letter of Invitation, LOI），介绍咨询任务的具体内容和要求，邀请他们以建议书的方式投标。邀请函一般包括以下内容：

1. 咨询任务简介；
2. 附件，包括工作大纲、合同草案、背景资料等；
3. 咨询公司评选方法与程序；
4. 关于预期工作量按人月数表示的说明；
5. 有关该任务的外部资助的细节和状况；
6. 要求咨询公司提供费用估算的资料；
7. 要求中标的公司在项目中仅限于咨询工程师的角色；

8. 有关当地的法律资料；
9. 被邀请投标的咨询公司的名单；
10. 建议书编制使用的语言、提交的份数和截止日期；
11. 合同谈判与工作开始日期；
12. 建议书的有效期；
13. 要求被邀请的公司以电传的方式确认已收到邀请函，说明是否愿意提交建议书；
14. 关于咨询公司访问客户的执行机构、进行实地考察的说明；
15. 客户将对咨询公司提供的支持，包括有关资料、生活设施和服务等。

在邀请函中对建议书的编制内容提出具体的要求，咨询公司按要求编写技术建议书和财务建议书。本章第二节将详细介绍两份建议书的编制细节。

（六）评价建议书

评价建议书的目的是为了选择理想的咨询公司，在技术建议书的评价中，一般要审查评价三个方面的内容，并根据不同的咨询项目的特点分别给予不同的权重。这些内容和评价权重的取值范围如下：

咨询公司的资历和经验	10%~30%
为完成咨询任务拟采用的方法和途径	20%~40%
参加该项咨询服务的人员	40%~70%
总权重为	100%

由此可以看出，公司资历和经验的权重小于其他两项内容的权重，这是因为在确定短名单时，已着重考虑过这项因素。客户在评价建议书时，更重视咨询公司为完成咨询任务拟采取的方法和途径，以及咨询人员的配备，尤其强调咨询专家的经验和水平。因为咨询任务是否能够顺利进行和圆满完成，在很大程度上取决于现场咨询人员的努力，而在所有的咨询专家中，组长的人选是成败的关键。在对项目组人员配备进行评审时，主要从三方面考虑：

1. 一般资历；
2. 是否适合承担该项目中的工作；
3. 在该地区的工作经验与语言能力。

技术建议书的评价工作由专门的评价委员会负责。根据事先制定的评价标准，进行逐项评估打分。为了实际操作方便，根据项目的性质和具体情况，将上述三方面内容细分为若干个因素及相应的权重，编制成"综合评价表"，其格式详见表3-1。

表3-1为综合评价表举例，其中三组因素如何划分以及各项因素规定多大的权重应根据具体项目而定，这些都应事先经过讨论并确定下来。评价时，每位评委应对综合评价表中的各因素逐项独立打分，并乘以该项因素对应的权重，得到该因素的权重评分。然后再进行汇总得出三方面内容的分数和总分数。

当每位评委对所有技术建议书的评价和比较完成之后，评价委员会在规定的日期内召开会议，讨论每份建议书的评估情况，通过讨论取得一致意见，以此为根据，对短名单中的公司进行排名，技术建议书最好的公司排在第一名。名次排定之后，评价委员会将通知排名第一的公司，提出建议书的不足之处，要求进行修改、补充和澄清，然后进行合同谈判。考虑到谈判也可能达不成协议，也可以要求排名第二的公司修改建议书的不足之处，做好谈判的准备。

综合评价表　　　　　　　　　　　　　表 3-1

选择评价因素	权重	公司A		公司B		公司C	
		评定给分	加权得分	评定给分	加权得分	评定给分	加权得分
1. 咨询公司资历和经验（10%～30%） 　*a*. 在类似项目中的经验 　*b*. 在类似地域的经验 　*c*. 其他因素 2. 咨询服务方法和途径（20%～40%） 　*a*. 对项目目标的理解 　*b*. 方法的质量水平 　*c*. 革新（合理化建议） 　*d*. 工作计划 　*e*. 所需人月数 　*f*. 对客户提供的设施要求 　*g*. 建议书的表达 3. 参加该项目的人员（40%～70%） 　*a*. 项目组长 　*b*. 专业领域Ⅰ或其专家 　*c*. 专业领域Ⅱ或其专家 　……							
总　　　　计	100%						

（七）合同谈判与签约

谈判通知通常用电传或电报发出，确认谈判的时间，规定谈判的地点。参加谈判的咨询公司代表必须具有公司的书面授权书，证明他代表该公司进行谈判以达成具有法律效力的协议。合同谈判依据的材料是技术建议书和财务建议书。谈判前应准备好合同草本，例如FIDIC编写的"客户/咨询工程师标准服务协议书"（Client/Consultant Model Services Agreement），世界银行和亚洲开发银行的"咨询服务合同"（Contract For Consulting Services）等，并可以在此基础上加以补充和修改制定。

合同条件一般由标准条件和特殊应用条件组成，包括以下基本内容：

1. 合同中有关名词的定义及解释；
2. 咨询工程师的义务：服务范围、正常的、附加的和额外的服务、行使职权的条款；
3. 客户的义务：提供为完成任务所需的资料、设备设施和人员支持的资料；
4. 职员：关于咨询专家和客户支持人员、各方代表、人员更换的条款；
5. 责任和保险：关于双方的责任、赔偿与保险的条款；
6. 协议书的开始、完成、变更与终止的条款；
7. 有关支付的条款；
8. 一般规定：关于协议书的语言、遵循的法律、转让和分包合同、版权、专利等条款；
9. 争端的解决：对损失或损害的索赔与仲裁条款。

谈判双方在各方面达成一致后，即可签订协议书。如果与排名第一的公司谈判不成功，则邀请排名第二的公司进行谈判，依此类推，直至与一家公司签约。一旦与一家公司签约，应立即通知短名单中其他的公司，并将他们的财务建议书原封退还。

三、个人咨询专家的选聘

国际工程咨询工作具有多样性，有时需要咨询专家以个人身份承担咨询任务。当某项咨询任务在下述条件下就可以聘请个人咨询专家（Individual Consultant）：

1. 不必要聘请咨询小组；
2. 不需要另外更多的专业支持；
3. 特别需要这名专家的经验和知识。

例如，审查、补充、修改可行性研究报告；协助某部门（行业）制定发展规划；协助贷款银行执行某项具体任务等等。

个人咨询专家的选聘程序与咨询公司的选聘招标程序大致相同。候选者名单可以利用国际金融组织的个人咨询专家注册资料（Data on Individual Consultant，DOIC），也可以由其他渠道获取资料。选聘的评价依据主要是咨询专家个人的资历、从事过的类似咨询工作的经验、类似工作地区的经验和工作业绩进行排序，择优聘用。

第二节　国际工程咨询投标

一、投标准备

如果工程咨询公司准备参加一项咨询项目的投标，就应作好投标前的准备工作，这里工作主要是组织咨询投标班子和编写公司能力声明文件，争取被列入短名单中。

（一）组织咨询项目的投标班子

组织一个好的投标班子是争取获得咨询项目的基本保证，在一定程度上，咨询公司要通过投标班子编制一系列的文件，表现本公司的实力和水平，以赢得客户的信任。投标班子应由相应的技术人员、经济人员和法律人员组成，必要时也应有商务人员参加。这个班子的负责人应具备比一般人员更全面的知识和更丰富的工作经验，善于管理，能使全体成员充分发挥自己的积极性，同时，还应具备勇于开拓与不断进取的精神。

投标班子在项目咨询招标初期应作好以下工作：

1. 编制并主动向客户提交本公司能力声明文件和有关宣传资料，让客户了解公司，积极争取列入短名单中。
2. 通过与客户加强联系和其他渠道，收集项目信息资料。
3. 深入调查了解项目所在国家和地区的政治、经济、文化、法律、自然条件等情况。
4. 研究确定是否需要与当地公司或其他公司联合投标，如果需要应积极联系，促成合作。

（二）公司能力声明文件

公司能力声明文件（Capability Statement）是介绍自己公司情况的材料。通过这份材料向客户宣传本公司的服务范围、专业特长、科技水平、综合实力，特别是在以往从事咨询项目中取得的业绩。它可以使新客户开始了解本公司，使老客户了解本公司新的进步和成果，为进入短名单创造条件。

公司能力声明文件应包括：

1. 公司的背景与机构：公司的历史和背景、参加国际组织及注册情况、产权结构、内部组织机构（包括分支机构）等。

2. 公司的资源情况：公司的人力资源，包括人员和专业构成、工作经验、主要咨询人员的业务简历；公司拥有的设备及设施，包括勘测设备、计算机、绘图仪器等；公司的财产状况等。

3. 公司的业务与经验：公司的业务领域和服务范围，完成的咨询项目的情况，包括独立或合作承担的咨询项目，介绍项目的业主和地点、规模和特点、提供咨询服务的类型、内容及完成时间等。

4. 公司的荣誉和信誉：介绍公司在科技进步和提高投资效益等方面的成果，曾获得国际机构、政府、客户的表彰和奖励的情况。

文件中列举的数字、图表、照片应真实可靠，印刷精美，维护公司的信誉和形象。

二、建议书的编制

咨询公司应根据客户的邀请函和工作大纲编制建议书，建议书分为技术建议书和财务建议书。

（一）技术建议书的编制

技术建议书可参照下述结构形式和内容编制。

1. 概述

介绍投标公司（包括合作者）；说明建议书的结构与主要内容；简述本公司的优势，建议方案的先进性。

2. 公司概况

简要叙述本公司的情况，相当于公司能力声明文件的摘要。如果与其他公司联合投标，则还应介绍其他公司的情况，说明联营体结构和每个成员之间的分工与协作方式。

3. 咨询公司的经验

介绍本公司工作资历和工作经验，重点介绍在类似项目、类似国家和地区完成咨询任务的情况。表明本公司的水平、经验和承担该咨询项目的优势。

4. 对本项目的理解

阐述项目的背景及其对所在地区和行业发展的影响；项目的特征、技术指标与环境条件；影响本项目的关键和敏感性因素等。

5. 对工作大纲的理解与建议

阐述对工作大纲的每项工作的范围与深度的理解，澄清不确切之处，提出改进意见和合理化建议。

6. 完成任务的方法与途径

详细描述为完成各项任务拟采取的方法和步骤，其中包括：完成咨询任务的总体方案与计划、各子项任务的划分、工作标准、技术措施、质量保证体系、提交成果的方式、内容和时间。本部分内容为建议书的核心。

7. 工作进度计划

在充分考虑项目所在国家和地区的自然条件、法律法规、宗教信仰、风俗习惯等因素的基础上，编制切实可行的工作进度计划，以文字、图表等形式表明项目的总体进度安排，各子项任务开始与结束的时间及相互衔接。

8. 咨询人员工作安排

介绍项目组组长和成员的配备，主要咨询人员资历和经验简述，公司对项目的支持，项目组每个人的任务分工及工作时间安排计划。可用横道图（Bar Chart）表示，也可作为财务建议书中费用估算的依据。

9. 需要客户提供的支持

为完成咨询任务，需要客户提供的支持，包括：免费提供有关文件、资料，协助提供仪器、设备、人员配合，帮助办理咨询专家的入境、出境手续以及有关仪器设备进出关手续等。

10. 附件

邀请函和工作大纲；

公司从事类似咨询项目实例（按邀请函附件格式）；

项目组咨询人员和公司支持人员简历（按邀请函附件格式）；

公司能力声明文件；

公司的其他材料。

（二）财务建议书的编制

财务建议书的内容通常应包括：

1. 咨询费用估算方法及财务建议书的编制说明；
2. 咨询费用总金额，包括：咨询人员的酬金、可报销费用和不可预见费；
3. 咨询人员酬金的估算明细（详见本章第三节）；
4. 可报销费用估算明细（详见本章第三节）；
5. 不可预见费估算，通常按3、4两项费用之和的5%～10%估算；
6. 由注册会计师审计的公司资产负债表和损益表。

三、合同谈判

工程咨询公司在接到客户的谈判邀请通知后，应准时派出谈判小组前往指定地点参加合同谈判。谈判小组一般应由编写建议书的负责人、财务与法律人员、项目组组长等人组成，谈判小组组长应持有公司最高负责人签署的授权书。谈判的主要内容在上一节中已作了介绍，不再赘述。但从咨询公司的角度进行合同谈判，应特别注意下列问题：

1. 区分合同生效期和咨询服务开始日期；
2. 明确"不可抗力"的具体含义，以及在不可抗力出现时咨询公司应采用的对策和应得到的合理补偿；
3. 咨询公司需要客户提供的帮助应详细开列出来；
4. 明确支付的细节，如支付方式、时间、外汇支付方式和比例、延期支付的补偿等；
5. 明确税务、保险等方面双方的责任和义务；
6. 明确仲裁规则，争取写明一旦出现争端并需要仲裁解决时，仲裁地点为国际仲裁机构或双方认可的第三国。

双方通过谈判达成一致并签署协议之后，咨询工作就进入准备实施阶段。

第三节 国际工程咨询费用的计算

一、咨询服务计费方法

对于不同性质和内容的咨询项目，其服务费可以采用不同的计费方法和支付方式，签订不同类型的合同，以方便管理。常见的计费方法有以下六种：

（一）人月费单价法

人月费（Man Months Rate）单价法是用咨询人员每个人每个月所需费用乘以其相应的工作月数，再加上其他非工资性开支来计算咨询服务费的方法。这种方法广泛应用于工程项目的一般性计划、可行性研究、工程设计、建设监理和项目管理等任务，是国际竞争性咨询投标中常用的费用计算方法。本节后面将详细介绍这种计费方法。

（二）按日计费法

按日计费（Perdiem）法是按咨询人员的工作日数计算所需费用的计费方法，即以每日费率乘以相应的工作日数，其他非工资性工作支出，如差旅费、办公费等，由客户直接补偿。计算工作日时，应按每日八小时计算，并应包括咨询人员为执行咨询任务时所付出的全部时间，如旅途时间等。对于加班工作时间应相应地提高费率。

（三）成本加固定酬金法

成本加固定酬金（Cost Plus Fixed Fee）是在经双方讨论同意的估算成本的基础上，再加一笔固定数目的报酬金额的计费方法。这里所说的成本包括咨询人员的工资与各种社会福利、公司管理费和可报销费用，而固定酬金是用于不可预见费、投资利息、奖金和利润。酬金因素需要单列出来并依照日程表或根据进度目标支付。如果咨询人员与客户双方商定需要增加人员以便按原定期限完成任务，则通常应增付给他们的只是成本费用，而不得增加酬金或利润。

（四）总价法

总价（Lump Sum）法是咨询公司与客户针对一项咨询任务经商定同意以总价计算咨询费用的方法。根据咨询任务的具体情况和双方协议，可分为固定总价和调值总价等形式。

固定总价是指双方一旦就总支付费用达成协议，支付费用的总金额就被固定下来，不因实际执行的咨询任务比预计的工作量大而增加费用。如果原计划咨询任务有较大变更或增加新的内容，工作量增加的部分应另外协商计算费用。

调值总价常用于服务时间较长（如一年以上）的咨询任务，在合同条款中双方商定：如果在合同执行过程中出现通货膨胀、汇率变化并达到某一限度时，合同总价作相应的调整。

（五）工程造价百分比法

工程造价百分比法（Percentage of Construction Cost）是按工程项目建设总投资的某个百分比来计算咨询费用。一般情况下，工程造价低的项目取费百分比高一些，工程造价高的项目取费百分比低一些；工程难度大、技术复杂的项目取费标准高于工程难度小、技术不复杂的项目。

这种计费方法，在工程设计中应用较多。世界银行不赞成这种方法，认为不利于在设计中革新和降低工程项目的造价。

（六）顾问费

顾问费（Returner Fee）是客户以支付顾问费的方式聘用个人咨询专家或咨询公司在一段时间内提供咨询服务。这同企业雇佣法律顾问类似，适合于持续时间较长，又随时可能需要咨询专家的知识和经验提供咨询的项目。

顾问费的数额高低与咨询服务的性质、工作内容和价值有关，也与咨询专家的经验、专业知识和技术水平有关。顾问费的支付方式可以按月支付，或按双方事先商定的其他方式支付。

二、人月费单价法

人月费单价法是目前国际上广泛采用的一种工程咨询费用的估算方法。估算费用由酬金、可报销费用和不可预见费三部分组成。

（一）酬金

咨询人员的酬金数额等于人月费率乘以人月数（即以月数计算的工作时间）。

1．人月费率

人月费率也称月酬金，由咨询人员的基本工资、社会福利费、公司管理费、利润和海外津贴与艰苦地区津贴组成。

（1）基本工资

咨询公司付给咨询人员的月工资，不包括其他额外收入。

（2）社会福利费

咨询公司为工作人员支付的社会保障费及其他福利和津贴费，主要有：

1）退休基金；
2）休假日工资（包括公共假日、每年公司规定的休假、病假等）；
3）各种津贴费，如住房津贴、交通津贴、生活津贴等；
4）奖金；
5）社会保险费；
6）健康和医疗费；
7）其他。

（3）公司管理费

这项费用是公司用于行政管理和业务活动方面的费用，一般以公司的年度费用支出为依据。根据一些国际金融组织的规定，社会福利费、公司管理费可分别按与基本工资的比例关系计算，所占比例要根据上年度（世行规定为前3年）公司损益表、公司社会福利费明细表和公司管理费明细表中的实际数据确定。因此，在财务建议书中报价时，应附有经会计师事务所审计的公司损益表、社会福利明细表和管理费明细表作为证明材料。

（4）利润

指税前利润，以基本工资、社会福利费和公司管理费之和的百分比来计算。

（5）海外津贴与艰苦地区津贴

这是公司发给在海外或艰苦地区执行咨询任务的工作人员的补助费，其数额根据不同的国别和地区以及生活条件的艰苦程度来确定。

以上五部分相加就得出咨询人员的人月费率。

由于咨询人员来自不同的国家，本身的技术水平和职务不同，咨询项目的复杂程度不同，人月费率的数额彼此相差很大，其取值范围一般为2000~25000美元/月。来自美国、加拿大等发达国家的咨询专家的人月费率较高,而来自印度、马来西亚等发展中国家的咨询专家的人月费率较低。

我国咨询专家在海外执行咨询任务,按国际惯例计算人月费率时,必须考虑到我国基本工资包含的内容和国外不同,不宜报价过低,以免影响公司的收益,并且容易造成误解,认为我国咨询专家水平低。

例3-1 某国际工程咨询公司在一个条件比较艰苦的国家承担某公路项目初步工程经济可行性研究。计算该公司参加项目咨询人员的人月费率,在公司本部工作时,海外津贴为零。按上述方法列表计算该公司参加项目咨询人员的人月费率,详见表3-2。

2. 人月数的计算

根据工作大纲对咨询任务所作的说明,可确定预期的咨询工作类型和范围、工作深度和进度,编制详细的作业计划、专业分工与人员配备,以及相应的进度计划。这些计划通常以简单直观的"横道图"表示,作为计算咨询人员人月数的依据。由此可以很容易地得到每个咨询人员的人月数。利用已求出的人月费率和人月数相乘,可以分别计算出咨询人员的酬金。

人月费率计算明细表(单位:美元) 表3-2

专家姓名	职务	月基本工资 1	社会福利费 2 (1×41.5%)	管理费 3 (1×105%)	前三项总和 4 (1+2+3)	利润 5 (4×15%)	本部人月费率 6 (4+5)	海外津贴 7 (1×60%)	现场人月费率 (6+7)
A	项目经理、高速公路工程师	5102	2117	5357	12576	1886	14463	3061	17524
B	交通专家	3485	1446	3659	8591	1289	9880	2091	11970
C	桥梁工程师	4471	1855	4659	11021	1653	12674	2683	15357
D	规划师	4471	1855	4659	11021	1653	12674	2683	15357
E	交通经济师	4471	1855	4659	11021	1653	12674	2683	15357
F	排水专家	5102	2117	5357	12576	1886	14463	3061	17524
G	工程师	2000	1000	3000	6000	900	6900	1000	7900

(二)可报销费用

可报销费用(Out of Pocket Expenses)是为执行咨询服务任务而发生的工作费用,包括:

1. 国际与国内交通旅行费;
2. 食宿费(世行、亚行规定每一类地区有对应的食宿标准);
3. 通讯费;
4. 各种资料的编制、打印、复印、传递费;
5. 办公设备、用品费;
6. 为当地提供的设施和服务所付的费用。

以上各项花费为可报销费用,由客户按实际开支给予报销。

(三)不可预见费

不可预见费(Contingency)是指在酬金和可报销费用之外,在执行咨询任务的过程中发生的额外费用。如由于工作量额外增加而导致的咨询专家酬金的增加；由于通货膨胀、汇率波动而引起的成本费用的增加等等。该项费用相当于客户的备用金，通常取酬金和可报销费用之和的5%～15%，如果不发生上述情况，则咨询公司不能得到这笔费用。

按以上方法估算出咨询人员的酬金、可报销费用和不可预见费并相加，即得出按人月费单价法计算的咨询服务费用的估算值。

思 考 题

1. 说明国际工程咨询公开招标的主要步骤。
2. 什么叫TOR？它的作用是什么？一般包括哪些内容？
3. 什么叫短名单？它是如何形成的？
4. 技术建议书的结构形式和内容是什么？
5. 简述技术建议书的评价步骤和评价标准。
6. 简述国际工程咨询中通常采用的费用计算方法。
7. 人月费单价法中如何计算人月费率？

第四章　国际工程承包招标

本章简要阐述了国际工程承包中常见的国际工程招标的方式、程序和合同类型，较为详细地介绍了国际工程招标中的资格预审、招标文件的编制及其内容和通用格式，同时还对评标、决标和授标的过程进行了说明。

第一节　概　　述

一、国际工程招标分类与方式

（一）国际工程招标分类

国际工程招标根据其招标范围的不同可分为：

1. 全过程招标：这种方式通常是指"交钥匙"工程招标，招标范围包括整个工程项目实施的全过程，其中包括勘察设计、材料与设备采购、工程施工、生产准备、竣工、试车、交付使用与工程维修。

2. 勘察设计招标：招标范围要求完成勘察设计任务。

3. 材料、设备招标：招标范围要求完成材料、设备供应及设备安装调试等工作任务。

4. 工程施工招标：招标范围要求完成工程施工阶段的全部工作；可以根据工程施工范围的大小及专业不同实行全部工程招标、单项工程招标、分项工程招标和专业工程招标等。

（二）国际工程招标方式

国际工程招标方式主要有以下几种：

1. 公开招标

该方式也称为无限竞争性招标（Unlimited Competitive Open Bidding），即由业主在国内外主要报纸、有关刊物上发布招标广告，公开进行招标，凡对此招标项目感兴趣的承包商都可以购买资格预审文件，参加资格预审，资格预审合格者均可以购买招标文件进行投标。

这种方式可为所有有能力承包该工程的承包商提供一个平等竞争的机会，业主有较大的选择余地来挑选一个比较理想的承包商，有利于降低工程造价，提高工程质量和缩短工期，但由于参与竞争的承包商可能很多，资格预审和评标的工作量较大。

2. 邀请招标

该方式也称为有限竞争性选择招标（Limited Competitive Selected Bidding），它是一种由业主根据自己积累的经验和资料或根据工程咨询公司提供的承包商情况，选择若干家有实力的承包商，邀请其来参加投标的方式。一般邀请5～10家前来投标，这些被邀请者应具有承担过类似项目的经验和资历，在技术力量、设备能力、资金和管理水平等方面满足招标工程的要求，特点是选择范围小，节省了资格预审工作的时间和经费；但可能会有一定的片面性，漏掉一些在技术上、报价上有竞争力的承包商。

3. 谈判招标

谈判招标（Negotiated Bidding）也称为议标或指定招标，它是由业主直接选定一家或几家承包商进行协商谈判，确定承包条件及标价的方式。该方式的特点是节约时间，容易达成协议，迅速开展工作，但无法获得有竞争力的报价。该方式是一种非竞争性招标的方式，适合于工程造价较低，工期紧，专业性强或军事保密工程。

除以上三种常见的招标方式外，目前国际上采用的还有两阶段招标和竞争与协议相结合招标。两阶段招标是根据工程特点先公开招标，再从中选择报价较低、信誉好的三、四家进行第二阶段招标；竞争与协议相结合招标则是先公开招标，然后从中选中前三名用协议方式定标。

二、公开招标程序

招标程序可以分三大步骤，即对投标者的资格预审；投标者得到招标文件和递交投标文件；开标、评标、合同谈判和签订合同，三大步骤依次连接就是整个投标的全过程。简要的招标过程如图4-1所示，后面几节将进行详细的解释。

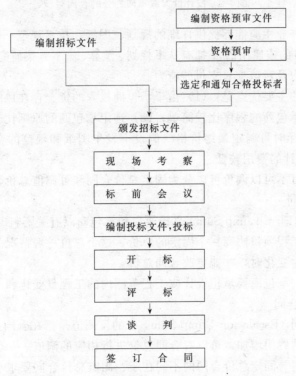

图4-1 公开招投标程序示意图

三、合同类型

按合同计价方式的不同，国际承包工程的合同类型可以划分成总价合同、单价合同和成本加酬金合同。参见图4-2。

（一）总价合同

总价合同（Lump Sum Contract）是指支付给承包商的款项在合同中是一个总价，在招投标时，要求投标者按照招标文件的要求报出总价，并完成招标文件中规定的全部工作。总价合同是一种常见的工程合同。

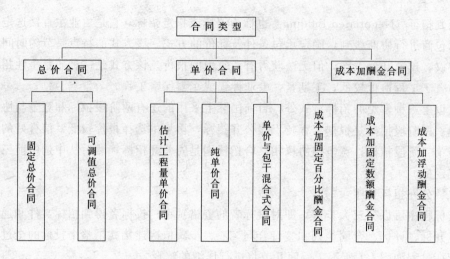

图 4-2 按计价方式不同划分的合同类型

采用总价合同，业主应能够提供详细的规划、图纸和技术规范；提供足够的有施工专长的监督人员（自有的或雇用的）；拥有从事规划、预算、施工方案研究的雇员或咨询人员；具有良好的财务能力及对该项目支付的能力。

采用总价合同的主要优点是：(1) 由于承包商投入的资金存在风险，承包商会努力降低成本；(2) 选择承包商的程序比较简单；(3) 选定承包商的原则比较客观，通常采用最低标价法；(4) 投标时可确定最终价格（假设不发生图纸和规范的变更或不可预见的情况）；(5) 会计与审计的费用较低。

总价合同根据可不可以调价可以分为固定总价合同和可调值总价合同。

1. 固定总价合同

固定总价合同（Firm-Lump Sum）是指业主和承包商以有关资料（图纸、有关规定、规范等）为基础，就工程项目协商一个固定的总价，这个总价一般情况下不能变化，只有当设计或工程范围发生变化时，才能更改合同总价。

对于这类合同，承包商要承担设计或工程范围内的工程量变化和一切超支的风险。

2. 可调值总价合同

可调值总价合同（Escalation-Lump Sum）中的可调值是指在合同执行过程中，对于通货膨胀等原因造成的费用增加，可以对合同总价进行相应的调值。

可调值总价合同与固定总价合同的不同在于：固定总价合同要求承包商承担设计或工程范围内的一切风险，而可调值总价合同则对合同实施过程中出现的风险进行了分摊，即由业主承担通货膨胀带来的费用增加，承包商一般只承担设计或工程范围内的工程量变化带来的费用增加。

（二）单价合同

单价合同（Unit Price Contract）是国际工程承包中最常用的一种合同方式，其特点是根据合同中确定的工程项目所有单项的价格和工程量计算合同总价。通常是根据估计工程量签订单价合同。单价合同适用于工程项目的内容和设计指标不十分确定或工程量可能出入较大的情况。

单价合同的主要优点是：

(1) 可减少招标准备工作，缩短招标准备时间；
(2) 能鼓励承包商通过提高工效等手段节约成本；
(3) 业主只按工程量表项目支付费用，可减少意外开支；
(4) 结算时程序简单，只需对少量遗漏单项在执行合同过程中再报价；
(5) 对于一些不易计算工程量的项目，采用单价合同会有一些困难。

单价合同主要有估计工程量单价合同和纯单价合同两类。估计工程量单价合同是由业主委托咨询公司按分部分项工程列出工程量表及估算的工程量，适用于可以根据设计图纸估算出大致工程量的项目。纯单价合同是在设计单位还来不及提供设计图纸，或出于某种原因，虽有设计图纸，但不能计算工程量时，可采用这种合同；采用这种合同时，招标文件只向投标者提供各分部分项工程的工作项目、工程范围和说明，不提供工程量。

（三）成本加酬金合同

成本加酬金合同（Cost Plus Fee Contract）是一种根据工程的实际成本加上一笔支付给承包商的酬金作为工程报价的合同方式。采用成本加酬金合同时，业主向承包商支付实际工程成本中的直接费，再按事先议定的方式为承包商的服务支付酬金，即管理费和利润。业主在这种情况下选择承包商时，应仔细客观地审查对项目感兴趣的承包商的资质和酬金报价，将合同授予最具资质且其报价亦可接受的承包商。

这种合同方式适用于某些急于建设而设计工作并不深入的工程项目，这些项目内容可能很粗略，不具备计算工程单价或总价的条件，只能以估算的工程成本为基础加额外补偿来计价，尤其是一些灾后（或战后）重建工程、涉及承包商专有技术的工程等。

采用成本加酬金合同主要的优点是：可在规划完成之前开始施工；适用于由于不能确定工作范围或规模等原因无法确切定价的工作。

采用该方式时应注意以下问题：项目开始施工时，最终成本不能确定；需要业主的雇员、工程师进行较多的控制成本、记帐及审计工作；业主与工程师应挑选一个熟悉这种合同类型的总承包商，有作为项目组成员进行管理工作的经验，并有良好的会计工作水平；如果设计发生大的变化，过早的开工会导致延误和额外的开支。

成本加酬金合同，根据其酬金的确定方法不同可分为如下几种形式。

1. 成本加百分比酬金合同

这种合同方式是指承包商除收回工程实际成本外，还可得到按实际成本的百分比计取的酬金；这个百分比是双方在签定合同时共同商定的。

2. 成本加固定酬金合同

这种合同方式是指按工程实际成本加上一个双方事先商定的固定不变的数额作为酬金的计价方法。与前一种不同的是，采用这种方式时，酬金不随成本的增减而变动。

3. 成本加浮动酬金合同

这种合同方式是指按一定条件计算浮动酬金的计价方法。即业主与承包商事先商定预期酬金水平，当实际成本等于预期成本时，按预期酬金支付；当实际成本低于预期成本时，增加酬金；当实际成本高于预期成本时，减少酬金。

这种合同方式与前两种方式相比的最大优点是可以促使承包商降低工程成本。

由于成本加酬金合同方式的竞争性差，而且业主难以控制投资，因此，在国际工程承包中较少被采用。

第二节 资格预审

对于某些大型或复杂的项目，招标的第一个重要步骤就是对投标者进行资格预审。业主发布工程招标资格预审广告之后，对该工程感兴趣的承包商会购买资格预审文件，并按规定填好表中的各项，按要求日期报送业主；业主在对送交资格预审文件的所有承包商进行了认真的审核后，通知那些业主认为有能力实施本工程项目的承包商前来购买招标文件。

一、资格预审目的

业主对投标者进行资格预审的目的是了解投标者的经历和过去履行类似合同的情况，人员、设备、施工或制造设施方面的能力，财务状况，以确定有资格的公司名单，淘汰不合格的投标者，减少评标阶段的工作时间，减少评审费用；排除将合同授予不合格的投标者的风险，同时招标具有一定的竞争性，为业主选择一个优秀的投标者打下良好的基础；同时，还可以为不合格的投标者节约购买招标文件、现场考察及投标等的费用；此外，有些工程项目规定本国承包商参加投标可以享受优惠条件，此时，资格预审有助于确定一些承包商是否具有享受优惠条件的资格。

二、资格预审程序

1. 编制资格预审文件。一般由业主委托咨询公司或设计单位编制，或由业主直接组织有关专业人员编制。资格预审文件的主要内容有：工程项目简介，对投标者的要求，各种附表等。

首先要组织资格预审文件工作小组；该小组是以业主和招标机构为主，邀请有丰富实际经验的财务管理专家，工程技术人员参加。一般情况下，业主只通过资格预审文件了解投标者的情况，而不向投标者当面了解情况，所以，资格预审文件在编写时内容要齐全，不能遗漏某一方面的内容，资格预审文件要规定所使用的语言，还要根据需要明确规定资格预审文件的份数，并注明"正本"和"副本"，当"正本"与"副本"不一致时，以"正本"为准。

2. 在国内外有关媒介上发布资格预审广告，邀请有意参加工程投标的承包商申请资格审查。

资格预审通知一般应包括以下内容：业主和工程师的名称；工程所在位置、概况和合同包含的工作范围；资金来源；资格预审文件的发售日期、时间、地点和价格；预期的计划（授予合同的日期、竣工日期及其他关键日期）；招标文件颁发和提交投标文件的计划日期；申请资格预审须知；提交资格预审文件的地点及截止日期、时间；最低资格要求及准备投标的投标者可能关心的具体情况。

资格预审通知一般应在颁发招标文件的计划日期前10到15周发布，填写完成的资格预审文件应在这一计划日期之前的4到8周提交。从发布资格预审通知到报送填好的资格预审文件的截止日期的时间间隔应不少于4周。

3. 出售资格预审文件。在指定的时间、地点开始出售资格预审文件。

4. 对资格预审文件的答疑。在资格预审文件发售后，购买文件的投标者可能由于各种原因，对资格预审文件提出各种疑问，投标者应将这些疑问以书面形式（包括电传、电报、信件等)提交业主;业主应以书面形式回答,并同时通知所有购买资格预审文件的投标者。

5. 报送资格预审文件。投标者应在规定的截止日期之前报送资格预审文件,已报送的文件在规定的截止日期后不得修改。

6. 澄清资格预审文件。业主可就报送的资格预审文件中的疑点要求投标者进行澄清,投标者应按实际情况回答,但不允许投标者修改资格预审文件中的实质内容。

7. 评审资格预审文件。组成资格预审评审委员会,对资格预审文件进行评审。

8. 向投标者通知评审结果。业主以书面形式向所有参加资格预审的投标者通知评审结果,在规定的时间、地点向通过资格预审的投标者出售招标文件。

三、资格预审文件

(一)资格预审文件的内容

资格预审文件的内容主要包括以下五个方面:

1. 工程项目总体描述:即对工程项目基本情况的说明,包括工程内容介绍;资金来源;工程项目的当地自然条件;工程合同的类型。

2. 简要合同规定

(1)投标者的合格条件。对投标者是否有国别和资质等级的限制?是否要求外国投标者必须与本国投标者联合投标?利用国际金融组织贷款的工程项目,投标者的资格必须满足该组织的要求。例如利用世界银行和亚洲开发银行贷款的工程,投标者应是来自世界银行和亚洲开发银行的会员国。

有些工程项目所在国规定禁止与世界上某国进行任何来往时,则该国公司不能参加投标。

(2)进口材料和设备的关税。投标者应调查和了解工程项目所在国的海关对进口材料和设备的现有法律法规的规定及交纳关税的细节。

(3)当地材料和劳务。投标者应详细调查了解工程项目所在国对当地材料和劳务的有关规定以及价格等情况。

(4)投标保证金和履约保证金。业主应规定投标者提交投标保证金和履约保证金的币种、数量、投标形式、种类。

(5)支付外汇的限制。业主应明确向投标者支付外汇的比例限制和外汇兑换率,兑换率在合同执行期间保持不变。

(6)优惠条件。业主应明确是否给予本国投标者以价格优惠。世界银行"采购指南"中明确规定给予贷款国国内投标者以优惠待遇。

(7)联营体(Joint Venture)的资格预审。联营体的资格预审应遵循下述条件:

1)资格预审的申请可以由各公司单独提交,或两个或多个公司作为合伙人联合提交,但应符合下面第3)款的要求。

2)任何公司可以单独,同时又以联营体一个合伙人名义,申请资格预审,但不允许任何公司以单独或合伙人的名义重复投标,任何投标违背这一原则将被拒绝。

3)应明确提出哪家公司为责任方、各合伙人预计承担的工作及各自所占股份的百分比。

4)联营体所递交申请必须满足下述要求:

a. 联营体的每一方必须递交自身资格预审的完整文件;

b. 资格申请中必须确认:资格预审后,申请人如果投标,那么,投标书及其中标时签

订的合同应在法律上对全部合伙人有共同的和分别的约束；并且，联营体的联营协议要同投标文件一同提交，协议中应申明联营体各方对合同的所有方面所承担的共同的和各自的义务；

　　c. 资格预审申请中必须包括有关联营体各方所拟承担的工程及其业务的说明；

　　d. 申请中要指定一个合伙人为责任方，代表联营体与业主联系。

　　5) 资格预审后组建联营体和经过资格预审的联营体的任何变化都必须在投标截止日之前得到业主的书面批准，后组建的或有变化的联营体如果由业主判定可能会导致下述情况之一者，将不予批准和认可。

　　a. 从实质上削弱了竞争；

　　b. 其中的一个公司没有预先经过资格预审（无论单独的或作为联营体的一个合伙人）；

　　c. 在联营体的资格经审查低于资格预审文件中规定的可以接受的最低标准。

　　(8) 仲裁条款。在资格预审文件中应写明在业主与投标者之间出现争执和分歧时，应通过哪一个仲裁机构进行仲裁调解。

　　3. 资格预审文件说明

　　(1) 准备申请资格预审的投标者必须回答资格预审文件所列全部提问，并按资格预审文件提供的格式填写。

　　(2) 业主将根据投标者提供的资格预审申请文件来判断投标者的资格能力。判断投标者资格能力分为四个方面：

　　1) 财务状况。投标者的财务状况将依据资格预审申请文件中提交的财务报表，以及银行开具的资金情况报告来判断。其中特别需要考虑的是承担新工程所需财务能力，未完工程合同的数量及其目前的进度，投标者必须有足够的资金承担新的工程。投标者的财务状况必须是良好的，其所承诺的工程量不应超出其财务能力，不具备充足的资金来执行新的工程合同将导致其资格审查不合格。

　　2) 施工经验与过去履约情况。投标者应提供在过去几年中，所完成的相似类型和规模以及复杂程度相当的工程项目的施工情况；此外，资格预审时还要考虑投标者过去的履约情况。

　　3) 人员情况。投标者应认真填写拟选派的主要工地管理人员和监督人员的姓名及有关资料供审查。投标者不能派出有足够经验的人员将导致其资格审查不合格。

　　通过资格预审后，投标者应从资格预审同意的人员中选择参加项目的人员，投标文件中所推荐的主要人员如与资格预审时所推荐的人员不符时，将不考虑其投标。

　　4) 施工设备。参加资格预审的投标者应清楚地填写拟用于该项目的主要施工设备，设备的类型应适合工程项目的具体情况，数量和能力应满足工程项目施工的需要。

　　(3) 资格预审的评价前提和标准。投标者在资格预审申请文件中对提供的资料和说明要负全部责任；如果提供的情况有虚假，或在审查时对提出的澄清要求不能提供令业主满意的解释，业主可以取消其资格。

　　要写明业主对资格预审的评审标准。

　　4. 要求投标者填写的各种表格

　　资格预审时要求投标者填写的主要表格有：资格预审申请表，管理人员表，拟采用的施工方法、设备和机具表，财务状况报表，最近五年完成的合同表，联营体意向声明，银行信用证，宣誓表等。

5．工程主要图纸。包括工程总体布置图，建筑物主要剖面图等。

（二）资格预审文件的填写

对投标者来说，填报好资格预审文件是能否购买招标文件进行投标的第一步。

1．填报前的准备工作

由于资格预审文件填报工作的好坏会直接影响到资格预审能否通过，因此在填报前应首先将各方面的原始资料准备好。准备的内容一般应包括财务、人员、施工设备和施工经验等四个方面的资料。

2．填报方法及注意事项

（1）填报方法：在填报资格预审文件时应按照资格预审文件要求，逐项填写清楚，针对所投工程项目的特点，有重点地填写，要强调本公司的优势。

（2）注意事项：填报资格预审文件要本着实事求是的原则，如实反映本公司的实力。

四、资格预审评审

资格预审文件的评审是由评审委员会进行的。评审委员会一般是由招标机构负责组织，参加的人员有：业主代表，招标机构，上级领导单位，资金提供部门，设计咨询单位等部门的人员，其中应包括财务经济方面的专家，技术方面的专家。

（一）评审标准

资格预审的目的完全是为了检查、考核、衡量投标者是否具备能令人满意地执行合同的能力。只有表明投标者有能力胜任，公司机构健全，财务管理好，资金充足，人员富有经验，施工设备适用，有丰富的类似工程施工经验，守合同，有良好信誉，才能被业主认为是资格预审合格。资格预审的评审一般是采用打分的办法。

（二）评审方法

资格预审评审可分为下列几个步骤：

1．首先对接收到的资格预审文件进行整理，看是否对资格预审文件作出实质性的响应，即是否满足资格预审文件要求。检查资格预审文件的完整性，检查投标者的财务能力、人员情况、设备情况及履行合同的情况是否满足要求。只有对资格预审文件作出实质性响应的投标者才能参加评审。

2．一般情况下，资格预审采用评分法进行，按一定的评分标准逐项进行打分。评审结果按淘汰法进行，先淘汰资料不完整的投标者，对于满足填报资格预审文件要求的投标者一般情况下可考虑按财务状况、施工经验和过去履约情况、人员、设备等四个方面进行评审打分，每个方面都规定好满分分数限和最低分数限，只有达到下列条件的投标者才能获得投标资格。

（1）每个方面得分不低于最低分数线；

（2）四个方面得分之和不少于60分（满分为100分）。

最低合格分数线的制定应根据参加资格预审的投标者的数量来决定；如果投标者的数量比较多，则适当提高最低合格分数线，这样可以多淘汰一些投标者，仅给予获得较高分数的投标者以投标资格。

第三节 招 标

一、招标文件组成与编制原则

（一）招标文件的组成

招标文件应包括投标邀请书、投标者须知、投标资料表、合同通用条件和合同专用条件、技术规范、投标书及投标书附录和投标保函的格式、货物清单或工程量表、协议书格式及履约保函格式和预付款保函格式、图纸、说明性注解、资格后审（没有进行资格预审的情况下）、争端解决程序等。

招标文件应包括投标所需了解、遵守的规定和投标所需提供的文件两方面的内容。

（二）招标文件的编制原则

1. 应遵守国家的法律和法规，如合同法、经济法、招标投标法等有关的法律、法规。

2. 如果是国际组织贷款，必须遵守该组织的各项规定和要求，特别要注意各种规定的审核和批准程序，应当遵照国际惯例。

3. 要注意公正地处理业主和承包商（或供货商）的利益，要使承包商（或供货商）能获得合理的利润，如果不恰当地将过多的风险转移给承包商一方，势必迫使承包商加大风险金，提高投标报价，最终还是业主一方增加支出。

4. 招标文件应该正确地、详细地反映项目的客观情况，以使投标者的投标能建立在可靠的基础上，这样也可减少履约过程中的争议。

5. 招标文件包括的众多内容应力求统一，尽量减少和避免相互的矛盾，招标文件的矛盾会为承包商创造许多索赔机会。招标文件用语应力求严谨、明确，以便在产生争端时易于根据合同条件判断解决。

二、招标文件内容与通用格式

（一）投标邀请书

投标邀请书是用来邀请经资格预审合格的承包商（或供货商）按业主规定的条件和时间前来投标。投标邀请书一般应说明这样几个问题：业主单位、招标性质、资金来源；工程简况、分标情况、主要工程量、工期要求；承包商（或供货商）为完成本工程（或提供货物）所需提供的服务内容；发售招标文件的时间、地点、售价；投标书送交的地点、份数和截止时间；提交投标保证金的规定额度和时间；现场考察和召开标前会议的日期、时间和地点；开标日期、时间和地点。

以下是世界银行贷款项目招标文件范本中的投标邀请书格式。

投标邀请书格式

致_____［承包商名称］_____［日期］
_____［地址］
_____

关于：世行贷款号、合同名称与招标编号
敬启者：
我们通知您，你们已经通过上述合同的资格预审。
1. 我们代表业主_____［填入业主名称］邀请你们与其他资格审查合格的投标者，为实施并完成此合同递交密封的投标文件。
2. 按下述地址你们可在我们的办公处所获取进一步的信息、查阅并取得招标文件：_____［邮政地址、电报、电话和传真］。
3. 在交纳一笔不可退还的费用_____［填入金额和币种］后可购得一套完整的招标文件。
4. 所有的投标文件均应有按招标文件规定的格式和金额递交的投标保证金，并且应于_____［时间和日期］之时或之前送至下述地点：_____［地址和准确地点］。开标仪式随即开始，投标者可派代表参加。
5. 请以书面形式（电报、传真或电传）立即确认已收到此函。如果您不准备参与投标，亦请尽快通知我们，我们将不胜感谢。

您真诚的，
授权代表签名：_____   授权代表签名：_____
姓名和职务：_____   姓名和职务：_____
采 购 代 理：_____   业   主：_____

（二）投标者须知

投标者须知是招标文件的重要组成部分，它是业主或其委托的咨询公司为投标者如何投标所编制的指导性文件。其内容一般包括有关招标的一般情况、有关招标的程序性规定和有关招标内容的实质性规定。下面介绍投标者须知的具体内容。

1. 有关招标的一般情况

（1）投标范围（Scope of Bid）

预期中标的投标者应从开工之日起在投标资料表和投标书附录规定的时期内完成投标者须知及投标资料表中所概述的工程。

（2）资金来源（Source of Funds）

说明业主招标项目的资金来源，如系国际金融机构（如世界银行）的贷款，应说明贷款机构名称及贷款支付使用的限制条件。

（3）合格的材料、工程设备、供货和服务

为工程所提供的全部材料、工程设备、供货和服务必须来源于合格的国家。

（4）合格的投标者（Eligible Bidders）

任何投标者都应满足以下几个条件：

1）投标者必须来自符合规定的、合格的国家。

2）投标者不得与在本工程向业主提供服务的或在本工程的准备阶段已向业主提供了有关工程的咨询服务的公司或实体有关系，同时也不应与已被业主雇用或拟被雇用作为本合同的工程师有关系。

3) 投标者必须由业主通知已通过资格预审。

此外,当业主提出合理的要求时,投标者应提供令业主继续满意其资格的证明材料。

(5) 对工程或所需设备、货物的说明

(6) 投标者的资格 (Qualification of the Bidder)

1) 作为投标书的一部分,投标者应同时递交一份其委托签署投标书的书面授权书;此外,投标者应更新所有随资格预审申请书递交的且已经变更的资料,务必更新在投标资料表中指明的资料,而且应使这些资料继续满足资格预审文件中规定的最低要求。

2) 对于联营体递交的投标书应满足以下要求:

$a.$ 投标书中应包括上述1) 中指明的所有资料;

$b.$ 投标书和中标后的协议书应予以签署,以使所有联营体成员均受法律约束;

$c.$ 应推荐一家联营体成员作为责任方,且应提交一份出所有联营体成员的合法代表签署的授权书;

$d.$ 应授权联营体责任方代表任何和所有联营体成员承担责任和接受指示,而且整个合同的实施(包括支付)应全部由联营体责任方负责;

$e.$ 在上述的授权书、投标书和协议书中应声明所有联营体成员为实施合同所共同和分别承担的责任;

$f.$ 应随同投标书同时提交一份联营体各成员签署的联营体协议。

(7) 货物的合格性及是否符合招标文件的要求 (Goods' Eligibility and Conformity to Bidding Documents)

对于货物采购,买方一般会要求投标者提交下列证明货物的合格性和其是否符合招标文件规定的文件。

1) 投标者应提交证明其准备提供的合同项下的货物和服务的合格性符合招标文件规定的文件,这些文件将作为投标文件的一部分。

2) 货物和服务合格性的证明文件,包括对货物和服务来源地的说明,并附有原产地证书。

3) 证明货物服务与招标文件的要求相一致的文件,图纸和数据,包括:

$a.$ 货物主要技术指标和性能的详细说明;

$b.$ 应提供货物从买方开始使用之日起,在投标资料表中规定的期间正常、连续地使用所需的完整的备件和特种工具等清单,包括备件和特种工具的货源和现行价格。

$c.$ 逐条对买方要求的技术规格进行评议,说明所提供的货物服务已对买方的技术规格做出了实质性的响应;或说明与技术规格条文的偏差和例外。在此应注意的是买方在技术规格中指出的工艺、材料和设备的标准以及参照的牌号和分类号仅起说明作用,并没有任何限制性,投标者在投标时可以选用替代标准,牌号和分类号,但这些替代要实质上相当于技术规格的要求,并使买方满意。

(8) 投标费用 (Cost of Bidding)

一般国际惯例规定无论投标结果如何,投标者应承担其投标书准备与递交所涉及的一切费用,业主不负担此项费用。

(9) 一标一投 (One Bid per Bidder)

对于同一个标,每个投标者只应自己单独或作为联营体的成员投一个标。

（10）招标文件的内容（Content of Bidding Documents）
（11）招标文件的澄清（Clarification of Document）

投标者在收到招标文件时应仔细阅读和研究，如发现有遗漏、错误、词义模糊等情况，应按招标文件中规定的地址以书面或电报、电传、传真等形式向业主质询，否则后果自负。招标文件中应规定提交质询的日期限制（如投标截止日28天以前）。业主将书面答复所有质询问题的附本交给所有已购买招标文件的投标者。投标者在收到该附本后应立即给业主以回执。

（12）招标文件的修改（Amendment of Bidding Documents）

在递交投标书以前的任何时候，业主可能以补遗书的方式对招标文件进行修改。所有补遗书均将构成招标文件的一个组成部分，投标者应以电报形式尽快确认收到每份补遗书。

为了使投标者在准备投标书时能有合理的时间将补遗书的内容考虑进去，业主应酌情延长递交投标书的截止时间。

（13）投标文件的组成（Documents Comprising the Bid）

投标者递交的投标文件应包含下列文件：正确填写的投标书格式和投标书附录、投标保函、已报价的工程量表、被邀请提供的替代方案。

如果投标资料表中有规定，将此合同与其他合同组成一个投标包的投标者应在投标书中予以声明，并且给出授予一个以上合同时所提供的任何折扣。

（14）现场考察（Site Visit）

建议投标者对工程现场和周围环境进行考察，以便获取有关资料。考察费用由投标者自己承担。

2. 有关招标的程序性的规定

（1）递交投标书的地址、时间及截止期

应在投标者须知或投标资料表中规定递交投标书的地址、时间及截止期。业主在规定的投标截止日期以后收到的任何投标文件，将原封退给投标者。在特殊情况下，业主可自行以补遗书的形式对递交投标书的地址、时间及截止期进行变更。

（2）投标文件的语言（Language of Bid）

应为投标文件规定一种主导语言（Ruling Language），正式投标文件均以该主导语言为准。

投标者递交的证明材料和印刷品可以是另外一种语言，但其中相关段落应配有上述规定语言的准确译文，且投标书的解释将以此译文为准。

（3）投标书的有效期（Bid Validity）

投标书在投标资料表中规定的期限内保持有效，如果有特殊情况，业主可在原投标有效期结束前，以书面或电报形式要求投标者延长一个写明的期限。投标者可拒绝这种要求，业主不得以此为理由没收其投标保证金。同意延期的投标者将不得要求在此期间修改其投标书，但需要相应延长投标保证金的有效期，并符合下一条有关投标保证金的所有要求。

对于固定总价合同，若投标有效期延长超过8周（56天），则对于应付给未来中标者的当地货币和外币的金额，将按投标资料表或要求延期函中为超过8周的期限所定的系数分别对当地货币和外币部分进行调价。评标时仍以投标价为依据，不考虑上述的价格调整。

(4) 投标保证金（Bid Security）

为了对业主进行必要的保护，招标文件要求投标者投标必须提供投标保证金。根据投标者的选择，投标保证金可以是保兑支票、信用证或由在投标者选择的任一合格国家的有信誉的银行出具的保函。银行保函的格式应符合招标文件的要求，其有效期应为直至投标书有效期满后的第28天，或根据业主要求的延期时间。

未能按要求提供投标保证金的投标书，业主视其为不响应投标而予以拒绝。联营体应以联营体的名义提交投标保证金。

未中标的投标者的投标保证金在最迟不超过投标有效期满后的28天退还。中标者的投标保证金将在其签约并按要求提供了履约保证金后予以退还。

(5) 投标文件的形式和签署（Format and Signing of Bid）

招标文件中应规定投标需提供的正本和副本的份数。正本是指投标者填写所购买的招标文件的表格以及投标者须知中所要求提交的全部义件和资料，副本是正本的复印件。正本与副本有不一致时，以正本为准。

投标书应由投标者正式授权的一个人或几个人签署，对于有增加或修正的地方，均应由一位或几位投标书签字人进行小签。

(6) 投标文件的密封与标志（Sealing and Marking of Bids）

投标者应将正本和副本分别封装在信封（内信封）中，并在信封上标明"正本"和"副本"，所有这些信封都应密封在一个信封（外信封）中。内、外信封上应标明业主的地址、合同名称、合同号、开标时间及开标日期前不得启封等字样；此外，内信封还应标明投标者的名称和地址，以使业主能在不开封的情况下将迟到的投标书退回投标者。

如果未按规定书写和密封，业主对由此引起的一切后果概不负责。

(7) 标前会议（Pre-Bid Meeting）

召开标前会议的目的是为了澄清投标者对招标文件的疑问，解答问题，一般大型的和较复杂的工程才召开此类会议。如果举行标前会议，投标者的指定代表可按照投标资料表中规定的时间、地点出席会议。业主不能以不出席标前会议作为投标者不合格的理由。

投标者应尽可能在会议召开前一星期，以书面形式或电报向业主提交问题，迟交的问题可能无法在会上回答，但所有问题和答复（包括会上回答的和会后准备的答复）应以会议纪要的形式提供给所有投标者。

对由于标前会议而产生的对招标文件的任何修改，只能由业主以补遗书的方式进行，而不以标前会议纪要的形式发出。

(8) 投标文件的修改、替代与撤回（Modification, Substitution and Withdrawal of Bids）

投标者在递交投标书截止日期前，可以通过书面形式向业主提出修改、替代或撤回已提交的投标书。

(9) 授标（Award）

授标是指业主将把合同授予：投标书实质上响应招标文件要求，并经审查认为有足够能力和资产来完成合同，满足上述各项资格要求，而且投标报价最低的投标者。

(10) 业主接受投标和拒绝任何或所有投标的权利

业主在授予合同前的任何时候均有权接受或拒绝任何投标，宣布投标程序无效，或拒绝所有投标。

(11) 中标通知书（Notification of Award）

在投标有效期截止前，业主将以电传、传真或电报的形式通知中标者，并以挂号信的形式寄出正式的中标通知书。中标通知书将成为合同的组成部分。

(12) 合同协议书的签署（Signing of Agreement）

业主通知中标者中标的同时，还应寄去招标文件中所提供的合同协议书格式。在收到合同协议书28天内，中标者应签署此协议书，并连同履约保证金一并送交业主。此时，业主应通知其他未中标者，他们的投标书没有被接受，并尽快退还其投标保证金。

(13) 履约保证（Performance Security）

在接到中标通知书的规定的时间内，中标者应按投标资料表和合同条件中规定的形式向业主提交履约保证。

若中标者不遵守投标者须知的规定，将构成对合同的违约，业主有理由废除授标，没收投标保证金，并寻求可能从合同中得到的补偿。

(14) 争端解决办法

应在投标资料表中规定争端解决的办法。

3. 有关招标内容的实质性规定

(1) 投标报价（Bid Prices）

1) 工程采购的投标价格

合同价格是指按照投标者提交的工程量表中的单价和总价为依据，计算得出的工程总价格。投标者未填报单价和价格的项目的费用将被视为已包含在工程量表的其他单价和价格中，业主在执行期间将不予以支付。

所有根据合同或由于其他原因，截止到投标截止日前28天，由投标者支付的关税、税费和其他捐税都要包含在投标者呈报的单价、价格和总投标报价中。

投标者填报的单价和价格在合同执行期间将根据合同条件的规定予以调整。投标者应在投标书附录中为价格调整公式填写价格指数和权重系数，并随投标书递交证明材料。

2) 货物采购的投标报价

对于国内提供的货物，要求报货物的出厂价、销售税、内陆运输费、保险费及其他当地发生的伴随费用；对国外供应的货物，根据投标资料表的规定，报目的港到岸价或边境口岸到岸价或到指定目的地价，同时根据投标资料表的规定报伴随发生的其他费用。

一般情况下，投标者的报价在合同执行过程中不允许变更，若可以变更，则应在投标资料表中注明。

(2) 投标货币与支付货币（Currencies of Bid and Payment）

在投标报价时和在以后工程实施过程中或货物供应过程中结算支付时所用的货币种类可以选择以下两个方案之一：

1) 投标者报价时完全采用工程或买方所在国的货币表示，若投标者预计有来自工程所在国的以外的工程投入会产生其他币种的费用（"外汇需求"），投标者应在投标书附录中列出其外汇需求占投标价格（除暂定金额外）的百分比（%），投标者应在投标书附录中列明外汇需求和采用的汇率。

业主可能会要求投标者澄清其外汇需求，此时，投标者应递交一份详细的外汇需求表。

2) 采用两种报价,即对于在工程或买方所在国应支付的费用,如当地劳务、当地材料、设备、运输等费用以当地货币报价,而对在工程或买方所在国以外采购所需费用则以外币报价。

(3) 评标时所考虑的报价之外因素

业主在评标时一般都要考虑报价之外的其他因素,例如支付条件,货物采购中的交货期、货物的质量、买方在国内获得备品、备件及服务的可能性,工程采购中的竣工期、投标者的经验、投标者的设备情况等等。如需考虑这类因素,则需在投标者须知或投标资料表中列明,同时还应说明这些因素将会对投标者的投标产生什么样的影响。

(4) 投标者投部分标的选择性

对招标所包括的全部设备品目、货物量或工程量,投标者可否投标只供应或承包其中一部分。

(5) 投标者的替代方案报价 (Alternative Proposals by Bidders)

如果明确邀请投标者报出选择工期或货物的交货期,则应在投标资料表中进行说明,同时应规定评审不同工期或交货期的办法。

对于工程采购,若允许投标者对工程的某些指定部分提供技术选择方案,则应在招标文件的"技术规范"中进行说明;除此情况之外,对于希望提供满足招标文件要求的技术选择方案的投标者,应首先按招标文件描述的业主的设计报价,然后再向业主提供为了全面评审其技术选择方案所需的全部资料。如有技术选择方案,只有符合基本技术要求且评标价最低的投标者递交的技术选择方案,业主才予以考虑。

对于货物采购,若允许提出技术规格不同的产品,或规格有一定偏离的产品,则应在招标文件的"技术规格"中说明,同时指明可以容许的偏差范围和产生偏差时的评标标准。

(6) 是否要求提供产品样品,或产品的其他有关技术资料

(7) 投标者应提供有关安排分包合同的考虑

(三) 投标资料表

投标资料表 (Bidding Data) 是招标文件的一个重要组成部分,投标资料表的内容是业主在发售招标文件之前对应投标者须知中的有关各条进行编写的,为投标者提供具体资料、数据、要求和规定。"投标者须知"中的文字和规定不允许修改,只能在投标资料表中对其进行补充和修改。若投标资料表中的内容与"投标者须知"不一致,则以投标资料表中为准。下面的表4-1和表4-2所列出的分别是世界银行土木工程项目国际竞争性招标文件中的投标资料表(简略)格式和世界银行货物采购项目国际竞争性招标文件中的投标资料表(简略)格式。

工程采购的投标资料表 表4-1

投标者须知条款号	内容
1.1	工程说明:
1.1	本款第一句应由下述文字代替:投标资料表和投标书附录所定义的业主和采购代理(下称业主和采购代理),在投标资料表中,所有"业主"的词均应由"业主和代表业主的采购代理"代替。
1.1	业主名称和地址:
	采购代理的名称和地址:

续表

投标者须知条款号	内　　容
1.1	业主对采购代理的授权范围（根据业主与招标代理之间的有关协议）
1.2	工期：
2.1	借款人：
2.1	项目名称及其描述、世行贷款的金额和类型：
5.1	应更新的资审材料：
9.1	此条款应由下述条款完全替代： 招标文件的内容 招标文件应包含的文件，这些文件应与按投标者须知第11条发布的补遗共同阅读。
12.1	投标语言：英语
13.2	指明此合同是否与其他合同以组合标的形式同时招标：
13.2	在第13.2款末增加下述段落： 当几个合同（段）同时招标时，下述规定将适用： 评标将针对每个合同（段）单独进行，合同将授予整体成本最低的标或组合标。投标者必须至少对一个完整的合同（段）进行投标。如果被授予一个以上的合同时，投标者提供的折扣将在评标时予以考虑。 应注意，只有在开标时已被宣读的并且在评标报告中写明的折扣才予以考虑。
14.4	指明合同是否调价：
15.1	指明投标货币是选择第15条的A：
15.2	业主国别：
15.2	业主国货币：
16.1	投标有效期：
16.3	外币部分调价的年百分比（％） 当地货币部分调价的年百分比（％）
17.1	投标保证金的金额： 投标保证金的有效期应到投标书有效期截止日后的第三十（30）天。
17.3	删除最后一句并代之以： "联营体的投标保证金，应以递交投标书的所有联营体成员的名义出具"。
18.1	投标可在最短_____天和最长_____天之间进行工期的选择比较，对它的评标办法在投标者须知中作出了规定。中标者提出的竣工时间将作为合同的竣工工期。
19.1	标前会的时间、地点：
20.1	投标书副本的份数：
21.2	递交投标书的地点：
21.2	合同编号：
22.1	投标截止日期：
25.1	开标时间、地点：
30.2	为换算而选择的货币： 汇率来源： 汇率日期：
31.2（e）	竣工期的选择报价将以下述方式进行评审：
32.1	指明国内投标者在评标时是否享受国内优惠：是：_____　否：_____

续表

投标者须知条款号	内容
37	业主可接受的履约保函的格式和金额：
38	争端解决方式： A：如果争端发生于业主和国内承包商之间，争端应按业主所在国法律解决； B：如果争端发生于业主和国外承包商之间，按业主所在国法律解决或按照 UNCITRAL 规则（除非投标者在递交标书时已提出）解决。

* 如果不适用，应在相应栏中注明"不适用"。任何对投标者须知的修改均应在投标资料表后的"修改清单"中反映，并保持原条款号不变。

货物采购的投标资料表　　　　表 4-2

投标者须知条款号	内容
1.1	借款人名称：
1.1	贷款/信贷号： 贷款/信贷金额：
1.1	项目名称：
1.1	合同名称：
4.1	买方名称： 采购代理名称：
6.1	买方地址、电话、电传、传真号： 采购代理地址、电话、电传、传真号：
8.1	投标语言：
11.2(a)(iii),(iv)（可选项）	投标报价为：
11.2(b)(i)(ii),(iii)(iv)(v)（可选项）	投标报价为：
11.5	投标报价为固定价。 或 可调整价
12.1(a)	
13.3(d)	资格要求
14.3(b)	运行＿＿＿＿年所需的备件。
15.1	投标保证金金额： 投标保证金应在投标有效期截止日后三十（30）天内保持有效。
16.1	投标有效期：＿＿＿＿天

续表

投标者须知条款号	内　　容
17.1	副本的份数：_____
18.2(a)	投标书递交至：_____
18.2(b)	投标邀请书的标题和编号：_____
19.1	投标截止期：
22.1	开标日期：_____ 时间：_____ 地点：_____
25.2	为了转换为一种统一货币而选择的货币 汇率来源： 汇率日期
26.4	评标标准：_____
26.5(a)	从出厂地点/进口口岸/边境地点至(项目现场名称)的内陆运输,保险和伴随服务。投标者应提供： ＊每件包装箱的估计的尺寸和运输重量。 ＊每件包装箱的出厂价(EXW),到岸价(CIF),运费、保险付至……价(CIP)。
26.5(b) 方案(i) 方案(ii) 方案(iii)	交货计划 所选方案的相应参数：_____ 按百分比来调整；或 按评标货币的某一数量来调整；或 按某一百分比(%)来调整。
26.5(c)(ii)	付款计划偏差 年利率：_____
26.5(d)	备件费用
26.5(e)	买方国内的备件和售后服务设施
26.5(f)	决定运行和维护费用 计算使用寿命成本的因素： (i)使用寿命的年数； (ii)运行费； (iii)维护费；和 (iv)用于将上述(ii)和(iii)条计算的全部未来每年费用贴现至现值的百分率。 或 参考技术规格或招标文件的其他部分规定的方法。
26.5(g)	设备性能和生产率
26.5(h)	详细的评标方法或参照技术规格
26.5 备选方案	规定评标因素

续表

投标者须知条款号	内容
27	适用国内优惠 或 国内优惠不适用
31.1	数量增减变更：_____%
仲裁	(a)国内投标者：按国内仲裁法进行仲裁。买方建议的仲裁委员会是：_____，除非卖方建议另外的仲裁机构并为买方所接受。 (b)外国投标者：除非投标时要求按联合国国际贸易法委员会的仲裁条例(UNICITRAL)仲裁，一般应按国内仲裁法进行仲裁。

(四)合同条件

合同条件是承包商计算报价的依据，是业主与承包商双方经济关系的法律基础。根据国际工程承包惯例，合同条件通常分为一般条件和特殊条件，对于土木工程施工的合同条件，第五章将进行较为详细的说明。

(五)技术规范与图纸

技术规范(Specification)是招标文件的一个非常重要的组成部分。技术规范和图纸(drawings)两者反映业主对工程项目的技术要求，也是施工过程中承包商控制质量和工程师检查验收的主要依据。必须严格按技术规范施工与验收才能保证最终获得一项合格的工程。

1. 土木工程的技术规范

土木工程的技术规范较为繁杂，其内容因不同的工程而异，一般包括这样几方面内容：

(1)总则：包括工程介绍，工程范围，本合同所包括的具体项目内容，本合同与同一项目其他合同的关系，本期工程与其他各期工程以及最终达到的工程规模，工程所使用的技术标准和计量单位，承包商对工程施工，包括临时性工程所应负的责任，有关图纸的规定，施工组织设计，有关业主指定的分包商安排等。

(2)有关施工现场的资料：包括现场位置和水文、地质、气象等自然条件，交通条件，水、电供应，生活服务设施等。

(3)材料规格、数量、质量标准，材料供应来源、检验、运输和储存、样品提供等。

(4)工艺规格。

(5)施工期间应遵守的安全、卫生和环保规定。

2. 设备和货物采购的技术规范一般规定所要采购的设备和货物的性能、标准、物理和化学特征；如果是特殊设备，则可能要求附有图纸；此外还可能规定设备的形状和其他特殊要求。

(六)投标书、投标书附录和投标保函的格式

投标书是由投标者充分授权的代表签署的一份文件。投标书是对招投标双方均有约束力的合同的一个重要组成部分。

投标书包括投标书及其附录。一般都是业主或咨询工程师拟定好固定的格式，由投标者

填写。以下是投标书格式。

投标书格式

合同名称：_____

致：_____
　　_____ [填入业主名称]

先生们：

1. 按照合同条款、技术规范、工程量表和第____号____第____号补遗书，我方愿以_____[以数字和文字形式填入金额]的总价承担上述工程的施工、建成和维修工作。

2. 我方确认投标书附录是我方投标的组成部分。

3. 如果贵方接受我方投标，我方保证在接到工程师开工令后尽快开工，并在投标书附录中规定的期限内完成并交付合同规定的全部工程。

4. 我方同意在从规定的递交标书截止之日起的____天内遵守本投标，在期满前本投标对我方始终有约束力，并可随时被接受。

5. 在正式合同协议制定和签署之前，本投标文件连同贵方的中标通知书应成为约束贵、我双方的合同。

6. 我方理解，贵方不一定接受最低标价的投标或其他任何你们可能收到的投标。

7. 与此投标文件和授予合同后合同的履行相关的应付给代理的佣金或报酬如下所列：

　　代理的名称和地址　　　　金额和货币　　　　给予佣金或报酬的目的
　　_____　　　　_____　　　　_____
　　_____　　　　_____　　　　_____
　　_____　　　　_____　　　　_____

（如没有，注明"无"）

日期：_____年____月____日。

签名：_____

以_____资格

经授权代表：_____签署投标文件

地址：_____

证人：_____

地址：_____

职务：_____

在国际工程承包中，当事一方为避免因对方违约而遭受经济损失，一般都要求对方提供可靠的第三方保证。这里的第三方保证是指第三者(如银行、担保公司、保险公司或其他金融机构、商业团体或个人)应当事一方的要求，以其自身信用，为担保交易项下的某种责任或义务的履行而作出的一种具有一定金额、一定期限、承担其中支付责任或经济赔偿责任的书面付款保证承诺。

与工程项目建设有关的保证主要有投标保证、履约保证和动员预付款保证等，履约保证和动员预付款保证将在稍后介绍。常用的保证形式有两种。一种是由银行提供的保函(Bank Guarantee)，另一种是由担保公司(Surety Company)或保险公司提供的担保(Bond)。

投标保函的主要目的是担保投标者在业主规定时间内不撤销其投标。投标保函通常为投标者报价总金额的2%,有效期与报价有效期相同,一般为90天。以下是投标保函的格式。

投标保函格式

(银行保函)

鉴于_____[投标者名称](以下称"投标者")已于_____[递交投标文件日期]递交了建设提供_____[合同名称]的投标文件(下称"投标文件")。

兹宣布,我行,_____[银行的国家]的_____[银行名称]注册于_____(下称"银行")向业主_____[业主名称](下称"业主")立约担保支付_____的保证金,本保函对银行及其继承人和受让人均有约束力。

加盖本行印章,于_____年___月___日。

本保证责任的条件是:
(1)如果投标者在投标文件中规定的投标文件有效期内撤回投标文件;或
(2)如果投标者拒绝接受对其投标文件错误的修正;或
(3)如果投标者在投标文件有效期内业主所发的中标通知书后;
　(a)未能或拒绝根据投标者须知的规定,按要求签署协议书;或
　(b)未能或拒绝按投标者须知的规定提供履约保证金。

我行保证在收到业主第一次书面要求后,即对业主支付上述款额,无须业主出具任何证明,只需在其书面要求中说明索款是由于出现了上述条件中的一种或两种,并具体说明情况。

本保证书在投标者须知规定的有效期后的二十八(28)天内或在业主要求延期的时限(此延期通知无须通知银行)内保持有效,任何索款要求应在上述日期前交到银行。

日　期:_____　　　银行签署:_____
证　人:_____　　　盖　　章:_____
(签名、名称、地址)

(七)工程量表

工程量表就是对合同规定要实施的工程的全部项目内容按工程部位,性质等列在一系列表内。每个表中既有工程部位和该部位实施时的各个项目的工程量,又有每个项目的计价要求(单价或总价),以及每个项目的报价和每个表的合计等,后两个栏目是留给投标者填写的。

国际工程招投标中,工程量表一般由业主在招标文件中提供,作为承包商计算报价的依据。尤其是以单价合同为计价方式时,要有严格按照工程量表中给定的分项工程计算单价,乘以工程数量后汇总为总价。如果投标是基于包干价,投标者应提供各项包干价的构成部分的单价分析。

工程量表的作用是:(1)供投标者用于报价;(2)用于工程实施过程中的结算;(3)在工程变更增加新项目或处理索赔时,可选用或参照工程量表中的单价来确定新项目或索赔项目的单价和价格。下面的表4-3是工程量表的一个实例。

工 程 量 表　　　　　　表4-3

(一 般 项 目)

序号	内　　　容	单　位	数　量	费　率	总　额
101	履约担保手续费	包干	项		
102	竣工后12个月的工程维修费	月	12		
103	提供分支道路	包干	项		
104	分支道路交通管理及维修	月	24		

合计：

(八)合同协议书

合同协议书是由工程承发包双方共同签署,确定双方在工程实施期间所应承担的权利、责任和义务的共同协定。协议书的文字通常很简洁,目前国际工程承包中都采用标准格式打印,最后由双方代表正式签字。下面所附的是世界银行贷款项目招标文件范本中推荐的合同协议书格式。

合同协议书格式

协 议 书

本 协 议 书是以_____(下称"招标代理")和_____(下称"业主")为一方,以_____(以下称"承包商")为另一方,于___年___月___日共同达成并签署的。

鉴于业主拟修建并维修下列有关工程,即_____(合同名称),并接受了承包商对于实施本工程的投标,本协议书签署如下:

1. 本协议中的单词和用语应同下文提到的合同条件中有关词语具有相同的含义。

2. 下列文件构成协议书的组成部分,供阅读和解释。即:

(1)中标通知书;

(2)投标书和投标书附录;

(3)合同条件第二部分(A 和 B);

(4)合同条件第一部分;

(5)技术规范;

(6)图纸;及

(7)已报价的工程量表;

(8)在投标书附录中列明的其他文件。

3. 考虑到业主应按下条规定给承包商付款,承包商特此同业主立约,保证在所有方面按合同条件的规定,承担本工程的施工、建成和修复缺陷。

4. 作为对工程的施工、建成和修复缺陷的报酬,业主特此立约,保证按合同规定的时间和方式,向承包商支付合同价或根据合同条件可能支付的其他款项。

为此,立约双方代表在本协议项各自签字并加盖公章以资证明,并自签字之日起生效。

签字并盖章

姓名:_____　　　　　　　　　　姓名:_____

代表招标代理　　　　　　　　　　　　代表承包商

姓名:_____

代表业主

(九)履约保函与动员预付款保函

1. 履约保函

履约保函的目的是担保承包商按照合同规定正常履约,防止承包商中途毁约,以保证业主在承包商未能圆满实施合同时能得到资金赔偿。履约保函通常为合同额的10%,有效期到缺陷责任期结束。

如前文所述,履约保证也有履约担保和银行履约保函两种形式,而履约担保的含义与银行履约保函的含义是不同的。在使用范围上,担保远大于保函。提供担保的担保公司不仅承担支付的责任,而且要保证整个合同的履行。一旦承包商违约,业主在要求担保公司承担责任之前,必须证实投标者或承包商确已违约。这时担保公司可以采取以下措施之一:

(1)根据原合同要求完成合同;

(2)为了按原合同条件完成合同,可以另选承包商与业主另签合同完成此工程,在原合同价之外所增加的费用由担保公司承担,但不能超过规定的担保金额;

(3)按业主要求支付给业主款额,用以完成原定合同。但款额不超过规定的担保金额。

由前述可知,银行保函作用更类似于保险,可保证某一方免受某种风险所造成的损失。而担保的作用则是保证某种特定合同义务的履行。

由于保函与担保的含义不同,其保证金额也不同。保函与担保均按合同总价的百分比计算。担保金额的比例要大得多。通常保函金额达到合同金额的10%~15%,担保金额达到合同金额的30%。在美洲,履约担保金额能达到合同金额的50%以上,在中东地区的一些国家,履约担保金额甚至达到合同金额的100%。

银行履约保函有两种类型。一种称为无条件(Unconditional or On Demand)银行保函。其保证的含义是:如果业主在任何时候提出声明,认为承包商违约,而且提出的索赔日期和金额在保函有效期和保证金额的限额之内,银行即无条件履行保证,对业主进行支付。另一种是有条件(Conditional)银行履约保函。其保证的含义是:在银行支付之前,业主必须提出理由,指出承包商执行合同失败、不能履行其义务或违约,并由业主或工程师出示证据,提供所受损失的计算数值等。赔偿的最大金额为保函的投保金额。相对第一种形式的保函来说,第二种保函的特点是赔偿金额的支付不是一次性的,而是按照按价赔偿的原则进行,从而能更好地保护承包商的利益。以下仅给出世界银行贷款项目招标文件范本中推荐的银行履约保函(无条件的)格式。

银行履约保函(无条件的)格式

致：_____[业主名称]
　　_____[业主地址]

鉴于_____[承包商名称与地址](以下称"承包商")已保证按_____合同(___年___月___日签约)的规定实施_____[合同名称和工程简述](下称"合同")；

鉴于你方在上述合同中提到，承包商必须按规定金额提交一份业经认可的银行保证函，作为履约担保；

我们因此同意作为保证人，并代表承包商以支付合同价款所用的货币种类和比例，向你方承担总额为_____[保证金额]_____[大写金额]。银行在收到业主第一次书面付款要求后，不挑剔、不争辩，即在上述担保的金额范围内，向你方支付_____[保证金数额]。你方无须出具证明或陈述提出要求的理由。

在你方向我方提出索款要求之前，我们并不要求你方应先对承包商就上述付款进行说明。

我方还同意任何业主与承包商之间可能对合同条件的修改，对规范和其他合同文件进行变动补充，都丝毫不能免除我方按本担保书所应承担的责任，因此，有关上述变动、补充和修改无须通知我方。

本保证书在根据合同规定从签约到发放接收证书之后二十八天内一直保持有效。

保证人签字盖章：_____
银　行　名　称：_____
地　　　　　址：_____
日　　　　　期：_____

2. 动员预付款保函

一般在合同的专用条件中均注明承包商应向业主呈交动员预付款保函(也称预付款保函)，主要目的是担保承包商按照合同规定偿还业主垫付的全部动员预付款，防止出现承包商拿到动员预付款后卷款逃走的情况发生。动员预付款的担保金额与业主支付的预付款等额，有效期直到工程竣工(实际在扣完动员预付款后即自动失效)。以下是世界银行贷款项目招标文件范本中推荐的动员预付款保函格式。

动员预付款保函格式

致：_____[业主名称]
　　　　_____[业主地址]

先生们：

根据上述合同中合同条件_____[合同条款号]("预付款")的规定，_____[承包商名称与地址](下称"承包商")应向_____[业主名称]业主支付一笔金额为_____[担保金额]_____[大写金额]的银行保证金，作为其按合同条件履约的担保

我方_____[银行或金融机构]，受承包商的委托，不仅作为保人而且作为主要负责人，无条件地和不可改变地同意在收到业主提出因承包商没有履行上述条款规定的义务，而要求收回动员预付款的要求后，向业主_____[业主名称]支付数额不超过_____[保证金数额]_____[大写金额]担保金，并按上述合同价款向业主担保。不管我方是否有任何反对的权利，也不管业主享有从本合同承包商索回全部或部分动员预付款的权利。我方还同意，任何_____[业主名称]与承包商之间可能对合同条件的修改，对规范或其他合同文件进行变动补充，都丝毫不能免除我方按本担保书应承担的责任，因此，有关上述变动、补充和修改无须通知我方。

只有在我们收到你们已按合同规定将上述预付款支付给承包商的通知后，你们才可能从本保函中进行扣款。

本保函从动员预付款支出之日起生效，直到_____[业主名称]收回承包商同样数量的全部款项为止。

你忠实的，
签字盖章：_____

银行或金融机构的名称：_____

地址：_____
日期：_____

三、开标、评标、决标与授标

(一)开标

所有投标文件必须按规定的日期、地点与要求寄送到指定的投标地点。

开标是指在规定的日期、时间、地点由招标机构当众一一唱读所有的投标者送来的投标书中的投标者名称和每个投标的报价，以及任何替代投标方案的报价(如果要求或允许报替代方案的话)，使全体投标者了解各家标价和自己在其中的顺序，开标时不解答任何问题。

任何装有替换、修改，或撤回投标内容的信封均应予以审读，包括读出关键细节，例如价格的变化。若未能读出这些信息，并且未将其写入开标记录可导致该标不能进入评标。如某投标已被撤回，仍应将其读出，并且在撤标通知的真实性被确认之前，不应将该标退回投标者。

开标后任何投标者均不允许更改其投标内容和报价，也不允许再增加优惠条件。

对未在规定日期收到的投标文件应被视为废标而予以原封未拆退还投标者。

开标后即转入评标阶段。

(二)评标

1. 评标组织

通常在招标机构中设置由招标机构组织的专门评标委员会和评审小组进行评标工作。由于选定中标者不能仅从其报价的高低来判定,还要审查投标报价的一些细目价格的合理性,审查承包商的计划安排、施工技术、财务安排等等,因此,评标委员会或评标小组要聘请有关专家参加,为了得到更广泛的评审意见,还应当邀请咨询设计公司和工程业主的有关管理部门派人参加评标。

有些招标机构可能采取多途径评标的方式,即将所有投标文件轮流分别送给咨询公司、工程业主的有关管理部门和专家小组,由他们各自独立地评审,并分别提出评审意见;而后由招标机构的评审委员会和评标小组进行综合分析,写出评审对比的分析报告,交评标委员会讨论决定。

一般情况下,评标委员会和评审小组的权限仅限于评审、分析比较和推荐。决标和授标的权利属于招标机构和工程项目的业主。

2. 评标原则

在公开开标后到中标的投标者被通知授予合同之前,与投标审核、澄清及评估有关的信息不得泄漏给投标者或其他与评标过程无关的人。

在个别情况下,如业主需要,应以书面的形式,要求投标者对其标书中的含糊不清和不一致的地方进行澄清。

在评标阶段,投标者可能会频繁尝试与业主直接或间接地接触,以质询评标进展情况,提供非经征询的澄清,或对其竞争对手提出批评。收到该类信息应仅答复收悉。业主必须以相应的标书所提供的信息为依据进行评标;不过所提供的附加信息可能有助于提高评标的精确性、快速性或公正性,但无论如何不允许改变投标报价或实质内容。

3. 评标过程

土木工程和货物采购项目的评标一般都是分为投标的初步审核和投标的详细审核两个阶段。

(1)投标的初步审核

土木工程和货物采购项目投标的初步审核包括的内容基本相同,具体内容如下:

1)投标文件的检查与核实

首先要确认投标的有效性。例如必须要有授权代表的签字;若投标者是联营体,必须提供联营协议;如果投标者是代理人,除须提供必要的文件外,还应提供相应的代理授权书;此外,投标文件的所有副本都应与正本比较,并以正本为准进行相应的更正。

2)投标者的合格性检查

投标者必须是合格来源国家的公民或合法实体;若是联营体,则其中的所有各方均应来自合格来源国家,并且联营体也应注册在一个合格来源国家。此外,根据世行贷款项目的评标规则,若投标者(包括一个联营体的所有成员和分包商)与为项目提供过相关咨询服务的公司有隶属关系,或如投标者是业主所在国的一个缺乏法律和财务自主权的公有企业,该投标者可被认定无资格投标。

3)投标保证金

国际工程招标的招标文件一般都要求投标者提交投标保证金。投标保证金必须符合投标者须知的要求,且必须随投标提供。联营体投标的保证金应以联营体各方的名义提供。

4)投标的完整性(Completeness of Bid)检查

除非招标文件特别允许部分投标,即允许投标者仅对其挑选的项或仅对特定项的部分数量提出报价,否则没有提供全部所要求项别的投标一般应被认为是非响应性的。但土木工程合同中,漏掉个别工程项的报价应被认为已包含在其他紧密相关项的报价中。如发现已作涂改、行间书写、添加或其他修改,修改处必须有投标者授权代表的小签。如修改是更正性、编辑性或解释性的,则可以被接受;反之,应被视为偏差,而在实质性响应检查中进行分析。除此之外,投标书正本缺页会导致废标。

5)投标文件的实质性响应(Substantial Responsiveness)检查

所谓实质性响应是指投标文件应与招标文件的全部条款、条件和技术规范相符,无重大偏差,这里的重大偏差是指:有损于招标目的的实现,或在与满足招标文件要求的投标进行比较时有碍公正的偏差。判断一份投标文件是否有重大偏差的基本原则是要考虑对其他投标者是否公平。在其他投标者没有同等机会的情况下,如果撤销或修改一份标书的偏差可能会严重影响其他投标者的竞争能力,则这种偏差就应被视为重大偏差。重大偏差的例子包括:

$a.$ 邀请固定价投标时提出价格调整;

$b.$ 未能响应技术规范,而代之以提供在关键性能指标/参数或其他要求方面实质性不同的设计或产品;

$c.$ 合同起始、交货、安装,或施工的分段与所要求的关键日期或进度标志不一致;

$d.$ 以实质上超出所允许的金额和方式进行分包;

$e.$ 拒绝承担招标文件中分配的重要责任和义务,如履约保函和保险范围;

$f.$ 对关键性条款表示异议或例外(保留),如适用法律,税收及争端解决程序;

$g.$ 那些在投标者须知中列明的可能导致废标的偏差。

如果该偏差可折算成一个货币值在详细评审时计入标价作为惩罚,并且该偏差在最终合同中是可接受的,则包含偏差的投标可被认为是具有实质性响应的,此时可要求投标者澄清或留待详细审核时再加以衡量。

若投标文件实质上不符合招标文件的要求(即存在重大偏差),则存在两种处理方式,其一是世界银行为代表的处理方式,即业主对存在重大偏差的投标将予以拒绝,并且不允许投标者通过修改投标文件而使之符合招标文件要求;其二是国际咨询工程师联合会推荐的投标程序中规定的处理方式,即如果业主不接受投标者提出的偏差,则业主可通知投标者,允许投标者在不改变报价的前提下撤回此类偏差。

(2)投标的详细审核

只有通过初审的投标才能作为中标候选人进入本阶段审核。下面分别介绍土木工程和货物采购的详细审核情况。

1)土木工程招标的详细审核内容包括以下几个方面:

$a.$ 纠正差错。业主应对实质性响应的投标文件中的错误按以下原则进行修正:

$a)$ 数字表示的金额与文字表示的金额不一致时,以文字金额为准。

$b)$ 当合价同该行数量和单价的乘积之间不一致时,以标出的单价为准;若业主认为单价有明显的小数点错位,则此时应以该行标出的合价为准修改单价。

以上修正结果经投标者同意后对投标者具有约束作用,否则,其投标保证金将被没收。

b. 对暂定金额的纠正

投标可能包括业主为不可预见费或指定分包商等设定的暂定金额,由于该金额在所有投标中都一样,因此评标时应直接从投标报价中扣除该金额;但对那些为计日工设定的暂定金额,在进行竞争性报价时,不应进行扣除。

c. 修改和折扣

根据投标者须知,允许投标者在开标前提交对原标价的修正,这些修正可包括报价金额的增加或折扣;在审核和比较时,应反映该修正的影响,按修正后的标价。但如该修正是折扣,而其条件是同时授予其他合同或合同包的其他项(交叉折扣),则在完成其他各项评标步骤前不应考虑;在审核和比较时应反映无条件折扣(或加价)的影响。

d. 评标货币

经过纠正差错计算和进行了折扣调整的投标,应按投标者须知中的规定将投标报价中应支付的各种货币(不包括暂定金额)转换成单一币种货币,既可以是业主所在国的货币,也可以是一种投标资料表中指定的国际贸易中广泛使用的货币。若对某一特定货币存在多种汇率,应指明哪种适用,并说明选择的理由。

e. 对投标中的遗漏应通过加上预计的弥补缺漏所需费用来处理。如某些投标中的漏项在其他投标中有提供,可使用该项各报价的平均价来与其他投标进行比较。

f. 如果在投标者须知中规定了在评标时将考虑的货物的性能、售后服务的服务指标或工程的质量指标等,则在评审这些指标时所使用的方法应在评标报告中阐述,并应与投标者须知中的规定完全一致。

除非在投标者须知中有特别规定,否则不应通过对超过招标文件要求的性能指标给予加分或额外奖励,从而导致评标价的降低。

g. 若在投标初步审核时,允许通过将偏差折算成一个货币值在详细评审时计入标价作为惩罚,从而使包含偏差的投标转变成为具有实质性响应的投标,则此时应将偏差按评标货币折价计入标价中。

例如,若某投标提出的完工日期超过了招标文件规定的日期,但在技术上可为业主所接受,所超过的时间应按投标者须知规定的金额进行罚款。

h. 国内优惠

如果在评标中允许给国内投标者优惠,投标者须知中应注明并提供确定优惠合理性的具体程序及优惠金额的百分比。

对土木工程招标,世界银行贷款项目规定如果投标资料表中有规定,国内投标者或由国内外公司组成的联营体在一定条件下有资格享受到国内优惠(世行贷款项目推荐为7.5%)。

实行优惠时,在首先将投标价换算成为单一货币后,将响应性投标文件分成满足国内优惠条件要求的国内投标者和联营体提交的投标文件及所有其他投标者提交的投标文件两组;前一组的投标价格在考虑并计算了优惠条件后,在将其加入后一组的各投标评标价中,进行评标价的总排队;对评标价最低的几家进行比较。

i. 交叉折扣

在对同一投标者授予一个以上合同或合同包时,这个投标者会提供有条件折扣,此时,业主应在投标者满足资格条件的前提下,以总合同包成本最低为原则选择授标的最佳组合。

j. 其他

对土木工程招标的评标还应进行施工方案比较,即对主要施工方法、施工设备及施工进度的比较;对拟实施该项目的主要管理人员及工程技术人员的数量及其经历的比较;有关如施工设备赠给、软贷款、技术协作、专利转让及雇用当地劳动力等条件的比较。

评标进行过程中,评标委员会若有疑问,可能会召开澄清会议,请投标者回答问题。

2) 货物采购招标详细审核时需要注意的几个问题

以下介绍的是货物采购区别于土木工程招标的特殊性。

a. 买方在评标时,除根据投标者须知的规定考虑投标者的报价之外,还要考虑按照投标者须知和投标资料表的规定对以下因素进行量化,将这些因素转换成为货币价值计入到标价中。

在买方国内所发生的内陆运费、保险费及将货物运至最终目的地的伴随服务费用;
- 投标书中报的交货期;
- 所投货物部件、必须备件和服务的费用;
- 在买方本国得到投标设备的备件和售后服务的可能性;
- 投标设备在使用周期内预计的运营费和维护费;
- 投标设备的性能和生产率;和/或
- 投标资料表和/或技术规格所列的其他具体标准。

b. 如果投标者须知中规定的评标方法没有列明在投标资料表中,则可以采用评标因素加权的优点打分法。相应地,投标资料表中应规定分配给各个加权因素的分值。下面的表4-4是世界银行贷款采购项目通常对评分因素的打分比例。

评 分 因 素 的 打 分 比 例　　　　　　表4-4

	在投标资料表和下列范围中选择
货物投标价	60～90
标准备件的费用	0～20
技术性能、维护和运行费用	0～20
服务和备件的提供	0～20
设计标准化	0～20
合计	100

得分最高的投标将被认为是最低评标价的投标。

c. 国内优惠

对货物采购招标,评标时的优惠对象是项目所在国国内制造的货物。按世行的规定,在实行优惠时,将具有响应性的投标分为三组:A组是满足世行特定要求的项目所在国国内制造的货物投标,B组是所有其他(不满足世行特定要求的)国内制造货物的投标,C组是直接进口货物的投标;分组后,把根据世行要求应当考虑的各项税费计入其中;然后确定每组中标价最低的投标,并将每组的最低评标价进行比较,如果比较结果是A组或B组中的某个评标价最低,则该投标者中标;若评标价最低的投标出自C组,则仅仅为进行进一步比较,应在C组的投标价上加上最多不超过货物到岸价(CIF)或到目的地价(CIP)15%的关税和其他进口税费,再将C组中的所有投标与A组中的最低评标价的投标进行比较,选择最低评标价的投标。

(三)资格后审。

如果没有对投标者进行资格预审,应对中标者进行资格后审后再授标。如最低评标价投标者未能通过资格后审,应拒绝对其授标,然后对排名第二的投标者进行资格后审,如通过,则该投标者中标;否则,继续进行该程序。

(四)决标与授标

决标即最后决定中标者;授标是指向最后决定的中标者发出通知,接受其投标书,并将由项目业主与中标者签定合同。决标和授标是工程招标阶段的最后一项非常重要的工作。

1. 决标

通常由招标机构和业主共同商讨决定中标者。如果业主是一家公司,通常由该公司董事会根据评标报告决定中标者;如果是政府部门的项目招标,则政府会授权该部门首脑通过召开会议讨论决定中标者;如果是国际金融机构或财团贷款建设的项目招标,除借款人作出决定外,还要报送贷款的金融机构征询意见。贷款的金融机构如果认为借款人的决定是不合理或不公平的,可能要求借款人重新审议后再作决定。如果借款国与国际贷款组织之间对中标人的选择有严重分歧而不能协调,则可能导致重新招标。

2. 授标

在决定中标者后,业主向投标者发出中标通知书,也可能发出一份授标的意向书。中标通知书会直接写明该投标者的投标书已被接受,授标的价格是多少,应在何时、何地与业主商签合同。授标意向书则只是向投标者说明授标的意向,但最后取决于业主和该投标者进一步议标的结论。意向书通常不写明授标的价格,意味着业主可能认为投标者的报价有不合理之处,将在议标和商签合同时讨论。

投标者中标后即已成为承包商,按照国际惯例,承包商应立即向业主提交履约保证,用履约保证换回投标保证金。

在向中标的投标者授标并商签合同后,对未能中标的其他投标者,也应发出一份未能中标的通知书,不必说明未中标的原因,但应注明退还投标者投标保证金的方法。

3. 废标

在招标文件中一般规定业主有权拒绝所有投标,但绝不允许为了压低标价随意废标,再以同样条件招标的做法。

一般在下述三种情况下,业主可以废标:

(1)具有响应性的最低标价大大超过标底(一般20%以上),业主无力接受投标。

(2)投标文件基本上不符合招标文件要求。

(3)投标者过少(不超过三家),没有竞争性。

如果因上述原因之一而废标时,业主应研究发生的原因,采取相应的措施,如扩大招标广告范围、或与最低评标价的投标者进行谈判等。

按照国际惯例,若准备重新招标,必须对原招标文件的项目、规定、条款进行审定修改,将以前作为招标文件补遗颁发的修正内容和(或)对投标者质疑的解答包括进去。

思 考 题

1. 资格预审的程序是什么？如何进行资格预审的评审？
2. 工程采购招标文件一般包括哪几方面内容？
3. 保函与担保有什么不同？
4. 工程采购和货物采购各有哪些特点？

第五章 国际工程合同条件

本章简要介绍了国际工程中常用的一些合同条件的基本情况,对在国际上最为流行的 FIDIC 土木工程施工合同条件的内容进行了较为详细的阐述。

第一节 国际工程常用合同条件概述

一、概述

自本世纪 40 年代以来,随着国际工程承包事业的不断发展,逐步形成了国际工程施工承包常用的一些标准合同条件。许多国家在土木工程的招标承包业务中,参考国际性的合同条件标准格式,并结合自己的具体情况,制定出本国的标准合同条件。

目前国际上常用的施工合同条件主要有:国际咨询工程师联合会(FIDIC)编制的各类合同条件,英国土木工程师学会的"ICE 土木工程施工合同条件",英国皇家建筑师学会的"RIBA/JCT 合同条件",美国建筑师学会的"AIA 合同条件",美国承包商总会的"AGC 合同条件",美国工程师合同文件联合会的"EJCDC 合同条件",美国联邦政府发布的"SF-23A 合同条件"等;其中,以国际咨询工程师联合会编制的"土木工程施工合同条件"、英国土木工程师学会的"ICE 土木工程施工合同条件"和美国建筑师学会的"AIA 合同条件"最为流行。

大部分国际通用的施工合同条件一般都分为两个部分:第一部分是"通用条件";第二部分是"专用条件"。

通用条件是指对某一类工程都通用,如 FIDIC《土木工程施工合同条件》对于各种类型的土木工程(如房屋建筑、工业厂房、公路、桥梁、水利、港口、铁路等)均适用。

专用条件则是针对一个具体的工程项目,根据项目所在国家和地区的法律法规的不同,根据工程项目特点和业主对合同实施的不同要求,而对通用条件进行的具体化、修改和补充。一般在合同条件的专用条件中,有许多建议性的措词范例,业主与其聘用的咨询工程师有权决定采用这些措词范例或另行编制自己认为合理的措词来对通用条件进行修改和补充。凡合同条件第二部分和第一部分不同之处均以第二部分为准。第二部分的条款号与第一部分相同。这样合同条件第一部分和第二部分共同构成一个完整的合同条件。专用条件是通用条件的具体化修改和补充,如果通用条件与专用条件有矛盾,专用条件的规定优先。

当然,并非所有的国际通用的施工合同条件都采用通用条件和专用条件两部分组成的形式,例如,ICE 合同条件没有独立的第二部分专用条件,而是用其合同条件标准本的第 71 条来表述专用条件的内容。

二、FIDIC 合同条件

FIDIC 系列合同条件是目前在国际上最通用的合同条件,广泛应用于国际工程领域。

(一)FIDIC 简介

FIDIC 是国际咨询工程师联合会(International Federation of Consulting Engineers)的

法文名称的缩写，它是各国咨询工程师协会的国际联合会。FIDIC 创建于 1913 年，最初是由欧洲几个国家的独立咨询工程师协会创建的，其目标是共同促进成员协会的专业影响，并向各成员协会传播他们感兴趣信息。第二次世界大战后，成员数目迅速发展，现在已成为拥有遍布全球 67 个成员协会，在世界上最具权威性的国际工程咨询工程师组织。

（二）FIDIC 系列合同条件

1. FIDIC 系列合同条件的组成

FIDIC 系列合同条件包括如下几种合同条件：

(1)《土木工程施工合同条件》（简称 FIDIC"红皮书"）

该合同条件是基本的合同条件，适用于土木工程施工的单价合同形式。该合同条件的第一部分是通用条件，内容是工程项目普遍适用的规定。第二部分专用条件用以说明与具体工程项目有关的特殊规定。世界银行、亚洲开发银行和非洲开发银行要求所有利用其贷款的工程项目，都必须采用该合同条件。本章的下一节将对这一合同条件进行较为详细的说明。

(2)《业主/咨询工程师标准服务协议书》（简称"白皮书"）

该条款用于业主与咨询工程师之间就工程项目的咨询服务签订的协议书。适用于投资前研究、可行性研究、设计及施工管理、项目管理等服务。

"白皮书"第一部分为通用条件，包括 9 节、44 条、49 个款，论述了有关定义与解释，咨询工程师的义务，业主的义务，职员，责任和保险，协议书的开始、完成、变更与终止，支付，一般规定，争端的解决等 9 个方面的内容。

"白皮书"第二部分为专用条件，它是为适应某个特定的协议书和服务类型而准备的。

(3)《电气与机械工程合同条件》（简称"黄皮书"）

该合同条件是 FIDIC 为机械与设备的供应和安装而专门编写的，它是用于业主和承包商机械与设备的供应和安装的电气与机械工程的标准合同条件格式，该合同条件在国际上也得到广泛采用。

"黄皮书"第一部分为通用条件，包括 32 节、51 条、197 款，论述了有关定义与解释，工程师和工程师代表，转让与分包，合同文件，承包商的义务，业主的义务，劳务，工艺和材料，工程，运送或安装的暂停，竣工，竣工验收，移交，移交后的缺陷，变更，设备的所有权，索赔，外币和汇率，暂定金额，风险与责任，对工程的照管和风险的转移，财产损害和人员伤害，责任的限度，保险，不可抗力，违约，费用和法规的变更，关税，通知，争议与仲裁，法律及程序等 32 个方面的问题。

"黄皮书"第二部分是专用条件，分为 A、B 两项内容，A 项涉及应在专用条件中阐明的替代解决办法的情况和有关诸如履约保证金，设计图纸的批准方法、支付、仲裁规则等问题，B 项补充了某一特定工程需要的，而且在 A 项中没有涉及的任何进一步的专用条件。

(4)《设计-建造和交钥匙工程合同条件》（简称"桔皮书"）

该合同条件是为了适应国际工程项目管理方法的新发展而最新出版的，适用于设计-建造与交钥匙工程，在我们国内一般称为总承包工程项目。该条件适用于总价合同。

FIDIC"桔皮书"第一部分为通用条件，包括 20 节、20 条、160 款，论述了涉及合同，业主，业主代表，承包商，设计，职员与劳工，工程设备、材料和工艺，开工、延误和暂停，竣工检验，业主的接受，竣工后的检验，缺陷责任，合同价格与支付，变更，承包商的违约，业主的违约，风险和责任，保险，不可抗力，索赔，争端与仲裁等 20 个方面的问题。

第二部分为专用条件编制指南,附件中包括履约保函,履约担保书以及预付款保函的范例格式。

FIDIC"桔皮书"的最后附有投标文件,投标文件附件和协议书的范例格式。

(5)《土木工程分包合同条件》

该合同条件适用于国际工程项目中的工程分包,与《土木工程施工合同条件》配套使用。

《土木工程分包合同条件》第一部分为通用条件,包括22节、22条、70款,论述了涉及定义与解释,一般义务,分包合同文件,主合同,临时工程,承包商和(或)其他设备,现场工作和通道,开工和竣工,指示和决定,变更,变更的估价,通知和索赔,保障,未完成的工作和缺陷,保险,支付,主合同的终止,分包商的违约,争端的解决,通知和指示,费用和法规的变更,货币和汇率等22个方面的内容。

《土木工程分包合同条件》第二部分为专用条件。之后附有分包商的报价书,报价书附录以及分包合同协议书范例格式。

由于分包合同条件是承包商和分包商之间签订的,因而主要论述承包商和分包商的职责,义务和权利。

2. FIDIC系列合同条件的特点

FIDIC系列合同条件具有如下特点:

(1)国际性、广泛的适用性、权威性

FIDIC编制的合同条件是在总结国际工程合同管理各方面的经验教训的基础上制定的,是在总结各个国家和地区的业主、咨询工程师和承包商各方的经验的基础上编制出来的,并且不断地修改完善,是国际上最具权威性的合同文件,也是世界上国际招标的工程项目中使用最多的合同条件。我国有关部委编制的合同条件或协议书范本也都把FIDIC编制的合同条件作为重要的参考文本。世界银行,亚洲开发银行,非洲开发银行等国际金融组织的贷款项目,也都采用FIDIC编制的合同条件。

FIDIC条件有广泛的适用范围;它包括通用条件和专用条件两部分,将工程合同的一般性与特殊性相结合;其通用条件表述的是通用性、普遍性的惯例。

(2)公正合理

FIDIC合同条件较为公正地考虑了合同双方的利益,包括合理地分配工程责任,合理地分配工程风险,为双方确定一个合理的价格奠定了良好的基础。

(3)程序严谨,易于操作

合同条件中对处理各种问题的程序都有严谨的规定,特别强调要及时处理和解决问题,以避免由于拖拉而产生不良后果,另外还特别强调各种书面文件及证据的重要性,这些规定使各方均有章可循,易于操作和实施。

(4)强化了工程师的作用

FIDIC合同条件明确规定了工程师的权力和职责,赋予工程师在工程管理方面的充分权力,工程师是独立的、公正的第三方,工程师是受业主聘用,负责合同管理和工程监督。要求承包商应严格遵守和执行工程师的指令,简化了工程项目管理中一些不必要的环节,为工程项目的顺利实施创造了条件。

三、国际上其他通用的合同条件

(一)ICE合同条件

1. ICE 简介

ICE 是英国土木工程师学会(The Institution of Civil Engineers)英文名称的缩写,它是设在英国的国际性组织,拥有包括专业土木工程师会员和学生会员 8 万多名,其中五分之一在英国以外的 140 多个国家和地区。ICE 是根据英国法律具有注册资格的教育、学术研究与资质评定团体。1818 年由一群年轻工程师创建的 ICE,现已经成为世界公认的学术中心、资质评定组织及专业代表机构。ICE 出版的合同条件目前在国际上得到了广泛的应用。

2. ICE 合同条件

作为经济发达的国家,英国在工程承包方面有着较为完善的规章制度。ICE 合同条件属于固定单价合同格式。同 FIDIC 合同条件一样,ICE 合同条件是以实际完成的工程量和投标文件中的单价来控制工程项目的总造价。ICE 也为设计-建造模式专门制定了合同条件。

同 ICE 合同条件配套使用的还有一份《ICE 分包合同标准格式》,它规定了总承包商与分包商签订分包合同时采用的标准格式。

(二)AIA 合同条件

1. AIA 简介

AIA 是美国建筑师学会(The American Institute of Architects)英文名称的缩写,AIA 是一个有近 140 年历史的建筑师专业社团,在美国建筑界及国际工程界有较高的威信。该机构致力于提高建筑师的专业水平,促进其事业的成功并改善大众的居住环境。AIA 的成员总数达 56000 名,遍布美国及全世界。AIA 出版的系列合同文件在美国建筑界及国际工程承包界特别在美洲地区具有较高的权威性,应用广泛。

2. AIA 合同条件

该学会制定发布的合同条件主要用于私营的房屋建筑工程。针对不同的工程项目管理模式及不同的合同类型出版了多种形式的合同条件。

AIA 的合同文件共有五个系列,其中:A 系列是用于业主与承包商的标准合同文件,不仅包括合同条件,还包括承包商资格申报表,保证标准格式等;B 系列是用于业主与建筑师之间的标准文件,其中包括专门用于建筑设计,室内装修工程等特定情况的标准文件;C 系列是用于建筑师与专业咨询机构之间的标准文件;D 系列是建筑师行业内部使用的文件;G 系列建筑师企业及项目管理中使用的文件。

AIA 系列合同文件的核心是"通用条件 A201"。AIA 为包括 CM 方式在内的各种工程项目管理模式专门制定了各种协议书格式,采用不同的工程项目管理模式及不同的计价方式时,只需选用不同的"协议书格式"与"通用条件"。AIA 合同文件按计价方式划分主要有总价合同、成本加酬金合同及最高限额定价合同。

第二节 FIDIC《土木工程施工合同条件》

一、工程师、承包商和业主

(一)业主

1. 业主的义务

业主的主要义务包括如下内容:

(1)委派工程师管理工程施工;

(2)负担签约费用和多于合同规定的设计文件的费用;

(3)在承包商提交投标文件前,向承包商提供有关该项工程勘察所取得的水文及地表以下的资料、现场地形、地貌资料等;

(4)对业主自己授权在现场的工作人员的安全负全部责任;

(5)对承包商修补由业主风险所造成的损害的行为给予费用补偿和工期延长;如果在施工过程中,发生由于非承包商原因造成的伤亡或财产损失,业主应使承包商免于受到任何索赔、指控、损害、诉讼等,若承包商遭到此类损失时,业主应给予补偿;当业主风险发生时,业主应保障承包商免受此类风险发生所遭受的损失;

(6)在承包商没有足够的保险证明文件的情况下,业主应代为保险(随后可从承包商处扣回该项费用);

(7)在向承包商授标后,业主应尽力帮助承包商获得人员出入境及设备和材料等工程所需物品进出口的许可,协助承包商办理有关的海关结关手续;

(8)根据工程师签署的支付证书,在合同规定的时间内,向承包商支付应付款项;在工程师签署移交证书后,业主应将保留金的一半退还给承包商,另一半在整个工程缺陷责任期满时退回;当业主决定终止对承包商的雇用时,仍应对合同终止前承包商的工作予以支付。

2. 业主的权利

(1)要求承包商按照合同规定的工期,提交质量合格的工程的权利。

(2)批准合同转让的权利。未经业主同意,承包商不得将合同或合同的任何部分,或合同中、或合同名下的任何权益进行转让。

(3)终止合同的权利。在一定条件下,业主可以终止合同。

(4)提出仲裁的权利。

3. 业主的违约

业主的违约主要是业主的支付能力问题,业主违约是指如下几种情况:

(1)在合同条件中规定的应付款期限期满后28天内,未能按工程师签署的支付证书向承包商支付应支付的款额;

(2)干扰、阻挠或拒绝批准工程师上报的支付证书;

(3)业主宣告破产或停业清理;

(4)由于不可预见的原因,业主通知承包商他已不可能继续履行合同。

在上述情况下,承包商有权通知业主和工程师;在发出此通知14天后,合同将自动终止,承包商不再受合同的约束,而可以从现场撤出所有承包商自己的设备。此时业主应根据合同条件中导致合同终止后的各项付款规定向承包商支付,并赔偿由于业主违约造成的承包商的各种损失。

当业主违约时,承包商也可以不立即终止合同而采用其他的办法,即提前28天通知业主和工程师、然后暂停全部或部分工作,或减缓工作速度。由此而导致的费用增加以及工期延误均应由业主方面补偿。在某些情况下,承包商也可不采取前述措施,按计划继续施工。

在承包商尚未发出终止合同通知的情况下,如果业主随即支付了应支付的款项(包括利息),则承包商不能再主动终止合同,并应尽快恢复正常施工。

(二)承包商

1. 承包商的义务

承包商的一般义务在FIDIC合同条件中列举了26条55款,以下仅作简单介绍。

(1)承包商应按照合同的各项规定,对工程进行精心设计(如有此要求时)、精心施工和竣工,修补缺陷,做好对工程施工的各方面的管理工作。

承包商应将其在审查合同或实施工程时,在设计图纸或规范中发现的任何错误、遗漏、失误或其他缺陷立即通知工程师和业主。

在涉及或关系到该项工程的任何事项上,无论这些事项在合同中写明与否,承包商都要严格遵守与执行工程师的指示。承包商应只从工程师处(或工程师代表处)得到指示。

承包商应对现场作业和施工方法的完备性、工地安全、工程质量以及要求其进行的设计的质量负全部责任,即使设计需由工程师批准,但如果出现错误也由承包商负责。

(2)履约保证

如果合同要求承包商为其正确履行合同提交履约保证时,承包商应在收到中标函后28天内,按投标文件附件中规定的金额向业主提交履约保证,履约保证单位必须经业主同意。

该履约保证的有效期一直到发出缺陷责任证书时为止,业主应在发出缺陷责任证书后14天内将履约保证退还给承包商。

FIDIC提倡采用有条件履约保函,如果业主采用FIDIC合同条件而又要求采用无条件履约保函时,应在专用条件中注明。

(3)提交进度计划和现金流量估算

承包商应按照合同及工程师的要求,在(专用条件)规定的时间内,向工程师提交一份施工进度计划,并取得工程师的同意,同时提交对其工程施工拟采用的安排和方法的总说明;在任何时候,如果工程师认为工程的实际进度不符合已同意的进度计划,只要工程师要求,承包商应提交一份经过修正的进度计划。此外,承包商应按进度向工程师提交其根据合同规定,有权得到的全部将由业主支付的详细现金流量估算;如果工程师以后提出要求,承包商还应提交经过修正的现金流量估算。

(4)承包商应任命一位合格的并被授权的代表全面负责工程的管理,该代表须经工程师批准,代表承包商接受工程师的各项指示。如果由于该代表不胜任、渎职等原因,工程师有权要求承包商将其撤回,并且以后不能再在此项目工作,而另外再派一名经工程师批准的代表。

(5)放线

承包商应根据工程师给定的原始基准点、基准线、参考标高等,对工程进行准确的放线,尽管工程师要检查承包商的放线工作,但承包商仍然要对放线的正确性负责。

除非是由于工程师提供了错误的原始数据,否则承包商应对由于放线错误引起的一切差错自费纠正(即使工程师进行过检查)。

(6)承包商应采取一切合理、必要的措施,保障工地人员和公众的安全。

(7)承包商应遵守所有有关的法律、法令和规章制度。

(8)如果在施工现场发现化石、文物等,承包商应保护现场并立即通知工程师,按工程师指示进行保护;由此而产生的时间和费用损失由业主给予补偿;上述化石、文物等,均属于业主的绝对财产。

(9)承包商应对工程和设备进行保险,同时应办理第三方保险,办理人员事故保险,并应在开工前提供保险证据。

(10)专利权

承包商应保护业主免受由于承包商在工作中侵犯专利权(Patent Rights)而引起的各种索赔和诉讼。但由于工程师提供的设计或技术规范引起的此类问题除外。

(11)运输

1)承包商应采用一切合理的措施保护运输时使用的道路和桥梁。

2)在运输承包商的设备和临时工程时,承包商应自费负责所经道路上的桥梁加固、道路改建或改善等,并保障业主免于承担与之有关的一切索赔。

3)如果运输中对道路、桥梁造成了损坏,则承包商在得知此类损害之后,或收到有关索赔要求之后,应立即通知工程师和业主;如果根据当地法律或规章规定,要求由设备、材料的承运人给予赔偿时,则业主不对索赔负责;在其他情况下,业主和工程师应根据实际情况决定如何赔偿。如果工程师认定承包商负有责任时,业主应与承包商协商解决。

(12)工地现场

1)在施工期间,承包商应保持现场整洁。

2)在颁发任何移交证书时,承包商应对该移交证书所涉及的那部分现场进行清理,达到使工程师满意的使用状态。

2. 承包商的权利

(1)对已完工程有按时得到工程款的权利。

(2)对于非承包商原因造成的工程费用增加或工期延长,承包商有提出工期和费用索赔的权利。

(3)在业主违约的情况下,承包商有终止受雇或者暂停工作的权利。

(4)有提出仲裁的权利。

3. 承包商的违约

承包商违约是指承包商完全地不履行或不能履行合同规定的义务。一般发生下述情况即可认为承包商违约:

(1)如果承包商依法被判定不能偿付他到期应付的债务,或者自动或者非自动宣告破产、停业清理或解体(为合并或重建而进行的自愿清理除外),或已失去偿付能力,或与其债权人作出安排,或作出对债权人的转让,或同意在其债权人的监督委员会监督之下执行合同,或者如果由一个破产案产业管理人、遗产管理人、财产受托管理人或资产清算人被指定监督他的财产的任何实质部分,或是如果根据与债务的重新组合、安排或重新调整有关的任何法律或法规,开始对承包商起诉或通过解体或清偿有关的决议,或是如果采取任何步骤控制承包商资产的重要部分的抵押权益,或是如果对承包商或其财产采取的任何行动或发生的任何事件,根据任何适用的法律,具有与前述的行动或事件实际上相似的效果,或是如果承包商未经业主的书面同意将合同转让;

(2)如果工程师向业主证明,承包商存在下列情况之一:

1)承包商已否认合同有效;

2)无正当理由,在接到工程师的开工令后拒不开工;

3)在工程师提出施工进度缓慢的通知后28天内,承包商未对加快进度有任何举措;

4)在工程师发出材料和设备的拒收通知、不合格工程、设备及材料的拆运、重置和重新施工的指示后28天内,承包商未能履行这些通知或指示;

5)无视工程师的书面警告,固执且公然地忽视履行合同中所规定的义务。

在上述情况下,业主可以在向承包商发出通知14天后终止对承包商的雇用,进驻现场接管工程,并可自行或雇用其他承包商完成此工程。业主有使用承包商的设备、材料和临时工程的权利。

当业主终止对原有承包商的雇用之后,工程师应对承包商已经做完的工作、库存材料、承包商的设备和临时工程的价值进行估价,并清理各种已经支付和未支付的费用。同时,承包商应将为该合同提供材料,货物和服务而签订的有关协议的权益转让给业主。

6)未经工程师的同意,将工程的任何部分或全部分包出去。

(三)工程师、工程师代表与助理

1. 工程师的权力

工程师的权力包括如下几个方面:

(1)质量管理方面:对现场材料及设备有检查和批准或不批准的权力,监督承包方的施工,对已完的工程有确认或者拒收的权力。

(2)进度管理方面:审批承包商的进度计划,发布停工、复工令的权力,检查施工进度的权力,在进度拖后时,有要求承包商赶工的权力。

(3)财务管理方面:根据业主的授权,有确定变更项目价格的权力,有批准使用暂定金额和计日工的权力,批准承包商的付款。

(4)合同管理方面:颁发移交证书与缺陷责任证书,根据业主的授权批准工程延期和费用索赔,发布工程变更令,解释合同中有关文件。

(5)其他方面:有要求解雇承包商工地经理及雇员的权力,批准分包商的权力,但无权解除合同规定的承包商的任何义务。

2. 工程师的职责

工程师最根本的职责是认真地按照业主和承包商签订的合同工作。工程师的另一个职责是协调施工的有关事宜,包括合同方面的管理、工程质量及技术问题的处理、工程支付的管理等。

3. 工程师的三个层次

FIDIC合同条件中将工程施工阶段的工程师按职权大小分为三个层次:即工程师、工程师代表和助理。工程师代表由工程师任命,对工程师负责。工程师可以一次又一次地将赋予他自己的职责和权力委托给工程师代表,也可以随时收回这种委托。每一次委托都必须采用书面形式,在其副本送达业主和承包商之前,这种委托一般不能发生效力。委托后,在委托职权范围内,工程师代表向承包商发出的任何信函和指令与工程师发出的任何信函和指令具有同等效力。然而,①因为工程师代表失误,未曾对任何工作、材料或工厂设备发出否定意见,不影响工程师对该工作、材料或工程设备提出否定意见,并发出修正的指示的权力;②如果承包商对工程师代表的任何信函有质疑,可将此问题提交给工程师,工程师负责对信函的内容进行确认、否定或修改。

工程师或工程师代表可以任命助理以协助工程师或工程师代表履行某些职责。工程师或工程师代表应将助理人员的姓名、职责和权力范围书面通知承包商。助理无权向承包商发出其职责和权力范围以外的任何指示。

总之,工程师将处理各类具体问题的职权分别授予各个工程师代表,但有关重大问题必须亲自处理;至于哪些问题在业主授权范围之内,可以由工程师自己决定,哪些问题需上报业主批准,则按合同专用条件中的规定办理。

4. 工程师要行为公正

凡合同要求工程师须应用自己的判断标明决定、意见或同意,表示满意或批准,确定价值或采取任何别的行动时,他都应公正行事。行为公正意味着严格遵循合同规定,乐于倾听和考虑业主和承包商双方的观点,然后基于事实作出决定。

二、合同文件与图纸

(一)语言和法律

应在专用条件中说明适用于该合同的国家或地方的法律,同时要说明用以编写合同的一种或几种语言,如果是几种语言,则应指定一种语言为"主导语言",当出现相互矛盾时,以主导语言为准。

(二)合同文件的优先顺序

构成合同的几个文件应是互为说明的,但在出现含糊或歧义时,应由工程师对此作出解释或校正,工程师并应就此向承包商发布有关指示,此时,除合同另有规定外,构成合同的文件的优先顺序(Priority)为:

(1)合同协议书(如已完成);

(2)中标函;

(3)投标文件;

(4)合同专用条件;

(5)合同通用条件,以及

(6)构成合同一部分的任何其他文件。

以上优先顺序只是一个建议,其他优先次序可由业主选择。当出现歧义时,以排在前面的文件的解释为准。

(三)图纸

1. 图纸和文件的提供和保管

图纸由工程师单独保管,并免费向承包商提供两本复印件(多于此数目的费用由承包商承担)。未经工程师同意,承包商不得将图纸和文件转送给与执行合同无关的第三方。在颁发缺陷责任证书时,承包商应将根据合同提供的全部图纸、文件等退还给工程师。

承包商应在现场保留一份图纸供有关人员检查和使用。工程师有权不断向承包商发出补充图纸和指示,承包商应贯彻执行。

2. 由于图纸原因使工程受影响

如果由于工程师未能及时发出进一步的图纸和指示,造成工程可能出现延误或中断时,承包商应书面通知工程师,提出要求提供图纸或指示的内容和时间。

如工程师未能按承包商的书面要求提供图纸或指示而使承包商蒙受误期和(或)招致费用损失时,工程师应就此在与业主和承包商协商后,向承包商作出工期和费用方面的补偿。

如工程师未能发出图纸或指示的原因是由于承包商没有按合同的要求提交其设计的图纸、技术规范或其他文件时,则工程师在向承包商作出工期和费用补偿决定时,应考虑这方面的情况。

3. 由承包商设计永久工程

凡合同中规定由承包商设计部分永久工程时,承包商应将下列文件提交工程师批准:
(1)所设计的图纸、规范、计算书和其他资料,以及
(2)使用和维修手册、竣工后的永久工程图纸。

三、合同的转让和分包

(一)合同的转让

合同转让(Assignment)是指承包商在中标签约后,将其所签合同中的权利和义务转让给第三者。合同转让构成后,原承包商因此解除了其对业主所承担的义务。

由于合同转让可能招致不合格的承包商,所以如果没有业主的事先同意,承包商不得自行将全部或部分合同,包括合同中的任何权益或利益转让给他人。但也有两种例外情况:

1. 按合同规定,应支付或将支付给承包商的银行的款项;或者
2. 把承包商从任何责任方那里获得免除其责任的权利转让给承包商的保险人(当该保险人已清偿了承包商的亏损或债务时)。

(二)分包

由于一般工程施工涉及工种繁多,有些工种的专业性很强,单靠承包商自身的力量难以胜任,所以在合同实施中,承包商需要将一部分工作分包(Subcontracting)给某些分包商,但是这种分包必须经过批准;如果在订合同时已列入,则意味着业主已批准;如果在工程开工后再雇用分包商,则必须经工程师事先同意,但对诸如提供劳务、根据合同中规定的规格采购材料,则无需取得同意。工程师有权审核分包合同。承包商在签定分包合同时,一定要注意将合同条件中对分包合同的特殊要求包括进去,以避免事后的纠纷。

分包商对承包商负责,承包商应对分包商及其代理人、雇员、工人的行为、违约和疏忽造成的后果负完全责任。

在缺陷责任期结束后,若还有一些分包商对承包商的担保或其他义务没有满期,承包商必须把该权利转让给业主;承包商还必须保证分包商同意这种转让。

(三)"指定的分包商"

"指定的分包商"(Nominated Subcontractor)是指由业主和工程师挑选或指定的进行与工程实施、货物采购等工作有关的分包商,这种对分包商的指定,可以在招标文件中指定,也可以在工程开工后指定,但是这些分包商并不直接与业主签订合同,而是与承包商签订合同,作为承包商的分包商,由承包商负责对他们的管理和协调。对"指定的分包商"的支付是通过承包商支付的。

"指定的分包商"对承包商承担其分包的有关项目的全部义务和责任,以便使承包商免除在这个方面对业主承担的义务和责任以及由之引起的各类索赔、诉讼等费用。"指定的分包商"还应保护承包商免受由于其代理人、雇员、工人的行为、违约或疏忽造成的损失和索赔责任。如果"指定的分包商"不愿承担上述义务和责任。承包商可以拒绝与之签订合同。

"指定的分包商"与其他分包商的不同点除了由业主或工程师指定外,在得到支付方面比较有保证,即承包商无正当理由而扣留或拒绝按分包合同的规定向"指定的分包商"进行的支付时,业主有权根据工程师的证明直接向该"指定的分包商"进行支付,并从业主向承包商的支付中扣回这笔支付。

四、工程的开工、延期和暂停

(一)工程的开工

在投标书附录中规定了颁发开工(Commencement)通知的时间,即在中标函颁发之后(投标文件附件规定)的一段时间内,工程师应向承包商发出开工通知。而承包商收到此开工通知的日期即作为开工日期,承包商应在合理可能的情况下尽快开工。竣工时间是从开工日期算起。

如果由于业主方面的原因未能按承包商的施工进度表的要求做好征地、拆迁工作,未能及时提供施工现场及有关通道,导致承包商延误工期或增加开支,则工程师应在及时与业主和承包商商量后,给予承包商延长工期并补偿由此引起的开支。

(二)工期的延长

1. 如果由于下列原因,承包商有权得到延长工期(Extension):

(1)额外的或附加的工作的数量或性质;

(2)合同中提到的导致工期延误的原因;

(3)异常恶劣的气候条件;

(4)由业主造成的任何延误、干扰或阻碍;

(5)非承包商方面的过失或违约引起的延误。

对以上原因造成的延期,承包商是否有权得到额外支付,要根据具体情况而定。

2. 承包商必须在上述导致延期的事件开始发生后28天内将要求延期的报告送给工程师(副本送业主),并在上述通知后28天内或工程师可能同意的其他合理期限内,向工程师提交要求延期的详细申请,以便工程师进行调查,否则工程师可以不受理这一要求。

如果导致延期的事件持续发生,则承包商应每隔28天向工程师送一份中间报告,说明事件的详情,并于该事件引起的影响结束日起28天内递交最终报告。工程师在收到中间报告时,应及时作出关于延长工期的中间决定;在收到最终报告之后再审核全部过程的情况,作出有关该事件需要延长的全部工期的决定。但最后决定延长的全部工期不能少于按中间报告已决定的延长工期的总和。

(三)暂时停工

在工程施工过程中,由于各种因素的影响,工程有时会出现暂时的中断。在这种情况下,承包商应按工程师认为必要的时间和方式暂停工程施工或其他任何部分的进展,并在此期间负责保护暂停的工程;如暂时停工(Suspension)不属于下列情况:合同中另有规定;由于承包商违约;由于现场气候原因以及为了工程的合理施工或安全原因(不包括因工程师或业主的过失导致的暂停、业主风险发生后导致的暂停),则此时工程师应在与业主和承包商协商后,决定给予承包商延长工期的权利和增加由于停工导致的额外费用。

如果按工程师书面指示暂停工程自停工之日起84天内,工程师仍未通知复工(不包含上述例外情况),则承包商可向工程师发函,要求在28天内准许复工。如果复工要求未能获准,则承包商可以(但不一定)采取下列措施:

1)当暂时停工仅影响工程的局部时,承包商可通知工程师把这部分暂停工程视作删减的工程。

2)当暂停影响到整个工程进度时,承包商可视该事件属于业主违约,并要求按业主违约处理。

五、工程的计量与支付

工程的计量与支付条款是FIDIC合同条件的核心条款。

(一)工程的计量

FIDIC 合同是单价合同,工程款的支付是根据承包商实际完成(合同规定范围内)的工程量计算的,因此,工程计量(Measurement)显得格外重要。

(1)工程量表中开列的工程量都是在图纸和规范的基础上估算出来的,工程实施时则要通过测量来核实实际完成的工程量并据以支付,工程师测量时应通知承包商一方派人参加,如承包商未能派人参加测量,即应承认工程师或由他批准的测量数据是正确的。有时也可以在工程师的监督和管理下,由承包商进行测量,工程师审核签字确认。

(2)在对永久工程进行测量时,工程师应在工作过程中准备好所需的记录和图纸,承包商应在接到参加该项工作的书面通知后的 14 天内对这些记录和图纸进行审查并确认;若承包商未参加,则这些记录和图纸被认为是正确的;若承包商不同意这些记录和图纸,应及时向工程师提出申诉,由工程师进行复查、修改或确认。

(3)除非合同中另有规定,否则,工程测量均应计算净值。

(4)对于工程量表中的包干项目,工程师可要求承包商在接到中标函后 28 天内将投标文件中的每一包干项目进行详细分解,提交给工程师一份包干项目分解表,以便在合同执行过程中按照该分解表的内容逐月付款。该分解表应得到工程师的批准。

(二)支付

支付(Payment)包括预付款、进度款、竣工结算、最终结算和保留金归还等内容。

1. 预付款支付

在承包商向业主提交了已获认可的履约保函和对全部预付款价值进行担保的有条件保函后,预付款可由工程师开具证明支付给承包商。

2. 进度款支付

进度付款,也称中间支付,应根据已完成工作的单价按月进行支付。

(1)月报表

月报表(Monthly Statements)是指每月完成的工程量核算,结算和支付报表。承包商应在每个月底以后,按工程师指定的格式向工程师递交一式六份月报表,每份均由承包商代表签字,说明承包商认为到月底自己应得到的涉及到以下几方面的款项。

1)已实施的永久工程的价值;

2)工程量表中的任何其他项目,如临时工程,计日工等;

3)投标文件附件中注明的设备和材料发票价值的某一百分比;

4)由于费用和法规的变更引起的价格调整;

5)按合同或其他的规定承包商有权得到的其他款项,如索赔等。

(2)工程师审核与签证

工程师应在收到上述月报表 28 天内向业主递交一份中间支付证书,阐明他认为到期应支付给承包商的付款金额,但要扣除保留金(直至达到合同规定的保留金限额为止)、应归还的预付款及其他按合同规定的承包商到期应支付给业主的任何金额(如误期损害赔偿费等)。

在扣除各种应扣款之后,如果余下的净额少于投标文件附件中规定的中间支付证书的最小限额时,则工程师可不开具支付证书,留到下月一并开出。

(3)证书的修改

工程师可以通过任何中间证书对他先前签发过的任何证书进行任何修正或更改,如果工程师对任何工作的执行情况不满,他有权在任何临时证书中删去或减少该工作的价值。

(4)业主支付

工程师在按合同规定开具的支付证书并送交业主后的28天内,业主必须根据支付证书所确定的金额向承包商支付工程款;若业主逾期未付,则业主应按投标书附录中规定的利率,从应付之日起计向承包商全部未付款额的利息,同时享有合同规定的其他权利。

3. 竣工结算

(1)承包商提交竣工报表:

在工程师颁发整个工程的移交证书之后84天内,承包商应向工程师提交竣工报表(Statement at Completion)(一式六份),该报表应附有按工程师批准的格式所编写的证明文件,并应详细说明以下几点:

1)到移交证书注明的日期为止,根据合同完成的全部工作的最终价值;

2)承包商认为应该支付给他的其他款项(所要求的索赔款等);

3)承包商认为根据合同应支付给他的款项的估算数额,估算数值应在此竣工报表中单独列出。

(2)支付

工程师根据对竣工工程量的核算,对承包商其他支付要求的审核,确定应支付的金额,并在接到报表后28天内上报业主批准支付。

4. 最终结算

(1)承包商提交最终报表

在工程师颁发缺陷责任证书后56天内,承包商应向工程师提交最终报表(Final Statment)的草案(一式六份)及证明文件,该草案包括如下内容:

1)根据合同所完成的全部工作的价值。

2)承包商认为根据合同或其他情况应得到的进一步的款项。

若工程师不同意或不能核实该草案中的任何一部分,承包商应提供进一步的资料,并对草案进行修改,以使双方达成一致;此后承包商应编制并向工程师提交经双方同意的正式最终报表(如承包商和工程师未能达成一致,则工程师可对最终报表草案中没有争议的部分向业主签发中间证书)。

(2)结清

在提交最终报表时,承包商应给业主一份书面结清单,以确认最终报表中的款项即为由合同引起的或与合同有关的应由承包商所得的全部最终款项,并应将副本交给工程师。该结清单在下面的最终证书规定的应支付的款项支付之后,并且履约保证书(如果有的话)退还给承包商之后才能生效。

(3)最终证书

在接到正式最终报表及书面结清单(Discharge)之后28天内,工程师应向业主递交一份最终证书(Final Certificate),同时将一份副本交给承包商,说明:

a. 工程师认为按照合同最终应支付给承包商的款额;以及

b. 经过对以前支付的、业主扣除的款项等计算确认后,所剩的最终余额。

(4)支付

在最终证书送交业主后的56天内,业主应向承包商进行支付,否则应按投标文件附件中的规定支付利息。若再超过28天不支付,就构成业主违约。

(三)货币、汇率及法规和费用变化时的支付处理

1．费用与法规的变更

(1)费用的增加或减少

对于人工费,材料费以及根据合同专用条件中规定的能影响工程施工费用的其他因素的变化,应按合同专用条件中规定的办法或公式进行调价。

(2)后继的法规

在递交投标文件截止日期前的28天之后的时间内,若由于项目所在国或地方的任何法规、法令、政令或法律等的改变影响到施工的费用,应由工程师与业主和承包商协商后决定对合同价格进行增减。

2．货币与汇率

(1)货币限制

凡在递交投标文件截止日期前的28天后,如工程所在国政府或其授权机构对支付合同价格的一种或几种外币实行货币限制或汇兑限制,则承包商由此蒙受的损失应由业主一方补偿,且不影响承包商行使其他权利和采取补救措施。

(2)汇率

如合同规定付款以一种或几种外币支付给承包商,则此项支付不应受上述外币与工程所在国货币之间汇率(Exchange Rate)变化的影响。

(3)货币比例

如招标以单一货币报价,但用一种以上的货币支付,且承包商也已声明其要求支付的另一种或几种货币的比例或款额,则相应的汇率除非在合同专用条件中另有规定,否则应以投标截止日期前28天的当日工程所在国中央银行公布的通行汇率为准。

(四)暂定金额

1．暂定金额的定义

FIDIC合同条件中将暂定金额(Provisional Sums)是指包括在合同中,并在工程量表中以该名称标明,供工程任何部分的施工,或提供货物、材料、设备或服务,或供不可预料事件之费用的一项金额。这项金额按照工程师的指示可能全部或部分地使用,或根本不予动用。

2．暂定金额的使用

暂定金额由工程师决定如何使用。可用于工程量表中列明的服务项目或供不可预见事件之用。这些服务项目或不可预见的工作可由工程师指示承包商或某一指定的分包商来实施。

3．暂定金额的支付

暂定金额的支付有两种方式:

(1)按原合同工程量表中所列的费率或价格;

(2)由承包商向工程师出示与暂定金额开支有关的所有单据,按实际支出款额再加上在投标书附录或工程量表中事先列明的一个百分数,以这个百分数乘以实际支出款额作为承包商的监督管理费用和利润。

4．计日工

计日工通常包含在暂定金额内。如果工程师认为必要或可取时,可以发出指示,规定在计日的基础上实施任何变更工作。对于这类变更应按合同中包括的计日工表中所定项目和承包商在投标书中所确定的费率和价格,向承包商付款。

六、质量检查

(一)质量检查的要求

对于所有的材料,永久工程的设备和施工工艺均应符合合同要求及工程师的指示。承包商并应随时按照工程师的要求在工地现场以及为工程加工制造设备的所有场所为工程师检查提供方便。

工程师应在提前24小时将参加检查和检验的意向通知承包商,若工程师或其授权代表未能按期前往(除非工程师另有指示外),承包商可以自己进行检查和验收,工程师应确认此检查和验收结果。如果工程师或其授权代表经过检查认为质量不合格时,承包商应及时补救,直到下一次验收合格为止。

对隐蔽工程,基础工程和工程的任何部位,在工程师检查验收前,均不得覆盖。

工程师有权指示承包商从现场运走不合格的材料或工程设备,而以合格的材料或工程设备代替。

(二)检查的费用

1. 在下列情况下,检查和检验的费用应由承包商一方支付:

(1)合同中明确规定的;

(2)合同中有详细说明允许承包商可以在投标文件中报价的;

(3)由于第一次检验不合格而需要重复检验所导致的业主开支的费用;

(4)工程师要求对工程的任何部位进行剥露或开孔以检查工程质量,如果该部位经检验不合格时所有有关的费用;

(5)承包商在规定时间内不执行工程师的指示或违约情况下,业主雇用其他人员来完成此项任务时的有关费用;

(6)工程师要求检验的项目,在合同中没有规定或合同中虽有规定,但检验地点在现场以外或在材料、设备的制造、装配或准备地点以外,如果检验结果不合格时的全部费用。

2. 在下列情况下,检查和检验的费用应由业主一方支付:

(1)工程师要求检验的项目是合同中没有规定的,检查结果合格时的费用;

(2)工程师要求进行的检验虽然合同中有说明,但是检验地点在现场以外或在材料、设备的制造、装配或准备地点以外,检验结果合格时的费用。

(3)工程师要求对工程的任何部位进行剥露或开孔以检查工程质量,如果该部位经检验合格时,剥露、开孔以及还原的费用。

七、工程的移交证书与缺陷责任证书

(一)工程的移交证书

1. 整个工程的移交证书

当全部工程基本完工并圆满通过合同规定的任何竣工检验时,承包商可将此结果通知工程师及业主,将此通知书同时附上一份对在缺陷责任期内以应有速度及时地完成任何未完工作作出书面保证,作为要求工程师颁发移交证书(Taking-over Certificate)的申请。

在承包商发出上述通知书之日起21天内,工程师或者发给承包商一份移交证书,说明工程师认为根据合同要求工程已基本完工的日期,同时提交业主一份副本;或者给承包商书面指示,详细说明在发给移交证书前,承包商还需完成哪些工作,此外还应向承包商指出影响基本竣工的任何缺陷;承包商应在根据上述书面指示完成必要工作、修补好缺陷,并经工程师认可后的21天内收到移交证书。

2. 区段或部分工程的移交证书

根据投标书附录中的规定,对有区段完工要求的;或是已局部竣工,工程师认为合格且已为业主占有、使用的永久性工程;或是在竣工之前已由业主占有、使用的永久性工程,均应根据承包商的申请,由工程师颁发区段或部分工程的移交证书。在签发的此类移交证书中也应注明这些区段或部分工程进入缺陷责任期(Defect Liability Period)的日期,移交证书颁发后,工程保管的责任即移交给业主,但承包商应继续负责完成各项扫尾工作。

(二)缺陷责任证书

1. 缺陷责任期

缺陷责任期是指正式签发的移交证书中注明的缺陷责任期开始日期(一般即通过竣工验收的日期)后的一段时期。缺陷责任期时间长短应在投标文件附件中注明,一般为一年,也有更长时间的。

在这段时期内,承包商除应继续完成在移交证书上写明的扫尾工作外,还应对工程由于施工原因所产生的各种缺陷负责维修。这些缺陷的产生如果是由于承包商未按合同要求施工,或由于承包商负责设计的部分永久工程出现缺陷,或由于承包商疏忽等原因未能履行其义务,则应由承包商自费修复,否则应由工程师考虑向承包商追加支付。如果承包商未能完成其应自费修复的缺陷,则业主可另行雇人修复,费用由保留金中扣除或由承包商支付。

对由于承包商为修补损害而进行的所有工程设备的更换或更新,工程缺陷责任期应延长一段时间,其时间长短应与工程因缺陷或损坏原因而不能付诸使用的时期相等。如果只是部分工程受到了影响,则缺陷责任期应只对这部分进行延长。在上述两种情况下,缺陷责任期均不应超过从移交之日算起的2年时间。

2. 缺陷责任证书

缺陷责任证书(Defects Liability Certificate)应由工程师在整个工程的最后一个区段缺陷责任期期满之后28天内颁发,这说明承包商已尽其义务完成其施工和竣工,并修补了其中的缺陷,达到了使工程师满意的程度。至此,承包商与合同有关的实际义务业已完成,但若业主或承包商任一方有未履行的合同义务时,合同仍然有效。

在大型工程中,常常有多个工程区段或部分在不同的时间签发移交证书,即一个工程有两个以上的移交证书,此时,相伴随的缺陷责任期满不在同一个时间,一个工程项目只能签发一个缺陷责任证书。在有多个移交证书的情况下,只在最后签发的移交证书缺陷责任期满后,颁发缺陷责任证书;这时,对于提前颁发移交证书的部分工程,可以采取工程师函件的形式通知业主,这样,既保证了不同时间签发移交证书的区段或部分工程得到合理的管理,又不解除承包商对其他部分工程的责任和义务。

缺陷责任证书发出后14天内业主应将履约保证退还给承包商。只有缺陷责任证书才能被视为对工程的批准。

八、变更与索赔

(一)变更

1. 变更内容

在工程师认为必要时,可以对工程或其中任何部分的形式、质量或数量作出任何变更,为此目的或出于任何其他理由,工程师认为上述变更适当时,他应有权指示承包商进行而承包商也应进行下述任何工作:

(1)增加或减少合同中所包括的任何工作的数量;
(2)删减合同中所包括的任何工作;
(3)改变任何合同中所包括工作的性质、质量或类型;
(4)改变工程任何部分的标高、基线、位置和尺寸;
(5)实施工程竣工所必须的任何种类的附加工作;
(6)改动合同中对工程任何部分规定的施工顺序或时间。

2. 变更指示

变更指令应由工程师以书面形式发出。如果是口头指示,承包商也应遵守执行,但工程师应尽快用书面确认。为了防止工程师忽略书面确认,承包商可在工程师发出口头指示七天内用书面形式要求工程师确认他的口头指示、工程师应尽快批复。若工程师在七天之内未以书面形式提出异议,则等于确认了他的口头指示;这条规定同样适用于工程师代表或助理发出的口头指示。

若某项工程量的变化是由于实际工程量与工程量表中的估计工程量不符时,则不需要工程师颁发变更指示。

3. 变更费用的估价和支付

以上变更不应以任何方式使合同作废或失效,但对所有上述变更的影响应按合同规定予以估价。凡是由于承包商违约或毁约或其对此有责任,致使工程师必须发出指示变更工程,则任何此类违约造成的附加费用应由承包商承担。

在发出变更指令14天之内以及在变更工作开始之前,或由承包商向工程师提出要求额外支付及变更单价和价格的意图,或由工程师将他准备变更单价和价格的意图通知承包商。

对变更项目的估价,如果工程师认为适当,应以合同中规定的费率及价格进行估价。如合同中未包括适用于该变更工作的费率或价格,则应在合理的范围内使用合同中的费率和价格作为估价的基础。如果任何变更了的工作性质或数量关系到整个工程或其中任何部分的性质或质量,在此情况下,工程师认为由于该变更工作,合同中包括的任何工程项目的费率或价格已变得不合理或不适用时,则在工程师与业主和承包商适当的协商之后,由工程师与承包商议定合适的费率或价格。如未能达成一致意见,则工程师应确定他认为适当的此类另外的费率或价格,并相应地通知承包商,同时将一份副本呈交业主,此前,工程师可以确定一个暂行费率或价格,以便安排支付。

4. 变更超过15%

当工程量最终结算后,考虑到所有变更的项目以及实施的工程量与工程量表中结算工程量的差异这两个原因(不考虑价格调整,暂定金额和计日工的费用),整个工程价格(不包括暂定金额及计日工补贴)超出或少于签订合同时价格的15%时,经工程师与业主和承包商适当的磋商后,应在合同价格中加上或减去承包商与工程师可能议定的另外的款额。如双方未能达成一致,此款额应由工程师在考虑合同中承包商的现场费用和总管理费后予以确定。上述款额仅以那些加上或减去超出有效合同价格的15%的款额为基础,并且应适当考虑有效合同价格中包括的任何外币及其所占比例。

(二)索赔程序

索赔处理程序如下：

1. 索赔通知

如果承包商根据合同或有关规定准备对某一事件要求索赔时,则他应在引起索赔的事件首次发生后的28天内向工程师发出索赔意向通知,并将其副本呈交业主。

2. 同期记录

工程师在收到上述索赔意向通知后,应及时检查有关的同期记录,并指示承包商保持这些同期记录以及作好进一步的同期记录。在工程师需要时,承包商应向工程师提供这些同期记录的副本。

3. 索赔的证明

在承包商向工程师发出索赔意向通知的28天内,或工程师同意的任何其他合理时间内,承包商应向工程师递交一份详细报告,说明承包商要求索赔的款额及提出索赔的根据等详情材料。

如果导致索赔的事件有连续影响,上述临时详细报告应被视为是一份临时报告,承包商应每隔28天或按工程师的要求在一定的时间段内陆续递交进一步的中间报告,提出索赔的累计额和进一步提出索赔的依据。

在引起索赔的事件结束后28天之内,承包商应向工程师递交一份最终详细报告。

如果承包商在寻求任何索赔时未能遵守上述规定和要求,则其有权得到的有关付款将不超过由工程师或是在争端采用仲裁时由指定的仲裁人通过同期记录核实估价的索赔总额。

4. 索赔的支付

如果承包商提供了足够的详细资料,使工程师能够决定应付款额,而且工程师在与业主和承包商协商后认为应支付给承包商,则承包商有权要求任何经工程师证实的中间付款中应包括有关索赔的任何款项。若详细资料不足以证实全部索赔,则承包商有权要求详细资料所证实的能够令工程师满意的那一部分索赔的支付。工程师应将对索赔的决定通知承包商,并将决定的副本呈交业主;此时不应将索赔款额全部拖到工程结束后再支付。

九、争端的解决

争端的解决(Settlement of Disputes)有许多方式,如谈判、调解、仲裁(Arbitration)、诉讼等。在工程承包合同中,应该规定争端的解决办法,一般均是通过工程师调解,不能解决时再诉诸仲裁。

合同中对仲裁地点、机构、程序和仲裁裁决效力等四个方面都应做出具体明确的规定。

解决争端的途径和步骤：

(一)争端提交工程师解决

不论在工程实施过程之中还是竣工以后,也不论在合同有效期内或终止前后,业主和承包商之间产生的任何争端,包括对工程师的任何意见、指示、签署的证书或估价等方面的争端,应首先以书面形式提交给工程师,同时将一份副本提交另一方。

工程师应在收到上述文件后84天内对争端做出决定,并将此决定通知双方。

如果双方中的任何一方对工程师的决定不满意,或是工程师在84天内未能就争端做出决定,则业主和承包商任一方均可在收到工程师决定后的70天内,或在上述84天(而工程师未能做出决定)期满后的70天内通知对方,准备将争端提交仲裁。如果双方在收到工程师的决定70天内均未发出将争端提交仲裁的意向通知,则工程师的决定即被视为最终决定,并应对业主和承包商均有约束力。

在争端双方未转为友好解决或仲裁之前,业主和承包商双方均应执行工程师作出的每一项决定,只要合同未终止,承包商应尽全力继续工程的施工。

(二)友好解决

当一方通知对方要将争端提交仲裁后,仲裁应等待仲裁意向通知发出56天后才能开始。这个时间段是留给双方友好协商解决争端的,必要时可请工程师协助。

(三)仲裁

当工程师的决定未能被接受而未能友好协商解决争端时,除非合同中另有规定,否则均应按设在法国巴黎的国际商会(International Chamber of Commerce,ICC)仲裁庭的调解与仲裁章程以及据此章程指定的一名或数名仲裁人予以最终裁决;上述仲裁人(们)有全权解释、复查和修改工程师对争端所作的任何决定、意见、指示、确定、证书或估价;仲裁地点由ICC仲裁法庭选择。

合同双方也可以在签订合同时选择其他仲裁庭(如联合国国际贸易法委员会(UNCITRAL),中国国际经济贸易仲裁委员会(CIETIC)),但应考虑当地的中立性,当地法律的适宜性及提供的服务费用等。选择其他仲裁庭和地点必须在专用条件中明确规定。

由于我国目前还不是ICC仲裁庭的正式成员,所以我国的承包商目前暂时不宜在合同中使用ICC调解和仲裁规则。

在裁决过程中,仲裁人有全权来解释、复查和修改工程师对争端所做的任何决定。业主和承包商双方所提交的证据或论证也不限于以前已提交给工程师的。工程师可以作为证人被要求,向仲裁人提供任何与争端有关的证据。

在工程完成前后均可诉诸仲裁,但是在工程实施过程中,业主、工程师及承包商各自的义务不因进行仲裁而改变。

(四)不遵守工程师的决定

当工程师对争端做出决定后,如果一方既未向对方提交要将争端提交仲裁的意向通知,尔后又不遵守此决定,则另一方可将此未履约行为直接提交仲裁,请求强制执行。

上述解决争端的程序可以简明地表示如图5-1所示。

十、风险与保险

(一)风险(Risk)

1. 业主风险(Employer's Risks)

(1)业主的风险是指:

1)战争、敌对行动(不论宣战与否)、入侵、外敌行动;

2)叛乱、革命、暴动、或军事政变、或篡夺政权、或内战;

3)核爆炸、核废物、有毒气体等造成的污染;

4)超音速飞机或其他飞行装置飞行产生的压力波;

5)暴乱、骚乱、混乱(承包商内部的除外);

6)因工程设计(非承包商负责的设计)不当造成的损失或损害;

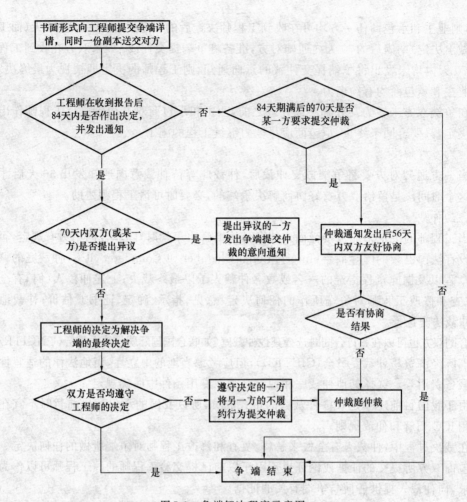

图 5-1 争端解决程序示意图

7)由于业主使用或占用合同规定以外的永久工程的区段或部分造成损失或损害;

8)一个有经验的承包商通常无法预测和防范的任何自然力的作用。

(2)业主风险出现时的处理

当由于业主的风险造成损失或损害时,承包商应按工程师的要求进行修补,同时可从业主那里得到相应的补偿;但如其中也有承包商的责任时,则业主和承包商应根据各自的责任按一定比例分担。

2. 特殊风险

(1)特殊风险(Special Risks)是指:

1)上述业主风险中的1)、3)、4)、5)定义的风险;

2)业主风险2)中定义的、在工程施工所在国的有关风险;

3)不论何时何地发生的因如地雷、炸弹、爆破筒、手榴弹或是其他炮弹、导弹、弹药或战争用爆破物的爆炸或冲击引起的破坏、损害、人身伤亡等也属于特殊风险。

(2)特殊风险发生时的处理

如果由于上述特殊风险致使工程或在现场附近,或运往现场的任何材料或工程设备,或任何承包商的设备,遭到毁坏或损害时,承包商有权得到对任何已按时完成的永久工程以及上述毁坏和损害的材料设备付款。若承包商根据工程师的要求修复由此原因导致的被破坏或损害的工程及替换或修复材料或承包商设备时,业主应给予相应的补偿。此外,业主还应偿还承包商所发生的与特殊风险以任何方式相关的施工费用。

(3)战争爆发:

在合同执行过程中,如果在世界上任何地区爆发战争,承包商仍应尽最大努力完成施工;但在战争爆发后的任何时候,业主有权通知承包商终止合同,此时,承包商及其分包商应尽快从现场撤离其全部设备;业主应按合同条件规定向承包商支付所有应支付的款项。

(4)特殊风险发生时,承包商的责任和权利

1)如果由于特殊风险使工程受到破坏或损坏;或使业主或第三方财产受到破坏或损害;或人身伤亡,承包商不承担赔偿或其他责任。

2)如果工程师要求承包商修复任何被破坏或损害的工程以及替换材料或修复承包商的设备,工程师应按规定确定追加合同价格。但在特殊风险发生前,已被工程师宣布为不合格的工程,即使由于特殊风险被损坏,承包商仍应负责自费修复。业主还应向承包商支付由于特殊风险引起的一切增加的费用。

3)由于上述原因,合同被终止后的付款办法:

a. 业主应按合同中规定的费率和价格向承包商支付在合同终止日期以前完成的全部工作的费用,但应减去帐上已支付给承包商的款项与项目;

b. 另外支付下述费用:

(a)工程量表中提及的任何开办项目中已进行或履行的相应部分工作或服务的比例的费用;

(b)为该工程合理订购的材料、工程设备或货物的费用,如已将其交付给承包商或承包商对之依法有责任收货时,则业主一经支付此项费用后,该项材料、工程设备或货物即成为业主的财产;

(c)承包商为完成整个工程所合理发生的任何其他开支的总计;

(d)按上述第(2)条规定业主应支付的任何附加金额;

(e)承包商撤离的费用,在承包商提出要求时,将承包商的设备运回其注册国内承包商的主要设备基地或其他目的地的合理费用;

(f)承包商雇用的所有从事工程施工及与工程有关的职员和工人在合同终止时的合理遣返费。

业主除按本款规定应支付任何费用外,也应有权要求承包商偿还任何预付款的未结算余额以及其他任何金额。

(二)保险

1. 对工程及承包商设备的保险

(1)承包商(或业主)应对工程(连同材料和配套设备)进行保险。保险(Insurance)的数额可以用所保险项目的重置成本,同时再考虑加上重置成本的15%的附加金额投保。实际的投保额要根据工程项目的具体情况确定。

投保的期限一般为从现场开始工作到工程的任何区段或全部工程颁发移交证书为止。

如果由于未投保或未能从承保人那里收回有关金额所招致的损失,应由业主和承包商根据具体情况及合同条件有关规定分担。

(2)承包商的设备和其他物品由承包商投保,投保金额为重置这些物品的金额。

对缺陷责任期间,由于发生在缺陷责任期开始之前的原因造成的损失和损害,以及由承包商在遵守合同规定而修补工程缺陷或缺陷调查作业过程中造成的损失和损害均由承包商投保。

以上所述保险不包括由于战争、革命、核爆炸、以音速或超音速飞行的飞机产生的压力波引起的破坏。

2. 不足额保险的费用问题

任何未保险的或未能从承保人那里收回的金额,应由业主和承包商根据合同所规定的风险的性质来决定分担的责任。

3. 第三方保险(Third Party Insurance)

承包商应以业主和承包商的联合名义,对由于工程施工可能引起的现场周围任何人员(包括业主及其雇佣人员、行人等)的伤亡及财产的损失进行责任保险。保险金额至少应为投标书附录中规定的数额;若承包商认为有必要,可以加大该金额。

4. 承包商人员的保险

承包商应为其在工地工作的人员在雇用期间进行人身保险,同时也应要求分包商进行此类保险。除非是由于业主一方的原因造成承包商雇员的伤亡,业主对承包商人员的伤亡均不负责任。

5. 保险证据、条件和完备性

承包商应在现场工作开始前向业主和工程师提供证据,说明保险已生效,并应在开工之日起84天内向业主提供保险单。

如果工程的范围、进度有了变化,承包商应将变化的情况及时通知承保人,必要时补充办理保险,否则,承包商应承担有关责任。

6. 承包商未办理保险的补救

如果承包商未去办理保险或未保持其有效,或未在合同规定的期限内向业主提供证据,此时,业主可自己去办理保险或保持其有效,所支付的保险费可随时从给承包商的支付款中扣回,或视为到期债务从承包商处收回。

在某些条件下,也可规定由业主自己办理保险,这需要在专用条件中注明。

思 考 题

1. FIDIC 合同条件有什么特点?
2. 业主、承包商和工程师在施工过程中有哪些权利(权力)?
3. "指定分包商"与一般意义上的分包商有什么不同?
4. 如何作出变更估价?
5. 争端和索赔有什么关系,它们各自的解决和处理程序什么?

第六章 国际工程施工投标报价

本章介绍了国际工程投标报价的程序,重点阐述标价计算前的准备工作与标价的基本组成、各类基础单价的计算以及单价分析和标价汇总,给出了投标报价的实例,分析了报价的技巧与决策,并说明了投标文件的编写。

第一节 投标报价工作程序与准备工作

国际工程施工投标报价是国际工程承包过程中的一个决定性环节,承包商要承揽国际工程项目,就要按照一定的程序进行投标报价。承包商要想通过投标战胜众多竞争对手而获得工程项目承包权,除了具备强大的实力,良好的信誉外,在很大程度上取决于能否提出有竞争力的报价。所谓有竞争力的报价,是指该投标报价合理,既能被业主接受,又能在中标后顺利地完成合同获得合理的利润。但是,工程报价不是简单的数量计算,而是根据工程范围和性质、技术规范、工期要求、拟采用的施工方案、进度计划,以及所需人工、材料、机械设备直接费价格,各种管理费和利润间接费价格等算出的投标价格。因此,投标报价是一项主要且又复杂,影响因素众多的工作。

一、投标报价工作程序

国际工程承包有多种合同形式,不同的合同形式计算报价的程序也有所差别,但不论采用何种报价体系,大致都要按照图6-1所示的程序进行投标报价工作。

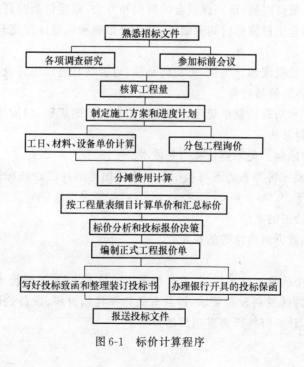

图6-1 标价计算程序

二、标价计算前的准备工作

(一) 熟悉和研究招标文件

承包商在标价计算准备阶段,应认真阅读和理解招标文件中的全部内容,包括投标范围、技术要求、商务条件,工程中须使用的特殊材料和设备,此外还应整理出招标文件中含糊不清的问题,有一些问题应及时提请业主或咨询工程师予以澄清。以便在编标报价时,做到心中有数。防止投出的标不符合业主的要求或使报价不合理或漏项。

投标者应该重点注意以下几个方面问题:

1. 投标书附录与合同条件

投标书附录与合同条件是国际工程招标文件十分重要的组成部分,其目的在于使承包商明确中标后应享受的权利和所要承担的义务和责任,以便在报价时考虑这些因素。

(1)工期。包括对开工日期的规定、施工期限、以及是否有分段、分阶段竣工的要求。工期对制定施工计划和施工方案,确定施工机械设备和人员配备均是重要依据。

(2)误期损害赔偿费的有关规定。这对施工计划安排和拖期的风险分析有影响。

(3)缺陷责任期的有关规定。这对何时可收回工程"尾款"、承包商的资金利息和保函费用计算有影响。

(4)保函的要求。保函包括投标保函、履约保函、预付款保函、临时进口施工机具税收保函以及维修保函等。保函数值的要求和有效期的规定,允许开保函的银行限制。这与投标者计算保函手续费和用于银行开保函所需占用的抵押资金有重要关系。

(5)保险。业主是否指定了保险公司、保险的种类(例如工程一切保险、第三方责任保险、现场人员的人身事故和医疗保险、社会保险等)和最低保险金额。

(6)付款条件。是否有预付款,如何扣回,材料设备到达现场并检验合格后是否可以获得部分材料预付款,是否按订货、到工地的时间等分阶段付款。中间付款方法,包括付款比例、保留金比例、保留金最高限额、退回保留金的时间和方法,拖延付款的利息支付等,每次中间付款有无最小限制,业主付款的时间限制等。这些是影响承包商计算流动资金及其利息费用的重要因素。

(7)税收。是否免税或部分免税,可免何种税,可否临时进口机具设备而不收海关关税。这些将影响材料设备的价格计算。

(8)货币。支付和结算的货币规定。外汇兑换和汇款的规定,向国外订购的材料设备需用外汇的申请和支付办法。

(9)劳务国籍的限制。关系到计算劳务成本。

(10)战争和自然灾害等人力不可抗拒因素造成损害的补偿办法和规定,中途停工的处理办法和补救措施等。

(11)有无提前竣工的奖励。

(12)争议、仲裁或诉诸法律等的规定。

2. 技术说明

研究招标文件中的施工技术说明,熟悉所采用的技术规范。了解技术说明中有无特殊施工技术要求和有无特殊材料设备要求,以及有关选择代用材料、设备的规定,以便根据相应的定额和市场询价,计算有特殊要求项目的价格。

3. 报价要求

(1)应当注意合同种类是总价合同、单价合同、成本补偿合同、还是"交钥匙"合同。例如有的住房项目招标文件,对其中的房屋部分要求采用总价合同方式;而对室外工程部分,由于设计较为粗略,有些土石方和挡土墙等难以估算出准确的工程量,因而要求采用单价合同。对承包商来说,在总价合同中承担着工程量方面的风险,就应仔细校核工程量并对每一子项工程的单价作出详尽的分析和综合。

(2)应当仔细研究招标文件中的工程量表的编制体系和编制方法。例如是否将施工详图设计、临时工程、机具设备、进场道路、临时水电设施等列入工程量表。对于单价合同方式特别要认真研究工程量的分类方法,及每一子项工程的具体含义和内容。

要研究永久性工程之外的项目有何报价要求。例如对旧有建筑物和设施的拆除,工程师的现场办公室及其各项开支(包括他们使用的家具、车辆、水电、试验仪器、服务设施和杂务费用等)、模型、广告、工程照片和会议费用等,招标文件有何具体规定,以便考虑如何将其列入到工程总价中去。弄清一切费用纳入工程总报价的方式,不得有任何遗漏或归类的错误。

对某些部位的工程或设备提供,是否必须由业主确定"指定的分包商"进行分包。文件规定总承包商对分包商应提供何种条件,承担何种责任和权利,以及文件是否规定分包商计价方法。

对于材料、设备和工资在施工期限内涨价及当地货币贬值有无补偿,即合同有无任何调价条款及调价计算公式。

4. 承包商风险

认真研究招标文件中,对承包商不利的需承担很大风险的各种规定和条款,例如有的合同中,业主规定"承包商不得以任何理由索取合同价格以外的补偿",那么承包商就得考虑加大风险的比例。有关风险分析与防范详见第八章。

(二)进行各项调查研究

开展调查研究是标价计算之前的一项重要准备工作,是成功投标报价的基础。主要内容包括以下方面:

1. 市场宏观政治经济环境调查

(1)关于工程所在国的政治形势

1)政局的稳定性;

2)该国与周边国家的关系;

3)该国与我国的关系;

4)政策的开放性与连续性。

(2)关于工程所在国的经济状况调查

1)经济发展情况;

2)金融环境,包括外汇储备、外汇管理、汇率变化、银行服务等;

3)对外贸易情况;

4)关于保险公司的情况。

(3)关于当地的法律法规

需要了解的至少应包括与招标、投标、工程实施有关的法律法规。

(4)项目所在国工程市场的情况

1)工程市场容量与发展趋势;

2)市场竞争的概况；

3)生产要素(材料、设备、劳务等)的市场供应一般情况。

2. 工程现场考察和工程所在地区的环境

要慎重地考察施工现场，认真调查具体工程所在地区的环境。调查的内容至少应包括：

(1)一般自然条件

1)工程场地的地理位置、地形及周围环境；

2)当地气象水文资料；

3)工程地质情况。

(2)施工条件及环境

1)与施工组织设计和现场布置有关的情况；

2)道路、水、电、通讯等基础设施情况；

3)当地可提供的工程材料、施工机械或设备、劳务等情况；

4)其他条件。

3. 对工程业主方和竞争对手公司的调查

(1)业主、咨询工程师的情况，尤其是业主的项目资金落实情况；

(2)参加竞争的外国公司与工程所在国公司的情况。

以上只是调查的一般要求，应针对具体工程情况而增删，考察后要写出简洁明了的考察报告，附有参考资料、结论和建议，使估价人员看后能把握要领。一个高质量的考察报告，对研究投标报价策略和提高中标率有十分重要的意义。

(三)参加标前会议

标前会议(Pre-bid Conference)是业主给所有投标者提供的一次质疑的好机会，应充分利用。在标前会议召开之前，应事先熟悉招标文件，将发现的各种问题整理为书面文件，寄给招标单位并要求书面答复，或在标前会议上予以澄清和解释。这些问题可能涉及：

1. 招标文件中的图纸与技术说明存在相互矛盾之处，要求说明以何为准；

2. 合同条款中有含糊不清之处，请求予以澄清；

3. 在工程量表中可能发现计算、打印错误之处，请求予以澄清(如果这些错误对投标者是有利的，也可以不提出澄清)。

投标者在请求业主和咨询工程师答复时，应讲求方式和策略。应注意到：提问的方式不应使业主感到不快；不使竞争对手从提问中了解我方的投标设想与技术方案；所有答复和澄清均应整理成书面文件发给每个投标者，与招标文件具有同等效力。

(四)复核工程量

招标文件中通常情况下均附有工程量表，投标者应根据图纸仔细核算工程量，当发现相差较大时，投标者不能随便改动工程量，而应致函或直接找业主澄清。对于总价固定合同要特别引起重视，如果业主投标前不予更正，而且是对投标者不利的情况，投标者在投标时要附上声明：工程量表中某项工程量有错误，施工结算应按实际完成量计算。也可以按不平衡报价的思路报价，有时招标文件中没有工程量表，需要投标者根据设计图纸自行计算，按国际承包工程中的惯例形式分项列出工程量表。

不论是复核工程量还是计算工程量，都要求尽可能准确无误。这是因为工程量大小直接影响投标价的高低。特别是对于总价合同来说，工程量的漏算或错算有可能带来无法弥补的经济损失。因此，承包商在核算工程量时，应当结合招标文件中的技术规范弄清工程量中每一细目的具体内容，才不致在计算单位工程量价格时搞错。如果招标的工程是一个大型项目，而且投标时间又比较短，要在较短的时间内核算工程量细节，是十分困难的。但是即使时间再紧迫，承包商至少也应该核算那些工程量大和造价高的项目。

在核算完全部工程量表中细目后，投标者可按大项分类汇总主要工程总量，对这个工程项目的施工规模有一个全面和清楚的概念，并用以研究采用合适的施工方法，选用适用和经济的施工机具设备。

(五)制定施工规划

招标文件中要求投标者在报价的同时要附上其施工规划。施工规划内容一般包括施工方案、施工进度计划、施工机械设备和劳动力计划安排以及临建设施规划。制定施工规划的依据是工程范围、设计图纸、技术规范、工程量大小、现场施工条件以及开工、竣工日期。

施工规划将做为业主评价投标者是否采取合理和有效的措施，能否保证按工期、质量要求完成工程的一个重要依据。另外施工规划对投标者自己也是十分重要的，这是因为施工方案的优选和进度计划的合理排定对工程报价有密切的关系，编制一个好的施工规划可以降低标价，提高竞争力。

制定施工规划的原则是在保证工程质量和工期的前提下尽可能使工程成本最低。在这个原则下，投标者要采用对比和综合分析的方法寻求最佳方案。

1. 工程进度计划

在投标阶段，编制的工程进度计划不是工程施工计划，可以粗略一些，一般用横道图表示，但应考虑和满足以下要求：

(1)总工期符合招标文件的要求，如果合同要求分期分批竣工交付使用，应标明分期交付的时间和分批交付的数量。

(2)标明各主要分部、分项工程(例如土石方工程、混凝土结构工程等)的开始和结束时间。

(3)合理安排各主要工序，体现出相互衔接。

(4)有利于基本上均衡安排劳动力，这样可以提高工效和节省临时设施(如工人居住营地、临时性建筑等)。

(5)有利于充分有效地利用机械设备，减少机械设备占用周期。例如，尽可能将土方工程集中在一定时间内完成，以减少推土机、挖掘机、铲运机等大型机具设备占用周期。这样就可以降低机械设备使用费，或是有利于组织施工。

(6)制定的计划要有利于资金流动，降低流动资金占用量，节省资金利息。

2. 施工方案

弄清分项工程的内容和工程量，考虑制定工程进度计划的各项要求，即可研究和拟定合理的施工方案，确定施工方法。但是也要注意投标时拟定的施工方案一定要合理和现实，不能只为降低标价争取中标，而造成在实施中很难实现甚至不能实现的局面，由此引起不得不加大成本或采用新的施工方案，常使施工陷于被动。因此，编制施工方案时要比较细致地研究技术规范要求，现场考察时对施工条件要充分了解。制定施工方案要服从工期要求、技术可能性、保证质量、降低成本等方面的综合考虑。

(1)根据分类汇总的工程数量和工程进度计划中该类工程的施工周期，合同技术规范要求以及施工条件和其他情况选择和确定每项工程的施工方法。例如土方工程中的深基坑开挖,须降低地下水位施工,这时是采用井点降水,还是地下防渗墙等方案,应根据地质水文情况和自身的施工能力来确定。对各种不同施工方法应当从保证完成计划目标、保证工程质量、节约设备费用、降低劳务成本等多方面综合比较,选定最适用的、经济的施工方案。

(2)根据上述各类工程的施工方法,选择相应的机具设备,并计算所需数量和使用周期;研究确定是采购新设备,或调进现有设备,或在当地租赁设备。

(3)研究确定哪些工程由自己组织施工,哪些分包,提出寻求分包的条件设想,以便询价。

(4)用概略指标估算直接生产劳务数量,考虑其来源及进场时间安排。如果当地有限制外籍劳务的规定,则应提出当地劳务的工种分配。另外,从所需直接劳务的数量,可参照自己的经验,估算所需间接劳务和管理人员的数量,并可估算生活性临时设施的数量和标准等。

(5)用概略指标估算主要和大宗的建筑材料的需用量,考虑其来源和分批进场的时间安排,从而可以估算现场用于存储、加工的临时设施(例如仓库、露天堆放场、加工场地或工棚等)。如果有些地方建筑材料(如砂石等)拟自行开采,则应估计采砂、采石场的设备、人员,并计算出自行开采砂石的单位成本。如有些构件(如预制混凝土构件、钢构件等)拟在现场自制,应确定相应的设备、人员和场地面积,并计算自制构件的成本价格。

(6)根据现场设备、高峰人数和一切生产和生活方面的需要,估算现场用水、用电量,确定临时供电和供排水设施。

(7)考虑外部和内部材料供应的运输方式,估计运输和交通车辆的需要和来源。

(8)考虑其他临时工程的需要和建设方案。例如进厂道路、预制件场地、停车场地等。

(9)提出某些特殊条件下保证正常施工的措施,例如排除或降低地下水以保证地面以下工程施工的措施;冬季、雨季施工措施等。

(10)其他必须的临时设施安排。例如现场保卫设施,包括临时围墙或围篱,警卫设施、夜间照明等;现场临时通讯联络设施等。

第二节 报价的基本组成

国际工程施工承包投标报价的组成参见图6-2。
一、工程直接费
工程直接费是指成为工程实体及工程施工所用的设备、材料和人工费用,具体包括:
(一)人工费

人工费又称劳务费,包括对作业人员的一切津贴和所有的各种支付,其详细计算参考下一节。

(二)材料与永久设备费

前者包括材料及安装部件的采购价格及销售税、使用税、运费、保险费、码头费、关税及其他费用。永久设备费是指成为工程实体一部分的工程设备的采购费用及其他有关费用。详细计算参考下一节。

(三)施工机械费

此为用于施工的机械和重要工器具的折旧等费用,工程建成后不构成业主的固定资产,其内容包括:机械折旧、运输与保险费、关税及杂费、机械购置费、安装拆卸费、修理费、燃料费以及操作人员费等。

二、工程间接费

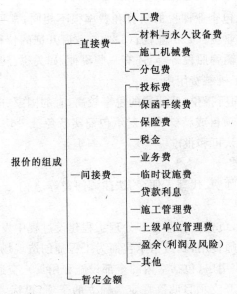

图 6-2 标价的基本组成

此系指上述直接费以外的其他经常性费用。由于国际工程承包市场的不断变化,应根据招标文件的规定对间接费的构成在此基础上进行增删。通常有以下几种:

（一）投标期间开支的费用

这项费用包括购买招标文件费、投标期间差旅费、投标文件编制费等。把这笔费用单列出来,有利于积累投标费用方面的数据。

（二）保函手续费

银行在为承包商出具保函时,都要以保函金额的2‰～5‰按年收取手续费。不足一年按一年计,按照招标文件要求的保函金额和保函有效期,就可算出保函手续费。

（三）保险费

承包工程的保险项目一般有工程保险、第三者责任保险、人身意外保险、材料设备运输保险、施工机械保险等,其中后三项保险的费用一般均应计入人工、材料、机械单价。

1. 工程保险。为了保证在工程建设和维修期间,因自然灾害和意外事故对工程造成破坏而带来的损失能够得到补偿,一般招标文件均要求进行工程保险。中国人民保险公司又将工程保险分为建设工程险和安装工程险,投标者可根据工程实际情况投保其中的一项。

2. 第三者责任保险。在工程建设过程中可能对第三者造成财产损失和人身伤害,为免除赔偿责任,应投保第三者责任险。一般的招标文件都规定了第三者责任险的最低投保额度。

保险费的计算公式:

$$保险费 = 投保额度 \times 保险费率$$

在某些情况下,如若干个独立的承包商受雇于同一工程,或涉及到分阶段移交工程,则可能由业主或规定由总承包商负责工程保险与第三者责任保险,在招标文件中应向投标者说明有关情况和细节。承包商可以根据他的需要,办理其他附加保险,并将有关费用计入间接费中。

(四)税金

不同的国家对外国承包企业课税的项目和费率很不相同,常见的课税项目有:(1)合同税;(2)利润所得税;(3)营业税;(4)产业税;(5)地方政府开征的特种税;(6)社会福利税;(7)社会安全税;(8)养路和车辆牌照税等等。还有一些税种,如关税、转口税等,一般均直接列入相关材料、设备价格和施工机械费用中。

上述各种税中,以利润所得税、营业税的税率较高,有的国家分别达到30%和10%以上。有些国家对某些国有重点项目或特殊项目对承包商实行免征一切税收,这些必须在订合同时明确说明并经有关方面认可和批准。

(五)业务费

这部分费用包括工程师费、代理人佣金、法律顾问费等。

1. 工程师费

工程师是受业主之托,负责工程监督和处理工程建设过程中发生的有关问题,工程师费应由业主支付。此处工程师费用,就是指承包商为工程师创造现场工作、生活条件而开支的费用。主要包括办公、居住用房(包括室内的全部设施和用具)、交通车辆等的费用。有的招标文件对工程师费的具体开支项目明确规定为独立的子项,投标者可照章计算并在标价汇总表里把这笔费用单列。如未规定单列,通常将这笔费用计入业务费。

2. 法律顾问费

承包商往往需要雇用懂得当地法律、对承包工程业务又比较了解的人担当自己的法律顾问,以指导进行涉及当地法律的工作。承包商一般向法律顾问支付固定月工资,当受理重大法律事务时,还需增加一定数量的酬金。

(六)临时设施费

临时设施包括全部生产、生活和办公设施、施工区内的道路、围墙及水、电、通讯设施等,具体项目及数量应在做施工规划时提出。国外临时设施的标准要高一些,计费时应注意。承包国外一般建筑工程,临时设施费约占到直接费的2%~8%,对于大型或特殊项目,最好按施工组织设计的要求——列项计算。

有的招标文件中要求临时设施作为一个独立的工程项目计入总价。这对承包商是有利的,因为在临时设施建设完毕后即可获得付款,可以早收回投入的成本。

(七)贷款利息

承包商支付贷款利息有两种情况。一是承包商本身资金不足,要用银行贷款组织施工;另一种情况是业主一时缺乏资金,要求承包商先垫付部分或全部工程款,在工程开工一段时间或工程完工的若干年内(一般为三、五年)由业主逐步还清。由承包商垫付的工程款,业主也付给承包商一定的利息,但往往低于承包商从银行贷款的利息。因此,在计算报价时就要把这个利息差额考虑进去。

(八)施工管理费

这部分费用包括的项目多、费用额度也大,一般要占到总价的10%以上。费用项目包括:

(1)管理人员和后勤人员工资。这部分人员的数量应控制在生产工人的8%左右。

(2)办公费。包括复印、打字、通讯设备、文具纸张、电报电话费、水电费等。

(3)差旅交通费。指出差、从生产现场到驻地发生的交通等费用。

(4)医疗费。包括全部人员在施工期内的医药费。

(5)劳动保护费。购置大型劳保用品,如安全网等发生的费用。个人劳保用品可计入此项,也可计在人工费中。

(6)生活用品购置费。生活用品指全部人员所需的卧具、餐具、炊具、家具等。

(7)固定资产使用费。这里的固定资产指办公、生活用车、电视机、空调机等。

(8)交际费。从投标开始到完工都会发生这笔费用,可根据当地在这方面的特殊情况,一般最多以总价的1%左右计入。

(9)对分包商的管理费用。应根据分包合同确定。

(九)上级单位管理费、盈余

上级单位管理费(Over-head)是指上级管理部门或公司总部对现场施工单位收取的管理费,但不包括工地现场的管理费;由于各个公司的管理体制不同,计费标准不一,通常约为工程总成本的2%～5%。

盈余(Margin)一般包括利润(Profit)和风险费(Risk)利润对业主来说就是允许的利润,对投标者而言则是计算利润(Calculated Profit)。风险费对承包商来说是个未定数,如果预计的风险没有全部发生,则可能预留的风险费有剩余,这部分剩余和计划利润加在一起就是盈余,如果风险费估计不足,则只有用计算利润来补贴,盈余自然就减少以至成为负值。如果亏损很厉害就不可能向上级交管理费,甚至要上级帮助承担亏损了。在投标时,应根据工程规模及工程所在国实际情况,由有经验的投标者对可能的风险因素进行逐项分析后确定一个比较合理的百分数。

三、分包费

分包费对业主是不需要单列的,但对承包商来说,在投标报价时,有的将分包商的报价直接列入直接费中,也就是说考虑间接费时包含对分包商的管理费。另一种即将分包费和直接费、间接费平行,单列一项,这样承包商估算的直接费和间接费就仅仅是自己施工部分的工程总成本,在估算分包费时适当加入对分包商的管理费即可。

国际上惯用的分包方式有三种:一种是有业主直接将工程划分为若干部分,由业主将这些部分分别发给若干个承包商。这时工地往往有一家主要的承包商负责向其它承包商提供必要的工作条件(如供水、供电)以及协调施工进度等,这家主要的承包商可向业主收取一定的管理费。

另一种是由一家承包商总包整个工程,其它分包商不与业主发生关系,只对承包商负责。承包商将准备分包的工程范围、有关图纸资料以及分包合同条件等准备好,选定若干个分包商,请他们按照规定的日期和要求报价,经过比较分包商们的报价和其它条件(特别是技术水平和资信),选定分包商,并确定报价时的分包费用。

第三种即所谓"指定的分包商",这是指由业主或工程师指定的、或在订合同时规定的分包商,他们将负责某一部分工程的实施,提供材料、设备或其他货物,进行某些服务工作等。

分包费用包含预计要支付给分包商的费用以及分包管理费。分包管理费指在施工过程中对分包商管理所需的费用。分包商使用承包商的有关设施,如使用承包商的临时工程(如混凝土拌和楼)、生活设施(如食堂、保健站)、办公设施、实验室、仓库、风、水、电等,均应另行支付费用。

四、暂定金额

暂定金额(Provisional Sum)有时也叫待定金额或备用金。这是业主在招标文件中明确规定了数额的一笔金额，它实际上是业主在筹集资金时考虑的一笔备用金。承包商在投标时均应将此暂定金额数按投标文件要求列出，并计入工程总报价，但承包商无权自主使用此金额。暂定金额可用于工程施工、提供物料、购买设备、技术服务、指定增加的子项以及其他意外开支等，均需按照工程师的指令决定，可能全部或部分动用这笔款项，也可能完全不用。

第三节 各类基础单价的计算

一、工日基价

工日基价是指国内派出的工人和在工程所在国招募的工人，每个工作日的平均工资。一般来说，在分别计算这两类工人的工资单价后，再考虑工效和其他一些有关因素，以及人数，加权平均即可算出工日工资基价。

国内派出人员费用包括：

(1)国内工资。标准工资一般可按建筑安装工人平均4.5级计算。

(2)派出工人的企业收取的管理费：目前的一般作法是根据项目规模和报价预算等情况经与派出工人的单位商定。

(3)置装费。按热带、温带、寒带等不同地区发放。

(4)国内旅费。包括工人出国和回国时往返于国内工作地点与集中地点之间的旅费。

(5)国际旅费。包括开工时出国、完工后回国及中间回国探亲所开支的旅费。

(6)国外零用费及艰苦地区的补贴。按各公司先行规定计算。

(7)国外伙食费。按各公司情况参照有关规定计算。

(8)人身意外保险费和税金。不同保险公司收取的费用不同，如业主没有规定投保公司时，应争取在国内办理保险。发生在个人身上的税收一般即个人所得税，按当地规定计算。

(9)加班费和奖金。

雇用当地人员费用包括：

(1)日基本工资。

(2)带薪法定节假日、带薪休假日工资。

(3)夜间施工或加班应增加的工资。

(4)按规定应由雇主支付的税金、保险费。

(5)招募费和解雇时须支付的解雇费。

(6)上下班交通费等。

二、材料和设备基价

国际承包工程中材料、设备的来源有三种渠道，即当地采购、我国采购和第三国采购。在实际工作中，采用哪一种采购方式要根据材料设备的价格、质量、供货条件及当地有关规定等确定。国外采购物资的特点是供应商多，商业性强，价格差别大。投标者应向多家询价，货比三家，确定拟采购的材料设备单价。在这三种采购方式中，后两种的价格计算方法类似，现分别介绍如下：

(1)当地采购的材料、设备单价计算。如果当地材料商供货到现场,可直接用材料商的报价作为材料设备单价;如果自行采购,可用下列公式计算:

材料、设备单价=市场价+运杂费+运输保管损耗

(2)在我国和第三国采购材料、设备单价,可用以下公式计算:

材料、设备单价=到岸价+海关税+港口费+运杂费+保管费+运输保管损耗+其他费用

上述(2)中各项费用如果细算,包括海运费、海运保险费、港口装卸、提货、清关、商检、进口许可证、关税、其他附加税、港口到工地的运输装卸、保险和临时仓储费、银行信用证手续费,以及材料设备的采购费、样品费、试验费等。

上述从我国采购材料,尤其是采购水泥、木材、钢材等大宗材料,从供货体制到材料的货源、价格、运输都存在一些问题。但从长远看,利用开展承包国际工程业务带动材料设备出口的方向是对的,可以降低成本,增加外汇收入,还可以推动国内建材、机械工业的发展。

三、施工机具使用费基价

国外承包工程施工机械除了承包商自行购买外,有些还可以租赁使用。如果决定租赁,机具使用费(台班单价)基价就可以根据事先调查的市场租赁价来确定。

自行购买机具的使用费构成包括:

(1)基本折旧费(Depreciation funds)。如果是新购设备,则应考虑拟在本工程中摊销的折旧比率。对于大型施工机具,通常可按五年摊销完,如果本工程工期为两年,则可按直线折旧法、递减余值折旧法、等值折旧法等多种折旧法中选择一种计算。对于一般的中小型机具,或价值较低而又易损的设备、二手设备以及在工程中使用台班较多的机具或车辆等,可以一次性折旧。

(2)安装拆卸费。对于需要拆卸安装的设备,例如混凝土搅拌站等,可根据施工方案可能发生的费用计算。至于设备在本工程完工需拆卸装运至其他工地所需的拆卸和运杂费用,一般计入下一个工程的机具设备费用中,但也可列入本次工程中,由承包商根据情况决定。

(3)维修费。可参考国内的定额估算,工程期间的维修费、配件、工具和辅助材料消耗等,可按定额中规定的比率计入。

(4)机械保险费。指施工机械设备保险费。

(5)燃料动力费。按当地的燃料和动力基价和消耗定额乘积计算。

(6)机上人工费。按工日基价与操作人员数的乘积计算。

以上几种费用中,前四项可按实际采用的设备总数计算,后两项则按台班计算。

四、其他分摊费用

前面已经提到应当注意招标文件的报价要求,研究业主提供的工程量表的编制体系和方法。有些招标项目的工程量表中是有初期费用(或称开办费)一项,这里指正式工程开始之前的各项现场准备工作。如果有这项内容,则应当从招标文件的说明中,搞清楚允许列入这个分项的具体内容;如果报价要求中没有这个分项,则所有初期费用都应与其他管理费用一起摊入到工程量表的计价各分项工程中。因此,下面介绍的几类费用——初期费用、现场管理费和其他待摊费用,它们究竟是单列的或者共同摊入正式工程量价格中,可根据招标文件的规定办理。

(一)初期费用

在不同的招标项目中包括的内容可能不尽相同,但一般包括以下组成部分:

(1)现场勘察费。业主移交现场后,应进行补充测量或勘探,可根据工程场地的面积计算。

(2)现场清理费。包括清除树木、旧有建筑构筑物等,可根据现场考察实际情况估算。

(3)进场临时道路费。如果需要时,应考虑其长度、宽度、和是否有小桥、涵洞及相应的排水设施等计算,并考虑其经常维护费用。

(4)业主代表和现场工程师设施费。如招标文件规定了具体内容要求,则应根据其要求计算报价。

(5)现场试验设施费。如招标文件有具体规定,应按其要求计算;可按工程规模考虑简易的试验设施,并计算其费用,如混凝土配料试块、试验等。而其它材料、成品的试验可送往附近的研究试验机构鉴定,考虑一笔试验费用即可。

(6)施工用水电费。根据施工方案中计算的水电用量,结合现场考察调查,确定水电供应设施,例如水源地、供水设施、供水管网、外接电源或柴油发电机站、供电线路等,并考虑水费、电费或发电的燃料动力费用。

(7)施工机械费。在前面已介绍了施工机具设备的使用费基价,一般可将机具设备的折旧费和安装拆卸费计入本项中。至于燃料动力、操作人工和维护修理等则计入机械台班费用中,摊入各工程单价中。

(8)脚手架及小型工具费。根据施工方案,考虑脚手架的需用量并计算总费用。

(9)承包商临时设施费。按施工方案中计算的施工人员数量,计算临时住房、办公用房、仓库和其它临时建筑物等,并按简易标准计算费用,还应考虑生活营地的水、电、道路、通讯、卫生设施等费用。

(10)现场保卫设施和安装费用,按施工方案中规定的围墙、警卫和夜间照明等计算。

(11)职工交通费。根据生活营地远近和职工人数,计算交通车辆和职工由住地到工地往返费用。

(12)其它杂项。如恶劣气候施工设施、职工劳动保护和施工安全措施(如防护网)等,可按施工方案估算。

(二)现场管理费用

不便列入上述初期费用的其他一切开支,均列入管理费,按一定的系数摊入各项工程量中,下列费用名目是常见的。

(1)投标费用。

(2)保函手续费。

(3)保险费。

(4)税金。

上述(1)~(4)在上节已作了说明。

(5)当地法律顾问、会计师或审计师聘用费。当地法律顾问聘用费的支付方式前面已作了介绍。当地会计师及审计师则可按每会计年度聘用一次,协助审查年度会计帐目,使符合当地财税部门的报表要求,其聘用费用也是按每会计年度支付一次。

(6)管理人员费。根据生产和辅助生产劳务数量按比例(国外工程一般为8%~10%)并结合管理岗位计算管理人员数量,并参照前节所述工日基价计算管理人员工资和费用。如果工程所在国规定必须雇用部分当地的工程技术人员，则根据可能雇佣数量和当地工资水平，计算其总费用。

（7）行政办公费。包括管理部门的文具、纸张、表册、邮电、及办公室家具、器具和日常使用低值易耗品，以及水电、空调、采暖等开支。

（8）生活设施费。如厨房设施、卫生设施、洗澡、环境清洁等设施费用。

（9）交通车辆使用费。办公人员的交通工具（如卧车、面包车等）的折旧、保险、维修和油料费用等。

（10）劳动保护用品等。

（11）办公人员差旅费。在工程所在国和其它国外必要的公务、差旅和津贴费用等。

（12）广告宣传、会议及外事活动和交际费用等。

（13）其它固定资产使用费。如必要时，需购买复印机、计算机、摄相机、照相机及其它仪器等，根据工程规模和工期，可按折旧或一次摊销计算。

（14）竣工清理费用。竣工清理如未列入工程量表，可计入现场管理费中。

（15）其它费用。凡是在"初期费用"中不能列出，而又必须支出的各项非直接费用均可计入，也可总计入一笔不可预见费用。

（三）其它待摊费用

其它待摊费用是指现场管理费用之外的各项费用。它们可以根据不同的合同条件研究确定其比例，也应同现场管理费用一样，摊入工程量表的各细目价格中。

（1）流动资金利息。可根据资金流量计算。承包商只靠工程预付款（当前各国的工程项目预付款一般不超过合同总价的10%），肯定难以维持工程的正常施工，而需要先垫付一笔流动资金；没有预付款的项目，承包商垫付的资金量更大。如果招标文件没有"初期费用"支付的栏目，则流动资金占用的时间是相当长的。这笔流动资金大都是承包商从银行借贷的，因此，应当将流动资金的利息部分计入工程价款中。另外，某些"交钥匙"工程项目或延期付款的工程项目，在最终获得付款之前，几乎要由承包商垫付绝大部分的资金，特别是某些合同规定，延期付款的利息只能从工程竣工交付时计起，这时，承包商必须将建设期间垫付资金的利息全部计入工程成本。

流动资金或其它垫付资金的利息，应当在编制资金流量表的基础上，根据承包商获得的资金来源的利率和资金占用时间详细核算。对于占用时间较长的资金，还应当考虑采用复利方式计算。如果承包商从银行获得的贷款货币与将来获得的付款货币有所不同，承包商还应当考虑到汇率的变化可能带来的风险。至于在竣工后分期分批支付的延期付款，应当在合同中明确规定贷款利率。假若承包商借贷资金的利率高于业主可接受的延期付款利率，则其差额一般也应摊入工程项目报价之中。

对于规模较大、施工周期较长而支付条件又较苛刻的工程项目，流动资金利息可能是一笔相当可观的数目，在投标报价计算时决不可轻率的忽视。

（2）上级单位管理费。除了现场管理外，为保证工程顺利实施，承包商的公司总部和地区办事处也要做大量组织管理工作，提取一定的上级单位管理费是必要和合理的。其比例大小可由公司自行规定。

（3）代理人佣金。可根据代理协议的佣金规定计算列入。

（4）利润。承包商可以事先提出一项预计利润的比率进行计算。由于当前国际建筑市场的竞争激烈,使国际承包商不得不降低自己的预计利润率,有些承包商甚至不惜采用"无利润算标",以求竞争胜标。所谓"无利润算标",就是在计算投标报价时,完全按实际成本报价;中标以后,再想办法将工程分割,并分别转给成本较低的小公司分包,这样,得标的承包商至少可以获得一定比例的管理费用。

(5)风险费和降价系数。国际工程承包本来就是一项风险事业,各种意外不测事件难以完全避免。为应付工程实施过程中偶然发生的事故而预留一笔风险金,有时是必要的。另外,承包商中标后,在议标和商签合同过程中,业主可能还会施加压力要求承包商适当让价。有些承包商在算标时考虑了一个降价系数,这样,在业主议标压价时,虽然适当让步,也不致影响预期利润。这两个方面究竟取多大的值才算合适,很难测算,需根据招标项目具体情况和对竞争对手的报价水平的估计而研究确定。

(6)物价上涨系数。在工期较长的工程总价合同条件下,如果没有调价条款,应当按调查物价上涨趋势确定一个合理系数。

第四节 单价分析与标价汇总

一、单价分析

国际工程承包报价中,工程量表中的分项工程单价是决定投标报价重要因素,与投标的成败休戚相关,在投标前对每个单项工程进行价格分析是必要的。

单价分析(Breakdown of Prices)也可称为单价分解,就是对工程量表上所列各分项单价的分析、计算和确定,或者说是研究如何计算不同分项的直接费和分摊其间接费之后得出该分项的单价。

有的招标文件要求投标者对部分分项要递交单价分析表,而一般的招标文件不要求提交单价分析。但是对于投标者自己在算标时,除去对于很有经验的、有把握的分项以外,必须对工程量大的,对工程本身起决定作用的,没有经验的和特殊的分项进行单价分析,以使投标报价建立在一个可靠的基础上。

单价分析一般列表进行,这里先对每项费用的计算作一说明。

1. 分项工程直接费 A

分项工程直接费 A 包括:

(1)人工费 a_1。有时分为普工,技术工和工长三项,有时也可取平均工日基价。根据人工定额即可求出完成此分项工程量所需总的工时数,乘以每工时的单价即可得到人工费总计,每工时人工费单价的详细计算见前述。

(2)材料费 a_2。根据技术规范和施工要求、材料品种及材料消耗定额,再根据每一种材料的单价即可求出本分项工程每种材料的总价。

(3)永久设备费 a_3。即本分项工程中安装的永久设备费用。

(4)施工机械费 a_4。列出所需的各种施工机械、并参照本公司的施工机械使用定额即可求出机械台时数,再分别乘以相应的机械台时单价,即可得到本分项工程每种机械的总价和全部施工机械的总价。

分项工程直接费 $A = a_1 + a_2 + a_3 + a_4$

与永久设备有关的项目，包括a_3，如每套水轮发电机组（包含采购、安装、调试）的单价分析。而绝大多数分项工程不含永久设备，如每立方米土方开挖单价，每立米混凝土浇注单价，则不含a_3。

整个工程项目的直接费等于所有分项工程直接费之和，以ΣA表示。

2. 整个工程项目间接费B

B应包含一个工程项目所有间接费，即将上一节中所列举的各项间接费分别计算，然后求出总和。

3. 分摊系数η

η系指一个工程项目的所有间接费B与该项目全部直接费ΣA的比值，即

$$\eta = \frac{B}{\Sigma A}$$

4. 分项工程的费用U

U等于一个分项工程的直接费A与分摊到该分项工程中的间接费之和，可以按下式计算

$$U = (1 + \eta)A$$

分摊系数对于国际工程，没有任何规定，国内外间接费的组成内容不尽相同，两者不可攀比，在国外工程间接费中，投标费、保函手续费、税金、工程师设施、代理人佣金、外事活动费、贷款利息等比例较大，要区别情况，据实计算。

二、标价汇总

国际工程承包中一般惯例是业主根据承包商实际完成的工程量付款，所以在工程量表中的分项工程单价为一综合单价，它不但包含的分项工程的直接费而且还应包括各项摊销费用。将各报价分项的工程量与该分项单价相乘即得出该分项工程的费用，将所有各分项工程费用汇总即可得到总标价S，设暂定金额以P表示，则

$$S = \Sigma U + P$$

三、工程定额的选用与修正

下面介绍工程定额选用与修正问题。工程定额即人工定额、材料消耗定额、施工机械台班定额。国外工程究竟怎样选用工程定额，是一个很难解决的问题。工程定额水平太低，标价肯定会提高，有可能使这一报价完全失去竞争力；定额水平太高，虽然报价可以降下来，但在施工过程中达不到这个定额要求时，可能导致亏损。如何选择比较合适的工程定额，在标价计算时应当慎重考虑。

影响工程定额的因素很多，其中较主要的是：施工人员的技术水平和管理水平，机械化程度，施工技术条件，施工中各方面的协调和配合，材料和半成品的加工性和装配性，自然条件对施工的影响等等。应仔细分析国外工程的具体特点，研究其影响工程定额的有利因素和不利因素。在没有现成的国外工程定额可供使用的情况下，可以利用国内的工程定额，并考虑国外工程各种有利的和不利的因素的影响而适当加以修正。

调高工程定额的因素有以下几个方面：

（1）一般来说，从国内派往国外的施工人员都经过适当挑选，其技术水平和熟练程度高于国内平均水平，身体条件也较好，因而劳动效率有可能高于国内工程。如果雇用当地工人，因雇佣人员的素质差别甚大，则需分别不同情况进行具体分析。

(2)国外工程施工的机械化程度一般都较高,特别是大中型工程,不可能大量使用手工劳动,应尽可能提高机械化程度,这对提高劳动生产率是有利的。

(3)国外工程使用的材料,可以要求供货商所供材料货品达到直接用于工程的状态,从而可以减少再加工和辅助劳动。例如砂石供应,可以要求砂石供应商按工程实际所需砂石规格供货到现场,从而可以减少现场筛选、冲洗等辅助工序。国外许多供应商为提高其货品的竞争力,销售服务较佳,他们往往可以完全按承包商的要求供货。例如保证零部件配套,甚至部分组装状态等等,这就有助于承包商提高现场的施工效率,甚至可减少国内工程定额项目中的某些现场工作内容。

(4)国外施工的组织管理比较严密,杂事干扰较少,工时利用率相对增大,而国内工程定额一般都偏于保守,适当提高定额是可能的。

国外工程也有妨碍工效的因素:

1)我国工人初到国外时,对国外的技术标准、材料性能和施工要求还不熟悉,一时难以适应。因此,一般都是初期的工效较低,待基本熟悉后才能提高效率。

2)国外工程的监理制度极为严格,工序之间的质量检查频繁,有些项目甚至要求每道工序都须由工程师审查认可,才能进行下一道工序。如果管理协调不当,将严重影响工作效率。

3)自然条件和气候恶劣(例如中东的高温和潮湿等),也可能影响工效。根据我国公司在国外的实际施工经验,一般认为,国外的工程定额可比国内高一些,但也要根据不同的工程内容进行具体分析。

第五节 国际工程投标报价的实例

一、招标项目工程简介

(一)工程内容

某国某城市近郊新建一条"城市型"公路,长18km,总宽30m,其中街心岛宽3m,每侧汽车道各9m,路侧石及雨水坡0.5m,人行道各4m,即总宽为:$3+(9\times2)+(0.5\times2)+(4\times2)$m。

公路结构:车行道为压实土上铺大块碎石基础层,再铺碎石次面层,而后浇铺有钢筋网的水泥混凝土。人行道为压实土上碎石垫层,再作沥青混凝土面层。

路侧有雨水进水井,经钢筋混凝土管流向铺在街心岛下面的钢筋混凝土干管,人行道外有排水明沟。但道侧的给水管和消火栓,街心岛下的电缆和照明灯柱等,均不属报价范围。

在10km处,有公路桥一座,跨度为15m,钢筋混凝土"T"形梁,上浇钢筋混凝土板。另外,还有双孔涵洞一处,单孔涵洞12处。

公路沿线多系农田和丘陵,因此填方较多,除部分挖方可用于道路的填方外,尚须借土填方。所有填方工程必须分层压实。

(二)招标文件概要

招标文件中有招标书、投标者须知、合同条件、工程量表、技术说明书和工程详图等。

合同规定:应在投标的同时递交投标保函,其金额为投标者报价的2%,有效期为90天。要求签定合同后60天以内开工,开工后22个月竣工。履约保函值为合同价的10%,预付款也为合同价的10%,按同样的比例从每月工程进度付款中扣除。每次付款尚需扣除保留金10%,但保留金总额不超过合同总价的5%,保留金在竣工验收合格后退还,但须递交一份为期一年的相当于合同总价3%的维修期保函。工程材料到达现场并经化验合格后可支付该项材料款的60%,每月按工程进度付款,凭现场工程审定的付款单在30天以内支付。工程罚款为合同总价的0.05%/天,限额不超过总价的5%,为加速进度,经批准后允许两班制工作。

按实测工程量付款,单价不予调整。无材料涨价或货币贬值的调价条款或补偿条款。

施工机具设备可以允许临时进口,应提交银行出具的税收保函(保函值为进口设备值的20%),以保证竣工后机具设备运出境外。各种工程材料均不免税。公司应按政府规定缴纳各种税收,包括合同税、个人所得税和公司所得税等。

(三)现场调查简况

1. 国情调查

工程所在国系发展中国家,政局基本稳定,无战争或内乱迹象,与我国关系基本上是友好的。经济形势基本稳定,货币贬值每年不超过10%,货币基本上可以自由兑换,金融基本上也是稳定的。交通运输方便,工程所在地区距海运港口不过数十公里。但国家工业水平甚低,好在公路工程所需材料均可在当地解决,特别是水泥和钢筋当地均可供应,钢筋混凝土雨水管当地可以制造。

2. 自然条件

气候属于湿热带,除雨季(11月至第二年3月)外均可施工,雨季时较少连续降雨天气,可间断施工。当地无地震等自然灾害,雨季时要注意低地防涝,因此填方和挖沟要尽可能避开雨季。

3. 地区条件

公路在城市近郊,生活条件较好。对于当地工人可以不建生活营地。材料运输方便,附近可供应砂石。公路基层的土壤在填方区需供土,运距约5km。现场中段可租赁地皮设置混凝土搅拌站及预制场。临时水电供应附近可以取得。公路桥一座处于全程的中段,为修造该桥须先修便道,以便运输预制梁及各种建筑材料。

4. 其他条件

当地税收较多,因无免税条件,须缴纳合同税,相当于合同价的4%;公司利润税较高,约35%。工程保险和人身意外险及第三方责任险必须在当地保险公司投保。当地原则上不允许使用外籍劳务。除非特殊工种在当地招聘不到,可向劳工部门和移民局事先申请,获得批准后外籍技术劳务才能入境。外籍高级技术人员较易获得签证入境。

5. 商情调查

经过多种渠道询价或调查,用于公路建设的主要材料决定在当地采购,但应根据工期考虑一定的涨价系数。其中,钢材、油料、沥青等可能受国际价格影响,而砂石、水泥及水泥制品受当地通货膨胀影响。因此,两种不同来源的材料可考虑不同的涨价系数。

当地施工机具比较短缺,尽管偶尔可以租赁到机具,考虑到租赁费高,宜考虑自境外调入或购置。

当地劳务价格不高,引进外籍劳务不仅工资偏高,且须解决工人生活营地问题和入境限制,因此,可决定基本上采用当地劳务,甚至包括机械操作手也在当地招募。当地工程技职人员工资不高,平均工资在400~500美元/月之内。

二、标价计算前的数据准备

(一)核算工程量

原招标书文件有主要工程数量表,经按图纸和说明书校核,业主提供的工程量基本上是正确的,可以作为报价的依据。

其中,有三项属于可供选择的报价,应单独列出:即提供土壤及材料试验设备,也可以利用承包商的自备设备,不另报价;提供工程师办公设施和两套住宅(两年租赁);和工程师用的卧车一辆、四轮驱动越野车一辆以及两年的维修和司机服务。

(二)确定主要施工方案

1. 按主要工程量考虑粗略的工程进度计划

(1)下达开工命令后立即进入现场,合同规定签合同后两个月内开工。应当争取时间在两个月内准备好施工机具,进入现场后用一个月进行临时工程建设,并同时利用已到机具开始推上方和清除填方区表土层。

(2)为便于集中使用不同类型设备,先集中处理土方工程,时间约12个月。而后集中进行垫层和混凝土面层施工,时间约8个月(其中与土石方工程交错2个月)。桥梁工程从第7个月开始,包括预制构件等用一年时间完成。其他工程如人行道,护坡等可在主路工程后期根据劳动力安排交错完成。

(3)最后保留一个月作为竣工移交的时间,并进行可能发生的局部维修工作。

2. 施工方法和施工设备的选择

主要工程量采用机械施工,大致选择方案如下:

(1) 土方挖方。采用120~140马力的推土机推土,能就地回填者直接用推土机回填,余土用1.5~1.9m³装载机装入自卸汽车运至填土区用于填方。公路部分的挖方为$149997+101667=251664 m^3$。

可用于就地填方约1/4,其余须运至远处填方区。考虑其中有1/4就地使用,即可用于远处填方者为$3/4×251664=188748 m^3$。

全部填方需土$340568 m^3$,因此,尚须从别处借土方$340568-188748=151820 m^3$,这部分土方也需使用推土机。

因此,推土机总的推土方量应为$251664+151820=403484 m^3$。

按定额取每台班推土$420 m^3$,采用每日两个台班,每月工作25天计。

需用推土机台数(理论值)为

$$\frac{403484(m^3)}{2(台班/天)×12(月)×25(天/月)×420(m^3/台班)}=1.6(台)$$

拟采用2台,利用系数$1.6/2=80\%$

为挖沟方便,另采用小型挖掘机1台。

(2)土方运输。用8~10t自卸汽车运输。总填方量$340568 m^3$

其中用推土机就地填方量$1/4×251664=62916 m^3$

须运送土方$340568-62916=277652 m^3$

运距平均5km时,运输定额按每台班$60 m^3$计,故需用自卸汽车台数(理论值)为

$$\frac{277652(m^3)}{2(台班/天)×12(月)×25(天)×60(m^3/台班)}=7.7(台)$$

拟采用10台,使用系数77%。

(3)装载设备。按以上类似方法计算采用1.5~1.9m³装载机3台。在土方工程基本完成后,尚可抽调用于混凝土搅拌站。

(4)碾压设备。采用15t振动压路机1台,10t钢轮压路机2台。

(5)平整设备。采用平地机1台。

(6)混凝土搅拌站。在浇灌混凝土路面前,可利用混凝土搅拌站浇制预制构件,如桥用T形梁、路侧石、人行道混凝土预制块(0.5m×0.5m×0.12m)、钢筋混凝土方形桩等。混凝土搅拌站的选择,主要按路面工程量在8个月内完成进行控制。原则上采用两班工作制。路面混凝土工程量为74115m³,理论计算搅拌站能力为:

$$\frac{74115(m^3)}{8(月)\times25(天/月)\times16(h/d)}=23.16(m^3/h)$$

实际采用能力为30m³/h的拌搅站1套,包括水泥立式存储仓1个。另加1台400L的自带动力式搅拌机,以备灵活地在工地需要时作小型流动搅拌站使用。

(7)混凝土运输设备。采用混凝土搅拌汽车(搅拌罐4~6m³)2台。为配合400L搅拌机,另增加小型翻斗车3台。

(8)其它设备。为吊装混凝土管道和桥用T型梁等,选用10t汽车吊一台,小型机具如各种振捣器、砂浆搅拌机等适当配备。工程量表中钢筋加工约570t,可选用钢筋拉直机和钢筋切断机各一台,测量仪器用经纬仪和水平仪各两台。

考虑到打桩数量很少(仅桥梁墩基使用),拟租用设备或委托当地专业公司分包全部打桩工程。沥青混凝土面层(人行道部分)也向外分包。

3. 临时工程

(1)建立混凝土搅拌站。根据材料运输和当地交通条件,选择在公路中段,并靠近桥梁工地附近。该地段不仅交通方便、供水和供电也比较方便。经化验,小河的水可用于搅拌混凝土,可设小型泵站和简易高位水箱,保证生产用水。

(2)工地指挥部也设在搅拌站附近,设工地办公室及实验室(临时板房)共200m²,仓库及钢筋加工棚500m²,驻场技职人员临时住房100m²,其它临时房屋(食堂、厕所、浴室等)150m²。

(3)工地设相应的临时生产设施,如预制构件场地、机具停放场和维修棚、临时配电房、水泵站及高位水箱、进场道路、通讯设施、临时水电线路、简易围墙及照明和警卫设施等。

(三)基础价格计算

1. 工日基价

采用当地工人。按当地一般熟练工月工资150美元,机械操作手月工资200美元。两年内考虑工资上升系数10%(每年上升10%,再考虑用工的平均系数为10%×2(年)÷2=10%)。另考虑招募费、保险费、各类附加费和津贴(不提供住房,适当贴补公共交通费)、劳动保护等加20%。故工日基价为:

一般熟练工 150×1.3÷25=7.8美元/工日
机械操作手 200×1.3÷25=10.4美元/工日

2. 材料基价

基本上均从当地市场采购,根据其报价和交货条件(出厂价或施工现场交货等等)统一转换计算为施工现场价。以水泥价计算举例说明如下：

材料品名：水泥（普通水泥相当于我国标号450号）

包装：散装或袋装

出厂价：60美元/t

运输费：水泥厂运输部用散装水泥车运送40km×0.2美元/t·km＝8美元/t

装卸费：3美元/t

运输、装卸损耗：3‰×(60＋8＋3)＝2.13美元/t

采购、管理及杂费：2‰×(60＋8＋3＋2.13)＝1.47美元/t

水泥到现场价为74.6美元/t。

按此例计算得出材料基价见表6-1。

主要材料基价表　　　　　　　　　　　表6-1

序号	材料名称	单位	运到现场基价（美元）
1	水泥（散装）	t	74.60
2	碎石6cm以上，用于基础垫层	m³	4.50
3	碎石2~4cm，用于次表层	m³	5.50
4	砾石（用于混凝土）	m³	6.00
5	中砂，粗砂	m³	4.50
6	钢筋$\phi6\sim\phi10$	t	430.00
7	变截面钢筋$\phi12\sim\phi22$	t	450.00
8	预制钢筋混凝土管$\phi450$	m	8.50
	$\phi600$	m	12.00
	$\phi900$	m	20.00
9	锯材（模板用）	m³	400.00
10	沥青	t	210.00
11	柴油	kg	0.40
12	水	m³	0.05
13	电	kW·h	0.12
14	铁钉	kg	1.20

3. 设备基价

(1) 设备原价和折旧

列出本工程所需机具设备及规格清单，按不同设备的要求确定其来源，如果是新购设备，则须进行询价；如果有合适的二手设备，其价格合理而且使用状态基本良好，也可以选购，以使本工程报价降低；如果是公司现有设备调入到本工程使用，其价格可以用该设备的残余净值适当加一定增值比例（调运前更换备件和大修理费用等）。

以上所有设备均用到达工程所在国港口价计算，即应包括运费、包装费等，旧有设备尚应包括该设备原所在地发生的运输、出口手续等费用。

再根据本工程占用时间、设备新旧和价格等,并考虑投标竞争的需要,确定在本工程使用的折旧率,算出在本工程中摊销的折旧费。列表即可算出本工程应支付的设备总价款,以及在本工程实际摊销的设备折旧总费用(见表6-2)。

应当指出,这还不是实际应摊销的全部设备费用,在计算设备的台班费时,还应考虑将在本工程中全部摊销的零备件费、维修费、清关和内陆运费、安装和拆卸退场费等。

另外,关于小型工器具费用,可在计算标价时增加一定的系数,不另算设备折旧费。关于试验设备,按招标文件规定,单列工地试验室设备项目,不计入本折旧和机械台班费内。承包商自己设立的实验室及日常费用,可计入间接费中。关于设备的用款利息,可列入设备采购费中,也可列入管理费中。本标计算拟列入管理费中。

(2)设备台班基价及台时价

机具设备的台班基价除应包括上述折旧费外,尚应将下述费用全部摊入本工程的机具设备使用费中。他们包括:设备的清关、内陆运输、维修、备件、安装、退场等,另外再加每一台班的燃料费。现举推土机的机械台班使用费为例计算如下。

新购推土机进口手续费、清关、内陆运输、安装拆卸退场等,按设备原值的5%计,为 $85370 \times 5\% = 4268.5$ 美元。

备件及维修二年按20%计,为17074美元。

机具设备及折旧费表(单位:美元)　　　　　　　　　　　　表6-2

序号	名称	规格	数量	设备状况	到港价	折旧率(%)	本工程摊销设备值
1	推土机	120HP	1	新购	85370	50	42685
2	推土机	120HP	1	调入旧设备	25000	100	25000
3	装载机	1.5m^3	2	新购	106000	50	53000
4	装载机	1.9m^3	1	旧有设备	20000	100	20000
5	小型挖土机	0.5m^3	1	旧有设备	25000	100	25000
6	平地机		1	新购	29200	50	14600
7	振动压路机	160t	1	新购	56000	50	27000
8	钢轮压路机	100t	2	旧有设备	52000	100	52000
9	手扶夯压机		2	新购	6000	50	3000
10	自卸汽车	100t	5	新购	150000	50	75000
11	自卸汽车	100t	5	旧有设备	75000	80	60000
12	汽车吊	100t	1	旧有设备	27500	80	22000
13	混凝土搅拌站	300m^3/h	1	旧有设备	150000	80	120000
14	混凝土搅拌机	400L	1	新购	7000	50	3500
15	混凝土搅拌车	6m^3	2	新购	67000	50	33500
16	钢筋拉直机		1	旧有设备	4000	80	3200
17	钢筋切断机		1	旧有设备	5000	80	4000
18	发电机	50kVA	1	新购	7000	50	3500
19	空压机	90m^3	1	新购	8000	50	4000
20	水泵	4m^3	1	新购	2000	50	1000
21	水车	5m^3	1	旧车改装	12000	100	12000
22	测量仪器		2	旧有设备	6000	50	3000
23	小翻斗车		3	新购	9000	50	4500
	合计				934070		611485

本工程可能使用台班为12月×25天/月×2班/天×0.8(使用系数)=480台班,故每

台班应摊销

$$(42685+4268.5+17074)÷480=133.4 美元$$

另加每台班燃料费 73kg×0.4 美元/kg×1.2(系数)=35 美元
故本台推土机台班使用费为 168.4 美元,或每小时为 21 美元。
同样方法算出另一台旧有推土机的台班费为

$$(25000×1.25)÷480+35.0=100 美元$$

两台推土机平均使用台班费为 (168.4+100)/2=134.2 美元,可取 134 美元/台班或 16.8 美元/工时(均未计人工工资)。

由于各种小型机具设备难以在每个单项工程中计算其使用时间,根据前述机具设备折旧费用表中所列可知,小型机具设备应摊销的费用约 28000 美元(例表 6-2 第 18~23 项)。占大型机具设备摊销的折旧费的比重为 28000/(611485-28000)=0.048≈0.05

故不必细算小型机具设备的台班费,可在作工程内容的单价分析时,在计算大型机具台班费使用费后再增加 5% 即可。

根据上述方法,并考虑各种设备在本工程中可能使用的台班数的不同及其燃料消耗的不同,算出不同设备的台班基价列出如例表 6-3 供计算标价用。

如果业主要求列出按工日计价的机械台时费,可在上述台班基价上,另加人工费及管理费和利润即可。现一并计算出列于表 6-3。

4. 分摊费用及各种计算系数
(1)管理人员费用

1)公司派出的管理人员 10 人,其中,项目经理 1 人,副经理兼总工程师 1 人,工程技术人员 4 人(道路工程师、测量、材料、试验各 1 人),劳资财务 2 人,翻译 2 人。除住房外的生活补贴费用成本按 400 美元/人月计算。

$$10 人×400 美元/人月×24 月=96000 美元$$

机具设备使用台班基价表(美元)　　　　　表 6-3

序号	名称	规格	单位	设备台班基价 (台班)(用于算标)	机具设备使用台时价 (用于报价单的日工价)
1	推土机	120HP	每台	134	25.5
2	装载机	1.5~1.9m³	每台	98	19.5
3	挖土机		每台	95	18.5
4	平地机		每台	85	17.0
5	振动压路机	150t	每台	85	17.0
6	刚轮压路机	100t	每台	73	14.0
7	手扶式夯压机	10t	每台	20	4.0
8	自卸汽车	100t	每台	90	18.0
9	汽车吊	100t	每台	110	21.5
10	混凝土搅拌站	30m³/h	每台	190	36
11	混凝土搅拌机	400L	每台	20	4.0
12	混凝土搅拌车	6m³	每台	100	20.0
13	水车	5m³	每台	90	18.0
14	小翻斗车		每台	20	4.0

2)当地雇员。聘用当地技职人员 6 人(道路工程师、测量、试验、劳资、秘书、材料各 1

人),勤杂员4人(司机2人,服务2人)。技职人员平均工资500美元/人月,勤杂服务人员250美元/人月计算。

(6×500×24)+(4×250×24)=96000美元

3)管理人员住房,公司派出人员租用住宅(4居室独立式住宅2套),每套每月800美元,另加水、电、维修等按20%计。

2×800×24(月)×1.2=46080美元

以上合计为238080美元。

(2)业务活动费用

1)投标费。按实际估算约2500美元。

2)业务资料费。按实际估计约4500美元。

3)广告宣传费。暂计4000美元。

4)保函手续费。按合同总价约1000万美元估算,各类保函银行手续费按0.75%/年计,投标保函金额为投标报价的2%(一次性),预付款保函金额和履约保函各为报价的10%(二年),维修保函为3%(一年),设备临时进口税收保函金额为设备价的20%,因此,保函手续费总值为:

{[1000万×(2‰+10%×2+10%×2+3%)]+(86.7万×20%×2)}×0.75%=(450万+34.68万)×0.75%=36350美元。

5)合同税。按4%计为400000美元。

6)保险费。各类保险费包括工程保险、第三方责任保险及人身事故伤害险等,按当地保险公司提供的费率计算为110000美元。

7)当地法律顾问和会计师顾问费。按当地公司的一般经验,两年内聘用费共20000美元。

8)其它税收。根据当地的所得税规定,暂按利润率为6%,税收为35%计算,暂列入1000万×6%×35%=220500美元。

以上(1)~(8)项合计为752350美元。

(3)行政办公费及交通车辆费

可以按粗略估算方法计算如下:

1) 一般办公费用、邮电费用按管理人员计算20人×20美元/人月×24月=9600美元。

2)办公器具配置费(一次性摊销)20000美元。

3)交通车(两辆越野车、一辆小卧车)按当地市价购置,摊销50%,购置费共42000美元,摊销于本项目21000美元。

4)油料、交通车辆维修及其他活动费开支。油料按每台车两年内行车30000km,维修备件按原值25%计,其他活动费按每月200美元计,共20700美元。

行政办公开支合计71300美元。

(4)临时设施费

1)工地生活及生产办公用房。按当地简易标准平均35美元/平方米计,950平方米×35美元/平方米=33250美元。

2)生产性临时设施。包括临时水电、进场道路、混凝土搅拌站及预制场地、为修小桥须筑一条便道850m(宽5m,土路),按当地简易标准的实际价格计算共148000美元。

3)临时工地试验室仪器(按50%折旧)及经常性试块、土壤等试验(每月100美元)共42400美元。

以上各项临时设施费合计223650美元。

(5)其他待摊费用

1)利息、流动资金虽有付款,由于购置机具设备及有偿占用旧有设备的资金和初期发生的银行保函、保险、合同税、暂设工程等,肯定不敷支出。再加上材料费和工资等,估计总的自筹流动资金至少须120万美元,按年利率10%,用粗略的资金流量预测,利息支出约132000美元。

2)代理人佣金。按当地协议应付合同价的1.5%　　　　　　　150000美元
3)上层机构管理费用按2%计,　　　　　　　　　　　　　　200000美元
4)利润按6%暂计　　　　　　　　　　　　　　　　　　　　600000美元
5)另计不可预见费用1.5%　　　　　　　　　　　　　　　　150000美元
其它待摊费用共　　　　　　　　　　　　　　　　　　　　1232000美元

以上总计待摊费用共为　2517380美元

其中,有的费用(如保函手续费、合同税、保险费等)是假定合同价为1000万美元条件下估算的,有待算出投标报价总价后修正。

以上待摊费用约为总价的25.17%。

为直接费用的 $\dfrac{2517380}{10000000-2517380}=33.64\%$

在下面计算各单项工程内容的单项时,可以先按此系数计算摊销费用。待第一轮计算得出投标总价后,再根据情况适当调整。

(6)其他系数的确定

1)材料上涨系数。前面提出的材料基价是按投标时调查的价格列出的,并未考虑两年工期内价格的上涨因素。从施工方案中的计划进度来分析,可以预计到大量值钱的材料如水泥、钢材等,都是在工期的后半段才使用的,其实际采购价格肯定会受到汇率和通货膨胀使价格上涨的影响。按当地的实际调查,材料涨价率可能为每年10%左右,因材料一般是陆续采购进场的,并集中于中后期,故材料涨价系数可确定为

$$\dfrac{10\% \times 2 \text{年}}{2} \times 1.2 = 12\%$$

式中的分母"2",指两年内均衡进料的平均系数。"1.2"指材料进场偏于中后期而使用的调整系数。

2)风险和降价系数。由于该标竞争激烈,暂不考虑这一系数,待标价算出后分析和权衡中标的可能性再研究确定。

三、单价分析和总标价的计算

1. 单价分析

对工程量表中每一个单项均需作单价分析。影响此单价最主要的因素是采用正确的定额资料。在缺乏国外工程经验数据的条件下,可利用国内的定额资料稍加修正。

这里只以两个单价分析为例:

其一,水泥混凝土路面。(工程量表编号316)这是一项占本工程标价接近一半的主要项目。参照采用国内公路定额,并采用前面计算的工日、材料和设备摊销基价算出直接费用每

立方米为51.29美元,按前述应分摊间接费用占直接费的33.64%计算,最后每立方米路面混凝土为68.54美元。根据搜集到的当地一般结构混凝土价格,与此相近。因此可以判断这一计算是基本正确的。

其二,路侧石与安装(工程量表中编号500)。由于预制构件较小,可采用小型混凝土搅拌机搅拌混凝土预制。采用上例同样方法,可算出每延长米路侧石单价7.836美元。约折合每立方米混凝土60美元。由于混凝土标号比路面低,机械费用也低,因此每立方米的价格比路面混凝土低一些,也是合理的。

采用同样方法,就工程量表中每一单项工程内容列一张如表6-4、表6-5的单价分析计算表,即可算出所有单项工程的价格(鉴于篇幅,除上述两表外,其它均删略)。

单价分析计算表示例之一　　　　　　　　　　　　　　　　　表6-4

工程量表中分项编号	316	工程内容:水泥混凝土路面	单位:m³		数量:74115	
序号		工料内容	单位	基价(美元)	定额消耗量	单位工程量计价(美元)	本分项计价(美元)
1		2	3	4	5	6	7
Ⅰ		材料费					
1-1		水泥	t	74.6	0.338	25.21	
1-2		碎石	m³	6	0.89	5.34	
1-3		砂	m³	4.5	0.54	2.43	
1-4		沥青	kg	0.21	1	0.21	
1-5		木材	m³	400	0.00212	0.85	
1-6		水	m³	0.05	1.18	0.06	
1-7		零星材料	—		—	1.7	
		小计				35.8	
		乘上涨系数1.12后材料价				40.1	2972011.5
Ⅱ		劳务费					
2-1		机械操作手	工日	10.4	0.41	4.26	
2-2		一般熟练工	工日	7.8	0.62	4.84	
		劳务费小计				9.1	674446.5
Ⅲ		机械使用费					
3-1		混凝土搅拌站	台班	190	0.0052	0.99	
3-2		混凝土搅拌车	台班	100	0.01	1	
		小计				1.99	
		小型机具费				0.10	
		机械费合计				2.09	154900.4
Ⅳ		直接费用(Ⅰ+Ⅱ+Ⅲ)				51.29	
Ⅴ		分摊间接费			33.64%	17.25	1278483.7
Ⅵ		计算单价				68.54	
Ⅶ		考虑降价系数(暂不计)					
		拟填入工程量计价中的单价				68.54美元/m³	
		本分项总价68.54×74115=5079842.10美元					

2. 汇总标价

(1)工程价格。将上述所有单价分析表中价格总汇,即可得出第一轮算出的标价(不包括供选择的项目报价及暂定备用金)。用这个标价的总价再回头复算各项管理费用中的特殊费用,特别是那些与总价有关的待摊费用,例如保函手续费、合同税、保险费、税收以及贷款利息、佣金、上级管理费、利润和不可预见费等等,并对管理待摊费用比例作适当调整,用来作第二轮计算。按最后调整计算的结果,可得出汇总的标价工程量表(见表6-6)。此表中各项管理费用的比例已调整为24.80%,管理费用占直接费的比例为 $\frac{24.80}{100-24.80}=32.98\%$。(在表6-4及表6-5中的第V项相应修改为32.98%)。

(2)可供选择的项目报价。对于可供选择的项目报价,因为它们属于一种服务性质,可以在询价基础上,仅增加极少量的必不可少的管理费后报价。这样可使全部报价总数显得相应低些,有利于竞争。

单价分析计算表示例之二   表6-5

工程量表中分项编号	500	工程内容:路侧石制作安装	单位:延长米		数量:73050	
序号	工 料 内 容		单位	基价(美元)	定额消耗量	单位工程量计价(美元)	本分项计价(美元)
1	2		3	4	5	6	7
I	材料费						
1-1	水泥		t	74.6	0.017	1.27	
1-2	碎石		m³	6.0	0.052	0.31	
1-3	砂		m³	4.50	0.324	0.146	
1-4	木材		m³	400	0.0029	1.16	
1-5	铁钉		kg	1.2	0.081	0.094	
1-6	其它零星材料					0.15	
	小计					3.13	
	考虑涨价系数后(1.12)					3.50	255675
II	劳务费						
2-1	机械操作工		工日	10.4	0.055	0.57	
2-2	一般工人		工日	7.8	0.22	1.71	
	劳务费合计					2.28	166554
III	机械使用费						
	小型搅拌机(400L)		台班	20	0.004	0.08	
	其它机具费					0.004	
	机械费合计					0.084	6136.2
IV	直接费用(I+II+III)					5.864	
V	分摊间接费IV×33.64%					1.972	144054.6
VI	计算单价					7.386	
VII	降价系数					(暂不计)	
	拟填入工程量计价单中的单价				7.386美元/延长米		
	本分项总价		7.386×73059=572419.8美元				

1)试验设备和仪器。按招标书中的要求,其设备和仪器与承包商自备的工地试验室相近,因此,此项报价可以免去,仅注明:"免费利用承包商自设工地试验室的设备和仪器",并列出工地试验室的设备仪器清单,表明完全符合标书要求。

2)工程师办公和居住设施。按标书要求,工程师办公室可采用带空调设备的活动房屋两套,并附办公家具等共24500美元,租赁独立式住宅两套,带家具,并使用两年28800美元,两项合计53300美元。

3)工程师所用车辆及服务。按标书要求的车辆在当地询价,增加维修和司机服务共45600美元。

以上报价均已考虑了必须的管理费,例如合同税、佣金、利息、保函手续费和保险费等的增加,但未计利润和不可预见费及其它各项管理费(计入的管理费约10%)。

(3)暂定备用金。完全按标书规定列入。这笔费用是由业主和工程师掌握,用于今后工程变更的备用金。本标为250000美元。

(4)最后汇总标价

按标书的格式填写总价表(见表6-7)

已标价的工程量表　　　　　　　　表6-6

(附:以下系按大项目汇总列出,仅作为示例,详表已删略)

项目编号	工程内容	单位	数量	价格(美元) 单价	价格(美元) 总价
	(一)道路部分				
100	场地清理	m²	539615.00	0.12	604753.80
105	道路及管道土方开挖	m³	149997.00	2.10	314993.70
106	结构土方开挖	m³	101667.00	2.30	233834.10
107-1	填方(利用本工程挖方)	m³	188748.00	2.40	452995.20
107-2	借土填方	m³	151820.00	4.50	683190.00
108	路基垫层(上基层)	m³	159945.00	8.70	1391521.60
200	路基垫层(基础面)	m³	125175.00	7.49	937560.75
316	水泥混凝土面层	m³	74115.00	68.20	5054643.00
406	钢筋(用于路面)	t	494.25	606	299515.50
413-1	φ450钢筋混凝土管道	m	14077.00	13.20	185816.40
413-2	φ600钢筋混凝土管道	m	11230.00	18.20	204386.00
413-3	φ900钢筋混凝土管道	m	17987.00	29.40	528817.80
500	路侧石、雨水坡	m	73050.00	7.836	572419.80
502	浆砌石护坡	m³	2207.00	18.30	40388.10
506-1	雨水干管入孔	个	360.00	160	57600.00
506-2	雨水次干管入孔	个	719.00	98.2	70605.80
511	安全护栏	m	930.00	17.24	16033.20
601-1	双孔涵洞	个	1	4500	4500.00
601-2	单孔涵洞	个	12	2500	30000.00
700	人行道面层(沥青混凝土)	m²	146100.00	1.6	233760.00
	道路部分小计				11377334.75
	(二)桥梁部分				
106-1	结构部分土方(挖方)	m³	882.00	2.10	1852.20
106-2	结构挖方(硬土)	m³	421.00	2.30	968.30
106-3	结构挖方(石头)	m³	130.00	7.60	988.00
110	基础回填	m³	26.00	4.90	127.00
402-1	试验桩	m	58.00	40.00	2320.00
402-2	左岸混凝土桩	m	120.00	40.00	4800.00
402-3	右岸混凝土桩	m	120.00	40.00	4800.00
405-1	桥梁混凝土	m³	703.00	68.20	47944.60
405-2	钢筋(用于桥梁)	t	73.82	635.8	46934.75
406	栏杆	m	120.00	30.00	3612.00
500	浆砌石护坡	m³	453.00	18.30	8289.90
	桥梁部分小计				122636.75
	工程量价格总计				11499971.5

此外,如果招标文件还规定必须填报日工价(即国内的"点工"价)和机械设备台时价,则可将例表6-3中最后一栏摘出填表,日工价可按前述的工日基价加上如前述费用后填报。

工程报价汇总表　　　　　　表6-7

项 目 号	名　　称	价　格　(美元)
报价单Ⅰ	工程部分	11499971.50
	其中,道路部分	11377334.75
	桥梁部分	122636.75
报价单Ⅱ	可供选择项目	98900
	其中,实验仪器设备	免费使用工地实验室
	工程师办公,居住设施	53300.00
	工程师用车辆及服务	45600.00
备用金	暂定备用金	250000.00
总　　价		11848871.50

工程标价构成表　　　　　　表6-8

序　号	工程标价构成内容	金额(美元)	比重(%)
1	工程部分总价	11499971.5	100
2	直接费	8647971.5	75.2
2-1	其中:人工费	1632994.0	14.2
2-2	材料费	5922483.3	51.5
2-3	机械使用费	1092494.2	9.5
3	间接费	2852000.0	24.8
3-1	管理人员费用	238080.0	2.07
3-1-1	公司派出人员费	96000.0	
3-1-2	当地雇员工资	96000.0	
3-1-3	住房租赁等	46080.0	
3-2	业务活动费	900400.0	7.83
3-2-1	投标费	2500.0	
3-2-2	业务资料费	4500.0	
3-2-3	广告宣传费	4000.0	
3-2-4	保函手续费	41400.0	
3-2-5	合同税	460000.0	
3-2-6	保险费	126500.0	
3-2-7	律师会计师费	20000.0	
3-2-8	当地所得税	241500.0	
3-3	行政办公及交通费	71300.0	0.62
3-4	临时设施费	223650.0	1.95
3-5	其他摊销费用	728570.0	6.33
3-5-1	利息	151800.0	
3-5-2	代理人佣金	172500.0	
3-5-3	不可预见费	174270.0	
3-5-4	上级管理费	230000.0	
3-6	计划利润	690000.0	6

四、标价分析资料

为便于领导人员决策,应整理出供内部讨论使用的资料,可列表(见表6-8)。

另外,说明可供选择项目未计利润。仅计入必要的管理费;暂定备用金是按标书要求填报的。

1. 关于机具设备

施工机具设备共38台,共值867070美元。其中新购设备21台共532570美元;选用公司的现有设备17台,其净值为334500美元。其中新设备折旧率约取50%,旧有设备的折旧为100%。因此总的机具设备摊销于本工程的折旧费为611485美元(见表6-2)。故在施工任务完成后,尚有残值255585美元,加上实验仪器设备残值20000美元和交通车辆残值21000美元,均未进入成本,均需占用资金,共约296585美元。即约占本工程利润的43%,将是物化利润资金。

2. 关于材料

说明主要材料的询价和来源的可靠性,说明本标价计算考虑了两年内平均涨价系数12%基本是合理的。

3. 简要分析

利用调查当地类似工程或本公司过去在当地承包的其他工程情况,分析本标价计算可行性和竞争力。例如,由于本工程利用了公司调入现有设备较多,使机械使用费占总标价的比重降低了10%以下;同时,作为当地的外国公司,各种间接费用仅占总标价的25%以下,对于公路工程来说,这都是颇有竞争力的。

如能调查了解到竞争对手们的优势和弱点,综合上述情况,即可分析本标价中标的概率,并作出正确的投标决策。

第六节 报价技巧与决策及投标文件的编制

一、报价技巧

报价的技巧是指在投标报价中采用一些策略与方法,目的是使投标者的报价既能被业主接受,而中标后又能获得更多的利润。

1. 研究招标项目的特点。

投标时,既要考虑自己公司的优势和劣势,也要分析投标项目的整体特点,按照工程的类别,施工条件等考虑报价策略。

(1)一般说来下列情况报价可高一些:

1)施工条件差(如场地狭窄、地处闹市)的工程;

2)专业要求高的技术密集型工程,而本公司这方面有专长,声望也高时;

3)总价低的小工程,以及自己不愿做而被邀请投标时,不便于不投标的工程;

4)特殊的工程,如港口码头工程、地下开挖工程等;

5)业主对工期要求急的工程;

6)投标对手少的工程;

7)支付条件不理想的工程。

(2)下述情况报价应低一些:

1)施工条件好的工程,工作简单、工程量大而一般公司都可以做的工程。如大量的土方工程,一般房建工程等;

2)本公司目前急于打入某一市场、某一地区,以及虽已在某地区经营多年,但即将面临

没有工程的情况(某些国家规定,在该国注册公司一年内没有经营项目时,就撤销营业执照),机械设备等无工地转移时;

3)附近有工程而本项目可以利用该项工程的设备、劳务或有条件短期内突击完成的;

4)投标对手多,竞争力激烈时;

5)非急需工程;

6)支付条件好,如现汇支付。

2. 不平衡报价法

不平衡报价法(Unbalanced bids)也叫前重后轻法(Front loaded)。不平衡报价是指一个工程项目的投标报价,在总价基本确定后,如何调整内部各个项目的报价,以期既不提高总价,不影响中标,又能在结算时得到更理想的经济效益。一般可以在以下几个方面考虑采用不平衡报价法。

(1)能够早日结帐收款的项目(如开办费、土石方工程、基础工程等)可以报的高一些,以利资金周转,后期工程项目(如机电设备安装工程,装饰工程等)可适当降低。

(2)经过工程量核算,预计今后工程量会增加的项目,单价适当提高,这样在最终结算时可多赚钱,而将工程量可能减少的项目单价降低,工程结算时损失不大。

但是上述(1)、(2)两点要统筹考虑,针对工程量有错误的早期工程,如果不可能完成工程量表中的数量,则不能盲目抬高报价,要具体分析后再定。

(3)设计图纸不明确,估计修改后工程量要增加的,可以提高单价,而工程内容说不清的,则可降低一些单价。

(4)暂定项目(Optional Items)。暂定项目又叫任意项目或选的项目,对这类项目要具体分析,因这一类项目要开工后再由业主研究决定是否实施,由哪一家承包商实施。如果工程不分标,只由一家承包商施工,则其中肯定要做的单价可高一些,不一定做的则应低一些。如果工程分标,该暂定项目也可能由其他承包商实施时,则不宜报高价,以免抬高总包价。

(5)在单价包干混合制合同中,有些项目业主要求采用包干报价时,宜报高价。一则这类项目多半有风险,二则这类项目在完成后可全部按报价结帐,即可以全部结算回来,而其余单价项目则可适当降低。

但是不平衡报价一定要建立在对工程量表中工程量仔细核对分析的基础上,特别是对报低单价的项目,如工程量执行时增多将造成承包商的重大损失,同时一定要控制在合理幅度内(一般可在10%左右),以免引起业主反对,甚至导致废标。如果不注意这一点,有时业主会挑选出报价过高的项目,要求投标者进行单价分析,而围绕单价分析中过高的内容压价,以致承包商得不偿失。

3. 计日工的报价

如果是单纯报计日工的单价,可以报高一些。以便在日后业主用工或使用机械时可以多盈利。但如果招标文件中有一个假定的"名义工程量"时,则需要具体分析是否报高价。总之,要分析业主在开工后可能使用的计日工数量确定报价方针。

4. 多方案报价法

对一些招标文件,如果发现工程范围不很明确,条款不清楚或很不公正,或技术规范要求过于苛刻时,只要在充分估计投标风险的基础上,按多方案报价法处理。即是按原招标文件报一个价,然后再提出:"如某条款(如某规范规定)作某些变动,报价可降低多少……",报一个较低的价,这样可以降低总价,吸引业主。或是对某些部分工程提出按"成本补偿合同"方式处理,其余部分报一个总价。

5. 增加建议方案

有时招标文件中规定,可以提出建议方案(Alternatives),即是可以修改原设计方案,提出投标者的方案。投标者这时应组织一批有经验的设计和施工工程师,对原招标文件的设计和施工方案仔细研究,提出更合理的方案以吸引业主,促成自己方案中标。这种新的建议方案可以降低总造价或提前竣工或使工程运用更合理。但要注意的是对原招标方案一定要标价,以供业主比较。增加建议方案时,不要将方案写得太具体,保留方案的技术关键,防止业主将此方案交给其他承包商,同时要强调的是,建议方案一定要比较成熟,或过去有这方面的实践经验。因为投标时间不长,如果仅为中标而匆忙提出一些没有把握的建议方案,可能引起很多后患。

6. 突然降价法

报价是一件保密性很强的工作,但是对手往往通过各种渠道、手段来刺探情况,因此在报价时可以采取迷惑对方的手法。即先按一般情况报价或表现出自己对该工程兴趣不大,到快投标截止时,再突然降价。如鲁布革水电站引水系统工程招标时,日本大成公司知道他的主要竞争对手是前田公司,因而在临近开标前把总报价突然降低8.04%,取得最低标,为以后中标打下基础。采用这种方法时,一定要在准备投标报价的过程中考虑好降价的幅度,在临近投标截止日期前,根据情报信息与分析判断,再作最后决策。如果由于采用突然降价法而中标,因为开标只降总价,在签订合同后可采用不平衡报价的思想调整工程量表内的各项单价或价格,以期取得更高的效益。

7. 先亏后盈法

有的承包商,为了打进某一地区,依靠国家、某财团和自身的雄厚资本实力,而采取一种不惜代价,只求中标的低价报价方案。应用这种手法的承包商必须有较好的资信条件,并且提出的施工方案也先进可行,同时要加强对公司情况的宣传,否则即使标价低,业主也不一定选中。如果其他承包商遇到这种情况,不一定和这类承包商硬拼,而努力争第二、三标,再依靠自己的经验和信誉争取中标。

8. 联合保标法

在竞争对手众多的情况下,可以采取几家实力雄厚的承包商联合起来控制标价,一家出面争取中标,再将其中部分项目转让给其他承包商分包,或轮流相互保标。在国际上这种做法很常见,但是如被业主发现,则有可能被取消投标资格。

二、报价决策

投标报价决策是投标报价工作中的重要一环。是指投标人召集算标人员和本公司有关领导或高级咨询人员共同研究,就标价计算结果进行静态、动态分析和讨论,作出有关调整标价和最终报价金额的决定。标价的静态分析,是在假定初步测算出了暂时标价是合适的情况下,分析标价各项组成及其合理性,通过分析对明显不够合理的标价构成部分进行细致的分析检查,通过提高工效,改变施工方案,压低供应商的材料设备价格和节约管理费等措施,来修定暂时标价,形成另一低标方案,再结合计算利润和各种潜在利润以及承包商能够承受的风险,从而可以测算出最低标价方案,将原暂定标价方案,较低标价方案和最低标价方案对比分析,把对比分析资料整理后提交给有关决策人员进行决策,作为决策人进行决策依据。标价的动态分析,是通过假定某些因素的变化,来测算标价的变化幅度,特别是这些变化对工程计划利润的影响,通过动态分析,向决策人员提供准确的动态分析资料,以便使决策人员了解某些因素的变化所造成的影响。诸如工期延误,物价和工资上涨以及外汇汇率变化,对工程标价和工程利润的影响,以供决策人员进行正确的决策。

为了更好的做好投标报价工作在投标报价决策中应当注意以下问题:

(1)"中标靠低价,赚钱靠索赔"的提法是不值得提倡的。由于当前国际工程承包市场竞争激烈,有些承包商为了承揽到工程,采用以低价拿标,靠索赔赚钱的策略,这方面虽有一些成功的例子,但索赔成功的确不是一件容易的事情,索赔可索但常遇不赔,承包商在处理索赔事件时又不可能不分金额大小都去付诸国际仲裁,把报价建立在没有把握的索赔期望上是一项风险很大的事情,尤其要杜绝自杀性标价竞争项目的现象,必须脚踏实地做工作,绝不能存有任何侥幸心理。

(2)在进行投标决策时,主要决策依据应是自己算标人员的计算书和分析指标,至于其他途径获得的所谓"底标价格"和关于竞争对手的"标价情报"等等,只能作为一般参考,而不能以此为依据。因为所谓的"底标价格"可能是业主多年前编制的预算价格,或者只是从"可行性研究报告"上摘录出来的估算资料,它们同本工程的最后设计文件内容差别极大,毫无比较价值;某些业主为了引诱承包商以更低价格参加竞争,有时故意甚至利用中间人散布所谓的"底标价格",而实际工程成本却比这个"底标价格"高得多。至于竞争对手的"标价情报,有时是竞争对手故意"泄漏"自己的投标报价,引诱对手落进他的圈套,在竞争中被甩在后面。

(3)深入分析竞争对手情况,确定自身与竞争对手的优势和劣势,采用优势劣势对比分析方法,比较各自的优劣势对标价的影响,从而确定自己的报价水平和相应采取的策略,做到"知彼知己,百战不殆"。

(4)重视决策者的素质,提高科学决策质量。科学决策是保证决策质量的前提,决策人员不仅要有强烈的市场竞争意识,超人的谋略和魄力,较强的应变能力和判断力,而且要掌握科学决策的方法,遵循科学决策过程,以作出科学决策。

(5)投标报价人员应当懂得,除非招标文件中明确规定的"本标仅授给最低报价者"一般来说,标价固然是得标的重要因素,但并不是唯一的因素。在投标决策过程中,如果认为自己已不可能在报价方面战胜某些竞争对手,但还可以另辟蹊径,在其他方面发挥优势,争取获得业主的青睐,以求列入议标者的行列,为进一步争取该工程留有余地。

三、编制投标文件

在作出投标决策、确定报价策略后,承包商应重新修正投标价格,按招标文件的要求正确填写,并在规定的投标日期和时间内报送投标文件。投标文件除提供已标价的工程量表以外,承包商还应按招标文件中的要求格式,填写必要的数据和签字。例如确认投标者完全愿意按招标文件中的规定承担工程施工、建成、移交和维修任务,并写明自己的总报价金额;确认投标者接受的开工日期和整个施工期限;确认在本投标被接受后,愿意提供履约保证,其金额符合招标文件等。

如果承包商认为需要写一封详细的致函,对自己的投标报价作必要的说明,如降价的决定等。说明编完报价单后考虑到同业主友好的长远合作的诚意,决定按报价单的汇总价格无条件地降低某一个百分比,总价降到多少金额(应用大写和数字码两种写法),并愿意以这一降低后的价格签订合同。

如果招标文件允许替代方案,且承包商又制定了替代方案,可以说明替代方案的优点,明确如果采用替代方案,可能降低或增加的标价。还应包括比较重要的一点即说明愿意在评标时,同业主进行进一步讨论,使价格更为合理。

写好这份额外的投标致函是十分重要的,它一方面是对自己投标报价作必要的解释,使标书评审者更能理解此报价的合理性,另一方面是借此对本公司的优势和特点作宣传,给评标者和业主以深刻的印象。

对于工程量表,一般要求在招标文件所附的工程量表原件上填写单价和总价,每页均有小计,并有最后的汇总价。工程量表的每一数字均需认真校核,并签字确认。

对原招标文件的合同条件、技术说明和图纸,如果招标文件有要求,则每页均需签字一并交回,每页的签字表示投标者已阅读过,并承认了这些文件。

对于银行出具的投标保函,要按招标文件中所附的格式由承包商业务银行开出,银行保函可用单独的信封密封,在投标致函内也可以附一份复印件,并在复印件上注明"原件密封在专用信封内,与本投标文件一并递交。"

投标时要注意以下问题:
(1)投标文件中的每一要求填写的空格都必须填写,不能空着不填。
(2)填报文件应当反复校对,保证分项和汇总计算均无错误。
(3)递交的全部文件每页均需签字,如填写中有错误而不得不改,应在修改处签字。
(4)最好是用打字方式填写投标文件,或者用钢笔书写。
(5)投标文件应当保持整洁,纸张统一,字迹清楚,装订美观大方,不要给评审人员一种"该公司不重视质量"的印象。
(6)应当按规定对投标文件进行分装和密封,按规定的日期和时间检查投标文件的完整性后一次递交。

总之,要避免由于工作上的漏洞和技术上的缺陷而发生无效投标书的问题。

思 考 题

1. 工程报价的计算方法甚多,各公司可能有自己的习惯和传统方法,但其基本程序大体都是相似的。你认为在基本程序中,哪几项对价格计算的影响最大?在这几项最重要的程序(或步骤)中,应特别注意哪些重点问题?

2. 讨论国际工程施工投标报价中标价的基本组成,并说明各组成项应如何计算。

3. 请讨论对投标报价计算的初步结果进行静态分析和动态分析的重要性。两种分析的目的或意义有何区别?它们分别对调整修正报价和作出决策有何影响?

4. 本章介绍了一些投标报价的技巧,除此之外还有哪些?你认为哪些是经常采用的?哪些是应尽可能避免采用的?

5. 试讨论应如何进行投标报价决策。

第七章 国际工程承包合同管理

本章介绍国际工程承包合同管理的组织机构与内容,重点阐述合同管理中的变更管理、工程计量与支付管理以及合同文档管理的内容,关于风险管理和索赔管理,将在第八章和第九章详细叙述。

第一节 合同管理的组织机构与内容

按合同处理各种事宜,是国际工程承包工作的原则。在项目实施过程中,业主以技术服务合同方式聘用经验丰富的咨询工程师,代表其对项目实施监督管理,他们都是合同管理方面的专家。而承包商在现场施工组织机构中,由于人员配备原因,很少单独设立合同管理职能部门,而是将其与经营核算部门合在一起。因此,承包商在合同管理方面往往是薄弱环节。

一、承包商的合同管理

国际工程承包合同管理是指合同管理部门,根据合同的内容对工程项目的实施过程进行有效管理,按合同的规定顺利完成项目。

(一)承包商合同管理的组织机构

由于工程项目本身的复杂性和施工周期较长的特点,承包商在项目实施过程中,会涉及多种类型的合同,如:施工承包合同,施工分包合同,物资采购合同,运输合同,保险合同等。只要有争端发生,就会涉及到规定双方权利和义务的合同。因此,合同管理在施工项目管理中具有举足轻重的地位,无论是在工程承包公司总部,还是在工程施工现场的项目经理部,都应建立一个合同管理组织机构,并认真培养合同管理方面的人才。

一般工程项目应配备专门合同管理人员,大型工程项目应设立合同管理组或合同管理部。

1.承包公司总部的组织机构

公司总经理下设立工程部、合同管理部、财务部、经营部、行政管理部等职能部门。

合同管理部主要负责公司所有工程合同的管理工作,主要内容包括:

(1) 参与投标报价,对招标文件进行审查和分析;

(2) 收集市场和工程信息;

(3) 参与合同谈判与合同签订,为报价、合同谈判和签约提出意见、建议、甚至警告;

(4) 向工程项目派遣合同管理人员;

(5) 对工程项目的合同履行情况进行汇总、分析,对工程项目的进度、成本和质量进行总体计划和控制;协调各个项目的合同实施;

(6) 处理业主与其他方面的重大合同关系;

(7) 具体地组织重大索赔;

(8) 对合同实施进行总的指导、分析和诊断。

2.项目现场的组织机构

项目经理下设立合同部、财务部、采购部、行政管理部等部门,选择经验丰富人员任各部门负责人及项目工程师、施工队长等。

对小型项目,合同部可并入财务部,或设合同管理员,直接受项目经理的领导。

对一些特大型项目,承包商可聘请合同管理专家或将整个工程的合同管理工作委托给咨询公司。

(二)施工承包合同签订前的管理

施工项目管理是从投标签约阶段开始,经过合同实施,到项目试运行和移交投产使用。合同管理伴随承包商的整个经营过程。

承包商在通过业主的资格预审后,即可购买招标文件,着手编制投标文件。在投标签约阶段,涉及承包商的合同管理文件可分为两部分:一是招标文件中的投标者须知,二是将在施工中采用的合同条件、规范和图纸等。前者对承包商的投标行为产生影响,后者则是对承包商在中标后实施合同项目的履约行为产生影响。

1.投标者须知

投标者须知是约束招标者和投标者在招投标过程中的权利与义务关系的主要文件。因此,承包商在投标过程中应做好以下工作:

(1)严格遵守招标文件中规定的各种时间

1)招标文件澄清的日期;

2)确定外汇汇率的日期;

3)投标有效期的起、止时间;

4)现场考察和标前会议的日期、时间和地点;

5)投标文件提交的截止日期;

6)开标的日期、时间和地点。

7)签订协议和提交履约保证的时间。

上述各种时间在招标文件中都作出具体规定,承包商均应遵守,以避免失去机会和造成违约。如递交投标书截止时间,承包商在递交投标文件时必须注意招标方的法定节假日和上下班时间,以免因迟到而遭拒绝,为安全起见,可提前1-2天提交标书。

(2)满足投标文件实质性响应要求

(3)了解投标文件的修改和撤消规定

(4)深入分析研究招标文件

包括招标文件的质询;在投标过程中可能遇到的风险等。

(5)签订合理的承包合同

在签订承包合同之前,业主可能选择少数几个承包商进行有条件的谈判,承包商应在开标后,如意识到自己有可能中标,则应制定一套谈判对策,作到知己知彼。在满足投标策略的前提下,确保签定一个公平合理的施工承包合同。为此,在签订合同前应考虑以下几方面:

1)符合企业的经营战略;

2)积极合理地争取自己的正当权益;

3)双方达成的一致意见,要形成书面文件;

4)认真审查合同和进行风险分析;

5)尽可能采用标准的合同范本。

有些国际工程项目,由于某些原因,业主可能先发给中标的承包商一个签订合同的意向函,作为签订正式合同的序曲。但承包商应审查意向函中的内容,并严格按意向函规定的具体内容进行施工准备工作,不可超越其范围,以免因最终未能签订合同而招致损失。意向函一般应包括如下内容:

1)接受投标文件的意向说明;

2)指示进行哪些施工准备工作;

3)在正式接受投标文件前,对已授权进行的各项工作进行支付的依据及所负财务责任的限度;

4)如果未能签订合同,业主应支付承包商由此产生的合理费用的说明;

5)签订正式合同后,意向函将作废;

6)承包商收到意向函后需签署回执。

在收到业主的中标函和合同协议书时,应按招标文件规定的期限,提交履约保证和派出全权代表与业主协商签订合同。

2. 施工承包合同条件、规范和图纸等合同文件

合同条件、规范和图纸是承包商施工的主要依据,同样也是承包商投标合同价的计算依据,因此,在填写工程量表和计算投标合同价格时,认真透彻地分析合同条件、规范和图纸,不仅关系到能否中标,而且关系到中标后,履行合同义务时能否盈利。为此,承包商应在投标阶段做好下列工作:

(1)确定工程项目的实施范围和合同工期。

根据合同文件,确定工程项目的实施范围,确保全部完成合同规定的工作,而且也仅限于完成合同规定的工作。

(2)全面分析所得到的各种合同文件,并将全部疑问列成表,以便提交业主要求给予澄清。

(3)分析合同中哪些条款的内容需要在报价中进行考虑。如承包商的预付款保函手续费用、办理各种保险的费用、施工现场采取安全保护措施和环境保护措施的费用,合同中规定的试验、检验等。

(4)根据招标文件中的工程量表,列出一份详细、可行的工程分项清单。内容包括自己承包实施的分项工程,拟分包出去的分项工程(并确定相应分包商),暂定金额项目。最后一项业主可能在其招标文件中已作出规定,要把它与主要分项工程区别对待。注意分析合同采用的计价和计量方法,合同价格所包括的范围和价格调整的方法,支付方式等。

(5)详细分析合同中潜在的各种风险,并提出具体的应对措施。如通过与业主的谈判,设法降低或转移合同中的风险。

(三)施工阶段合同管理的内容

在项目实施阶段,需要进行管理的合同包括:工程项目承包合同、施工分包合同、物资采购合同、租赁合同、保险合同、技术服务合同及货物运输合同等,因此,合同管理的内容也比较广,但重点应放在承包商和业主签订的工程项目施工承包合同上,它是合同管理的核心,该合同一般由下列几种文件组成:合同协议书、中标函、投标书、合同条件(专用部分)、合同条件(通用部分)、规范、图纸、标价的工程量表等。施工阶段合同管理的内容如下:

1. 确定工作范围

监督各专业施工队,确保其在合同规定的"工作范围"内施工,对超出合同施工范围的工作,及时提出补偿要求。

2. 进度控制

(1)按照工程师已批准的进度计划组织好施工,保证按合同规定的日期完成工程。尤其注意控制各工种的衔接和各分包商的进、出场时间。

(2)合理要求工期延长,更新进度计划。

3. 质量控制

应按照合同规定进行施工,严格进行质量检验和进行工序控制,保证工程质量符合设计标准。

4. 成本控制

施工中,要采取切实可靠的方法,严格控制施工成本,避免浪费,将施工成本控制在施工预算内。

5. 工程变更管理

严格执行咨询工程师下达的工程变更指示,完成变更的工作并取得相应补偿(工期和费用),作好合同的变更管理。主要包括咨询工程师口头变更指示的书面确认,变更谈判(包括变更内容与变更估价),修改与变更内容有关的资料,检查变更工作的落实情况。

6. 工程索赔管理

在索赔事件发生后(如不利的外界障碍和条件,特殊风险等),应及时向工程师发出索赔通知,编写和提交索赔报告,收集各种类型的证据资料,如:文字资料、图片、录象、实物证据等。在具有索赔权的情况下,保障自己的权利不受损失。

索赔管理应包括以下三方面:

(1)承包商与业主之间的索赔和反索赔;

(2)承包商与分包商之间的索赔和反索赔;

(3)承包商与其他方面的索赔和反索赔。

7. 计量与支付管理

根据合同规定的时间,按时向工程师提交月支付报告,并按合同程序进行催款,以适时得到工程款。

8. 价格调整

及时收集国际市场的物价浮动资料,按照合同规定的价格调整方法,适时提出调整工程合同价款的要求。

9. 工程分包管理

监督各分包商按分包合同规定实施和完成分包工作。

10. 合同文档管理

包括合同文件及来往信函的保管,现场记录、照像、录像的保管,并建立施工档案管理体系。

11. 解释合同文件

向咨询工程师澄清合同的有关内容,并负责向承包商内部工作人员解释合同的有关内容。

12. 业主和咨询工程师的责任和义务

业主授予工程师的权力和权力范围;业主应按合同规定提供的施工条件和其他服务;业主的风险等。在实施项目过程中,应督促和协助业主和工程师完成其合同责任和履行合同义务。

13. 工程竣工验收

按合同规定准备竣工验收资料,及时提出验收申请,组织好工程的初步验收和正式竣工验收,保证工程按时移交。

14. 履约保证和工程保险

按合同规定的金额及时提交业主认可的履约保证。承包商应确保投保的险种、金额、保单的有效期符合合同的规定。

(四)承包商合同管理的措施

1. 建立以项目经理为首的项目经理部,设立合同管理小组。

2. 建立合同实施的保证体系,以保证日常工作的顺利进行。

合同实施的保证体系包括:

(1)合同组人员的职责,在对合同进行详细分析的基础上,将合同责任落实到责任人和具体的工作上。如各专业施工队(分包商)责任界限的划分,质量和工期要求,实施中应注意的问题等。在实施合同过程中,要定期进行检查,解释合同内容,同时以经济手段保证完成合同责任。

(2)建立合同管理的工作程序,如各级别文件的审批、签字程序。

(3)建立严格的质量检查验收制度,如每道工序结束后的检查验收,各专业队之间的交接检查,材料进场和使用的检测措施等。

(4)建立报告和行文制度,如合同文件和往来函件的内部、外部运行程序。

(5)建立合同文档管理系统,如各种文件资料的标准化管理,包括规定的格式、准确性要求和便于查询等。

3. 实施动态管理

工程实施中,要进行跟踪监督,收集合同实施的各种信息和资料,并进行整理和分析,将实际情况与合同计划资料进行对比分析。在出现偏差时,分析产生偏差的原因,提出纠偏建议。分析结果及时呈报项目经理审阅和决策。

二、工程师的合同管理

"业主、咨询工程师标准服务协议书条件"中咨询工程师的定义:作为一个独立的专业公司受雇于业主去履行服务的一方以及咨询工程师的合法继承人和允许的受让人。

FIDIC 合同条件中工程师的定义:业主为合同目的而指定作为工程师并在合同条件第二部分保持这一称谓的人员。因此,在 FIDIC 合同条件第二部分要明确填写工程师的公司名称。

在我国上述人员称作监理工程师,但很难用一个恰当的英文词表达。因此,为国际交往的便利,均采用工程师(Engineer)称谓。

(一)工程师组织机构

按照 FIDIC 合同条件进行工程管理,工程师在施工阶段从工程施工组织计划的审查批准开始,便介入项目的全面管理。凡是在施工中有关进度、质量、费用方面的一切信息,都需要在监理过程中进行采集、储存和处理。这就需要采取多层次的组织机构,根据各个监理工作的性质和条件,分配到各层次的机构中,明确各层次机构及其人员的职责,实行不同层次的监督和管理。做到分工明确,层层把关,确保按合同规定完成工程项目。

根据FIDIC《土木工程施工合同条件》,工程师的层次划分为:工程师、工程师代表和助理。关于他们的职责与权力在第四章中已详细叙述。在实际工程项目中,可根据FIDIC原则和具体情况,采用相应的工程师组织机构模式。通常对于工程规模较小、管理较简单的工程,可采用两个层次的组织机构模式;对于规模大、或技术要求较复杂、或涉及较大空间的工程,可采用三级组织机构模式。例如,我国利用世界银行贷款建设某高速公路项目中,设立三个管理层次:总监理工程师、高级驻地监理工程师和驻地监理工程师及其相应的办公室。

(二)合同管理的内容

在工程项目实施阶段,咨询公司涉及管理的合同有业主、咨询公司之间签订的服务协议,咨询公司与各专业公司签订的咨询服务协议,业主、承包商之间签订的工程施工承包合同等。以下主要阐述咨询工程师进行施工承包合同管理的内容。

1. 按承包商的工作进度计划对项目进行进度控制

按FIDIC合同条件规定,工程师在发出中标函后,承包商应在合同规定的时间内向工程师提交一份工程进度计划供其批准。该进度计划对于以下工作的进行是必需的:

(1)材料、设备的采购与供应;
(2)工程师监督工程进度;
(3)工程师安排提供图纸、发布指示等;
(4)确定提出指定分包合同的时间;
(5)协调承包商与其他各方的关系。

2. 工程计量与支付管理

工程计量与支付管理是合同管理的核心,工程师应谨记承包商的每道工序、每一分项工程必须在工程师验收合格后,才能进行计量与支付。对不合格的工序和分项工程,不予计量。在进行计量与支付时,必须遵守合同规定的方法和程序。

3. 工程质量监督与验收

在施工过程中,工程师必须严格按照ISO—9000系列标准和合同规定的其他质量标准,对施工质量进行检查,在承包商提出申请时,对承包商的已完工程进行质量验收,包括阶段验收和整个工程的竣工验收,并对验收合格的工程签字认可。

4. 工程变更管理

无论哪一方提出工程变更请求,工程师均应与各方协商,在达成一致意见后,签发工程变更令,并按合同有关规定进行变更工程的估价。

5. 工程索赔管理

索赔包括工期索赔和费用索赔,处理索赔问题常涉及技术、经济和法律等方面问题,工程师必须按合同规定的索赔程序和方法,公平、合理、及时地解决索赔争议,以便顺利完成合同。

6. 分包管理

分包管理具有两方面的含义,即一般分包合同和指定分包合同。FIDIC合同条件规定:"承包商不得将整个工程分包出去。除合同另有规定外,无工程师的事先同意,承包商不得将工程的任何部分分包出去。"这是合同授予工程师进行工程分包管理的权力,工程师必须依此选择合格的分包商实施分包项目。指定分包与一般分包的主要区别是合同条件中单列"指定的分包商"条款,在承包商无故拖延对指定分包商的支付时,业主有权直接向指定分包商支付分包合同款,并从应支付给承包商的任何款项中扣回。

7. 合同文件的澄清

在构成合同的各个文件出现含糊和歧义时,工程师要进行解释和纠正。并负责向有关各方解释合同,必要时发布书面解释文件。

(三)合同管理的具体方法

咨询工程师在进行合同管理时常采用的方法有发布书面指示、召开施工现场会议和特殊会议、监督记录等。

1. 书面指示和通知

工程师的书面指示将构成合同的一部分,具有法律效力。因此,工程师必须按照合同规定的程序发布书面指示和进行口头指示的书面确认。工程师在项目实施过程中可发布下列书面指示:

(1)开工指示

(2)工程师代表及其助理的任命通知书和权力委托书

(3)临时会议通知

(4)暂停或恢复支付工程款指示

(5)暂停施工和复工指示

(6)工程变更指示

(7)修改进度计划指示

(8)需颁发的其他指示

2. 施工现场会议

第一次现场会议应在中标通知书发出之后,咨询工程师认为合理的时间召开。参加会议的业主、咨询工程师和承包商将协商和检查工程的准备情况,咨询工程师根据会议协商的结果,确定工程开工日期,适时发出开工指示。

在工程进展中,应定期召开现场会议,协调和商讨有关事宜。一般涉及下列内容:检查上次现场会议纪要的执行情况;研究新的短期工程进度计划;承包商到场的施工人员、机械设备和材料情况;技术、财务、合同事宜;以及与有关部门协调事宜;下次会议召开的时间,以及其他方面需解决的问题。

3. 记录

(1)监理日志

工程师应每日记录或指示其代表每日记录施工现场工程进展的具体情况,同时,每周应对承包商的施工进度、施工的质量和技术以及其他方面的问题作出评价。监理日志应制定标准表格供有关人员直接填写。监理日志应记录的具体内容简述如下:

1)现场施工记录,包括:天气状况、施工操作面的部位、人员及机械配备、发生的问题及解决方法、以及其他方面的情况。

2)工程师的工作记录,包括:作出的决定和发出的指示、通知、与他人达成的各种协议、协调现场各方工作的有关内容等。

(2)报表资料

工程师应每月向业主提交一份月报,其内容一般包括:承包商实施合同的基本情况、工程进度、财务、施工现场情况、以及需进一步解决的问题。

(3)来往文件

建立收发文记录,需记录的内容包括:各类正式函件、便函和草图、会议纪要、承包商发来的文件、业主发来的文件、地方当局发来的文件以及其他与工程实施有关的文件。

(4)计量与支付情况记录

计量记录,包括:计量的工程部位、计量过程、计量的方法以及其他与此次计量有关事宜。

支付中常采用的表格包括:支付月报表、费用索赔表、工程变更一览表、计日工一览表、价格调整表、现场材料计量表、财务支付报表、工程进度表等。

(5)质量检验记录

记录的内容:检验的工程名称和部位、完工日期、检验日期、施工单位、检验依据的标准、规范、其他与检验相关的数据资料、检验的结论。

4. 文档管理

工程师的全部文件、来往信函等均应分类归档,便于查询,并应设立专人负责。

(1)一般函件

1)业主的函件

2)承包商的函件

3)咨询工程师内部往来函件

4)会议纪要

(2)支付记录和证书

1)索赔文件。包括承包商的索赔报告,批准的索赔文件,承包商保留进一步索赔权利的文件。

2)计日工和暂定金额。这两个项目的实施均需咨询工程师发布书面指示,同时工程师应说明费率的确定方法。

3)证书。包括中间支付证书(承包商的付款申请和工程师的支付证书)、移交证书、缺陷责任证书、最终证书。

4)价格调整。价格调整依据的资料和调整的方法。

5)其他。如各种结算单据、进度报告等。

(3)合同

1)合同文本;

2)规范,图纸,包括变更的内容;

3)工程变更。

第二节 工程变更管理

任何工程项目在实施过程中由于受到多种外界因素的干扰,都会发生程度不同的变更,它无法事先作出具体预测,而在开工后,又无法避免。因此,变更管理在合同管理中就显得尤为重要,各种标准合同条件,对变更均有明确规定。

变更包括两方面的含义:工程变更和合同文件变更。FIDIC合同条件第51条规定"如果工程师认为有必要对工程或其中任何部分的形式、质量或数量作出任何变更,为此目的或出于任何其他理由,工程师认为上述变更适当时,他应有权指示承包商进行而承包商也应进行下述工作:……"。因此,工程或其中任何部分的形式、质量或数量上的变化,均应视为变更。构成变更的前提条件是工程师必须为变更的内容发出书面变更指示,否则,不能称为变更。

无论在口头,还是在书面交流中,人们将"变更"称为"工程变更",本书仍保持这一说法,即称为"工程变更",但在理解上,应包括上述两方面含义。

一、工程变更原因和引起的问题

1. 工程变更的原因

工程变更产生的原因通常为:

(1) 施工条件的变化

经常是出现不利的自然条件,导致施工现场条件恶化,无法按原方案施工。

(2) 工程范围发生变化

经常是根据业主的要求增加或删减某些工程内容,导致原工程范围发生较大变化。

(3) 设计原因

如设计考虑不周,不能满足工程施工或业主的需要或发现计算错误等。

(4) 合同文件本身缺陷,导致合同变更。如招标文件提供的资料有缺陷。

(5) 工程项目所在国的法律法规的变化。

例7-1 某高速公路项目,业主在采用FIDIC合同条件时,考虑国内现有基建管理范围和方法,取消了合同条款第21条"工程和承包商设备的保险"内容。

咨询工程师在项目实施过程中,参照国际惯例,认为对工程投保有利于保护业主和承包商双方的利益,建议业主修改合同条款。经各方协商,由承包商直接向保险公司投建筑工程一切险和第三者责任险,对原合同条件第二部分中的第21条和23条进行修改。投保的费用由业主承担。

合同修改的方式是由工程师发布工程变更令。由于是合同文件的变更,故业主和承包商又签订补充协议书,明确说明变更的内容和费用承担。

2. 工程变更引起的问题

工程变更导致的直接结果是工程项目费用的增减和工期的变化。

由于工程变更的不可预见性,因此对工程变更进行控制是非常困难的。承包商往往将工程变更视为向业主索赔费用和工期的大好机会,在实施项目过程中,只要发生与原合同不符的工作内容,都想方设法让工程师发布变更指示,使索赔合法化。而业主希望在满足设计和功能要求的前提下,使变更的范围缩小到最低限度,以控制其投资。业主与承包商在主观愿望上背道而驰,这就增大了变更管理的难度,有时会对项目的实施产生不利影响。

二、工程变更方式和程序

1. 工程变更的方式

工程的任何变更都必须获得工程师的批准,工程师有权要求承包商进行其认为是适当的任何变更工作,承包商必须执行工程师为此发出的书面变更指示,如果工程师由于某种原因必须以口头形式发出变更指示时,承包商应遵守该指示,并在合同规定的期限内要求工程师书面确认其口头指示,否则,承包商可能得不到变更工作的支付。

2. 工程变更程序

(1) 提出工程变更

工程师、业主和承包商均可提出工程变更请求。

工程师提出变更多数是发现设计中的不足或错误。工程师提出变更的有关设计内容,可以由工程师承担,也可以指令承包商完成。

承包商提出的工程变更主要是考虑便于施工,同时也考虑在满足项目相同功能要求的前提下,降低工程费用,缩短工期(业主易于接受变更工程的请求)。承包商提出变更时,除说明变更原因外,尚需提交变更后的设计图纸和相应的计算书。

业主提出工程变更,则常常是为了满足使用上的要求。业主提出的变更同样需要说明变更原因,提交设计图纸和有关计算书。

(2) 审查和批准工程变更

对工程的任何变更,咨询工程师必须与项目业主进行充分的协商,最后由工程师作出书面批准。项目业主可以授权工程师一定的批准工程变更的权限(一般是规定工程变更的费用额),在此权限内,工程师可自主批准工程变更,超出此权限则须由业主批准是否进行工程变更。

咨询工程师批准工程变更的原则如下:

1) 变更后的工程不能降低使用标准;

2) 变更项目在技术上可行;

3) 变更后的工程费用业主可以接受;

4) 变更后的施工工艺不宜复杂,且对总工期的影响保持在最低限度。

(3) 编制工程变更文件和发布工程变更指示

一项工程变更应包括以下文件:

1) 工程变更指示,其包含内容如下:

a. 工程变更指示顺序编号及发出日期;

b. 工程项目名称和合同号;

c. 工程变更的原因及详细的变更内容说明;

应说明根据合同的哪一条款发出变更指示;变更工作是马上实施,还是在确定变更工作的费用后实施;承包商要求增加变更工作费用和延长工期;变更工作的内容等。

d. 咨询公司名称;

e. 咨询方授权代表签字;

f. 承包商名称;

g. 承包商授权代表签字;

承包商签字表明其已收到上述变更的详细资料,同时将本变更指示签字后的副本退还咨询公司。

h. 此变更指示抄送的公司名称和人员名单。

2) 工程变更指示的附件;包括:工程量表、工程变更设计图纸和其他与实施变更工作有关的文件等。

(4) 承包商向工程师发出对变更工作索取额外支付的意向通知

这是进行估价的先决条件:必须在发出下列通知之一后,进行变更工作的估价,否则不予估价。

1)由承包商将其对变更工作索取额外付款或变更费率或价格的意图通知工程师。承包商在收到工程师签发的变更指示时,应在指示规定的时间内,向工程师发出该通知,否则承包商将被认为自动放弃调整合同价款的权利。或

2)由工程师将其改变费率或价格的意图通知承包商。工程师改变费率或价格的意图,可在签发的变更指示中进行说明,也可单独向承包商发出此意向通知。

(5)变更工作的估价

确定费率和价格程序:

1)如工程师认为适当,应以合同中规定的费率和价格进行估价。

2)如合同中未包括适用于该变更工作的费率和价格,则应在合理的范围内使用合同中的费率和价格作为估价的基础。

3)如工程师认为合同中没有适用于该变更工作的费率和价格,则工程师在与业主和承包商进行适当的协商后,由工程师和承包商议定合适的费率和价格。

4)如未能达成一致意见,则工程师应确定他认为适当的此类另外的费率和价格,并相应地通知承包商,同时将一份副本呈交业主。

上述费率和价格在同意或决定之前,工程师应确定暂行费率和价格以便有可能作为暂付款,包含在当月发出的证书中。

确定费率和价格时应注意的问题:

1)当合同中规定以多于一种的货币进行支付时,应说明以不同货币进行支付的比例。

2)当合同中某项工作满足下列条件时,可考虑变动该项工作的费率和价格(但在合同相应条款中必须作出规定)。即该项工作的款额超过合同价格的2%,并且该工作实际实施的工程量超出或少于工程量表中规定的工程量的25%以上。

具体运作时,工程师决定是否变动工作的费率和价格。在满足上述条件时,如果工程师认为合同中原来的费率和价格仍适用时,可不必作出变动。

应注意:由工程师重新确定的费率和价格,只是对超出或少于25%的部分按新的费率和价格进行支付,其余部分仍按合同中原来的费率和价格进行支付。

3)变更工作的价格调整。在确定变更工作的费率和价格时,应按合同规定的条件考虑进行价格调整(即考虑由于工程项目所在国的法律变化或国际市场变化,使得施工所需的劳务、生产资料的价格发生变化)。当合同中对变更工作的价格调整范围作出具体规定时,承包商应仔细斟酌。

(6)变更工作的支付

如果承包商已按工程师的指示实施变更工作,工程师应将已完成的变更工作或已部分完成的变更工作的费用,加入合同总价中,同时列入当月的支付证书中支付给承包商。

第三节　工程计量与支付管理

在国际工程承包中,工程的计量与支付管理是项目管理的核心。由于施工承包的方式有多种,因此,采用不同的施工承包合同,其计量与支付的方法应有所区别。本部分结合FIDIC

合同条件的有关内容,阐述单价合同的计量与支付管理方法。

一、工程计量

(一)单价合同中工程量表的构成

工程量表由序言、工程量表和工程量汇总表组成。

1. 序言

序言规定工程量表中每个单项的计量方法和工作范围。一般分为总则和计量细则两部分。

(1)序言总则

规定了工程量表中各工作项目的计量方法、计量单位、精度并对其他有关方面作出说明。一般包括如下内容:

1)计量方法

a. 应说明在项目中,拟采用的土木工程标准计量方法。如英国的"建筑工程量标准计算方法",新加坡的"建筑工程计量标准方法"等。同时说明,如果合同条件与计量方法产生矛盾时,应以合同条件为准。

b. 除非合同另有规定,对所有工作项目只计量净值,而不考虑施工的具体方法和产生的各种损耗。

c. 工程量表中各项工作,应按实际建成后的工程量进行计量。除非合同条款另有规定,否则不应因某项工作数量上的增减,而改变该项工作的单价。

d. 合同中所有工程均采用法定计量单位进行计量。

2)计量单位和计量的精确度

为了便于计量管理,应规定计量采用的单位和相应的符号,制作成表格列入清单序言中。如长度单位采用米、千米,相应的符号为"m"、"km"。

另应注明,用于支付的数字在小数点后应保留几位有效数字。

3)关于合同的其他文件

a. 承包商应注意必须将工程量表与其他合同文件一起阅读,以全面了解与工程有关的标准和规定。

b. 由于其他合同文件的影响使承包商产生的费用,应在投标时填写的工程量表项目单价或价格中予以考虑。承包商由于疏忽或其他原因,未考虑上述因素产生的费用时,则在实施项目时,不得索赔由此产生的额外费用。

4)未定价的工程量表项目

工程量表中的项目均应填入单价或价格。对承包商在投标时没有填写单价和价格的工作项目,将被认为该项目的费用已包括在其他工作项目的单价或价格中,承包商在履行合同时,不得对该项目提出费用索赔。

5)工程量表中各项目填写的单价和价格

a. 完成该项工作所需的全部费用。

b. 包括所有人力、材料、临时工程(除工程量表中已列出的专用临时工程外)、机械设备和管理所需的全部费用,以及承包商的利润。

c. 按照技术规范和设计图纸进行施工的一切费用。

d. 合同条件中规定对承包商的要求以及承包商承担的责任、义务和风险所导致的费用。

　　e.因执行合同中有关文件而产生的费用,包括税金、关税和其他类似费用。

　　6)货币

　　说明在填写工程量表项目的单价和价格时采用的货币。

　　7)暂定金额项目

　　工程中的某些项目,由于资料不充分,在投标时无法对其总价格或工程量作出估计,则将其列入暂定金额项目。

　　暂定金额项目一般是承包商按工程师的指示完成该项目,并提供有关的证明资料,与工程师共同计量,并进行记录和签字认可。

　　(2)计量细则

　　主要规定:每个工作项目包括的工作范围和内容、具体的计量方法和依据、支付方式和条件。如某些包干项目,可按计量时已完成部分占该项目的百分比进行支付或按一定比例支付。

　　例7-2　某高速公路项目,土方工程中场地清理项目的计量细则。

　　工地场地清理计量是测量平面面积,不扣除建筑物、结构物和已有车行道的面积,除非图纸另有说明外,该项目单价包括所有规定的工作:拆毁、破坏和移走施工场地内所有对工程有影响或受工程影响的障碍物,单价也包括对所有被清除的材料运离现场送至倾倒地点。

　　2.工程量表

　　工程量表是对工程项目的分解表,一般按照施工工艺将项目分解成相对独立的工作单项,便于进行计量支付。

　　工程量表中包括项目编号、项目内容说明、计量单位、工程量、单价及金额。

　　3.工程量汇总表

　　工程量汇总表是对工程量表按工程项目的工作内容(一般按分项工程)进行分章,再按章汇总。

　　例7-3　工程量表和工程量汇总表示例如表7-1、表7-2所示。工程量表中第201至213项为工程量汇总表中第200章的内容。

工　程　量　表　　　　　　　　　　　　　　　　　　　表7-1

项目	说　明	单位	数量	单价	金额
201	清理场地 (a)道路工程 (b)取土场	ha ha	14 8		
202	挖根 (a)道路工程 (b)取土场	ha ha	0.5 0.2		
203	除去表土 (a)道路工程 (b)取土场	m^3 m^3	11983 22500		
204	搬运203项除去的表土到堆土场的工程量(暂估数量)	m^3km	34433		
205	挖除不适合的材料(暂估数量)		1000		

续表

项目	说　　明	单位	数量	单价	金额
……	……	……	……		
213	软土处理（暂估金额）	项	1		

工程量汇总表　　　　　　表 7-2

编　　号	说　　明	金额（元）
100	总则	
200	土方工程	
300	排水工程	
400	路面	
500	桩基	
……	……	
1300	房屋建筑	
1400	计日工	

（二）工程计量方法

合同中对各个工程单项规定计量方法主要是考虑在承包商已完成一定工程量后，及时向承包商支付工程款，以维护承包商的利益。

对工程量表中的各个项目，应视其本身性质可采用不同的计量方法。一般采用下述的形象图法、设计图纸法和分解计量法，测量项目实际完成的工程量。其他计量方法则适用于工程量表中的个别项目。

(1)形象图法

该方法是一种现场测量法，以图形表达。即对一些难以用文字表达的计量方法，可用简单图形加简要文字，说明工程的某些部位如何进行计量，该方法简单明了，不易产生文字上的理解错误。如开挖土方量，其断面是按矩形，还是按梯形，可用图简单说明。

(2)设计图纸法

是根据设计图纸进行计量，如混凝土的体积，钢筋的长度，钻孔桩的桩长等应按设计图纸进行计量。

(3)分解计量法

FIDIC 合同条件 57·2 款规定："承包商应在接到中标函后 28 天内将包含在投标书中的每一包干项目的分项表提交给工程师批准。"

按支付惯例，应在承包商完成该项目后，才能进行支付。但一个大的包干项目往往不能在一个月内完成，而需要几个月，甚至半年的时间才能完成，这样承包商就不能及时得到支付，可能会产生流动资金不足而影响施工。因此，该条款不仅是为了掌握承包商包干项目的进度安排，更重要的是为了将包干项目费用按承包商每月实际完成情况分几次支付给承包商。

包干项目分项要考虑便于进度控制和支付，一般是根据其施工工序和施工部位分解为若干子项，按月对完成的子项分别予以支付。

(4)分摊法

分摊法是将工程量表中某些项目的价格,按合同工期分摊到每个月进行计量。这些项目都有一个共同的特点:即项目的费用在合同工期内每月都有发生,作为一个包干项目列入工程量表中,承包商填写包干价格。此方法又可细分为平均分摊法和非平均分摊法。

平均分摊法:如果某一工作项目每月工作量基本均衡,发生的费用基本相同,则可将该项目的总费用平均分摊到合同工期内的每个月进行计量。

如某高速公路项目,工程量表中单列"保养、清洁办公室和住宅设施",承包商填写包干价格,其费用每月都有发生,且发生的金额基本相等,则可采用平均分摊法进行计量。

非平均分摊法:如果某一工作项目每月都发生费用,但每月发生的费用金额差别较大,这种情况下,双方可根据实际情况,商定每月支付的金额。

(5)凭据法

某些工作项目,按合同条件的规定,要求承包商出示该项目发生的凭据,依凭据进行计量支付。

(6)估价法

一般用于购买仪器、设备或交通工具的项目。其在工程量表中,是按项包干计价。在这一个项目中,如果所需购买仪器、设备或交通工具的数量较大,又受施工方案的制约,难以一次购齐。则可根据承包商完成该项目的具体情况,以及该单项的总价,按当时的市场价格估算承包商所完成的数量占总量的百分比,按此百分比将完成部分的款项支付给承包商。

(7)综合法

综合法是指工程量表中的某些项目,同时采用上述两种以上的方法进行综合计量。

(三)工程计量程序

(1)计量通知

当工程师要求对工程的任何部位进行测量时,应适时通知承包商的授权代理人进行计量的工程部位和时间安排。

(2)计量

承包商在收到工程师发出的计量通知后,应立即参加工程师进行的计量并提供工程师所要求的一切资料。在某些情况下,也可由承包商在工程师的监督下进行计量。如果承包商未参加计量,则以工程师进行的或由他批准的计量作为该工程的正确计量结果。

(3)记录和图纸的审查

工程师和承包商在完成计量后,双方应在准备好的计量记录和图纸上签字认可。如果承包商未参加计量,则在工程师提出要求时,承包商应在14天内参加记录和图纸的审查,并在双方达成一致意见后,在其上签字认可。如果承包商审查后认为记录和图纸有误,则应在上述审查后14天内,向工程师提出申诉,工程师应根据承包商的申诉内容进行复查,或予以确认或予以修改。如果承包商在审查后,既不签字认可,又未提出申诉,则上述记录和图纸将被视为承包商默认是正确的,并据此对承包商进行支付。

二、工程支付

(一)支付证书中的费用组成

支付证书中一般包括下列各项费用:

1.已实施的永久工程的价值;

2.工程量表中的任何其他项目的价值,包括承包商的设备、临时工程、计日工及类似项目的费用;

3.投标书中注明的材料及承包商在工地交付的准备为永久工程配套而尚未安装到工程上的工程设备发票价值一定百分比的费用;

4.索赔费用;

5.价格调整费用;

6.工程变更费用;

7.按合同规定承包商有权得到的任何其他费用。如预付款、保留金、迟付款利息和违约罚金等。

(二)工程支付的条件

1.已完成的工作必须质量合格;

2.变更工作必须有工程师的变更指示;

3.支付金额必须大于支付的最低限额;

4.所有工作必须使工程师满意,并符合合同的其他规定。

(三)工程支付的程序

1.中间支付

(1)承包商应在每个月末按工程师指定的格式提交一式六份月报表;

(2)工程师审核并证明到期应支付给承包商的付款金额,并开具中间支付证书;

(3)中间支付证书送交业主;

(4)业主在合同规定的时间内予以支付。

2.竣工支付

(1)颁发整个工程的移交证书之后84天内,承包商向工程师呈交一份竣工报表;

(2)工程师在收到承包商的竣工报表后,应在28天内向业主提交竣工支付证书;

(3)业主在合同规定的时间内予以支付。

3.最终支付

(1)在颁发缺陷责任证书后的56天内,承包商应向工程师提交一份最终报表草案;

(2)承包商根据工程师的要求对最终报表草案进行修改和补充,在与工程师达成一致意见后,编制最终报表,并提交给工程师,同时向业主提交一份书面结清单,一份副本呈交工程师;

(3)在接到最终报表和书面结清单后28天内,工程师向业主递交最终支付证书。

(4)业主应在收到工程师开出的最终支付证书后56天内(或在合同规定的时间内)予以支付。

(四)工程支付款额的确定

1.工程量表中的项目费用

根据该项目工程师核实认可的中间计量结果和承包商填写的单价计算,对没有标价的项目不予支付任何款项。

2.暂定金额项目的费用

暂定金额是为实施计日工和处理意外事件以及其他事项而准备的一笔备用金,是用来解决那些在编制招标文件时尚无法得出结论的问题,如在招标时,业主无法对工程的某个部分做出足够详细的规定,从而不能使承包商在投标时确定其费率和价格,或在招标时不能确定某一具体工作项目是否包括在合同中,或决定为一项工作、货物、材料、工程设备或各种服务从各专业公司分别招标,并将之作为指定的分包合同的内容等。

暂定金额只有在十分必要时才使用。使用暂定金额时,工程师必须为所实施的工作或提供货物、材料、设备或服务向承包商发布指示。

暂定金额项目的支付应注意以下问题:

(1)承包商有权根据工程师的指示和合同的有关规定获得与上述工作相应价值付款。

(2)对指定分包商实施的暂定金额项目,承包商有权获得对指定分包商的监督费用(包括管理费和利润)。

(3)除按投标书中所列的费率或价格进行估价的工作外,承包商应向工程师出示与暂定金额开支有关的所有报价单、发票、凭证和帐单或收据。

暂定金额下计日工的支付原则:

工程师必须为实施计日工工作发布指示。承包商在施工过程中,每天向工程师提交受雇从事该工作的人员姓名、工种、级别和工时的确切清单,以及所需材料和承包商设备的种类和数量清单。同时,在每月末,承包商应向工程师提交一份除上述清单以外所使用的劳务、材料和承包商设备的已标价的报表。如内容正确无误,工程师应在其中一份上签字认可,并退还承包商。上述的清单报表必须完整,否则,承包商将无权获得任何款项。

计日工费用的计价方法如下:

(1)合同中计日工表中的工作项目,应按承包商在其投标书中所确定的费率和价格,向承包商付款。

(2)对于工程量表中没有的计日工项目,应按实际发生的成本加上合同中规定的百分比酬金(即管理费和利润等)支付有关的费用。

在确定计日工费用时,承包商应向工程师提供与支付款额有关的收据和凭证,并且在订购材料之前,向工程师提交订货报价单供其批准。

3. 预付款

预付款是业主支付给承包商用于施工准备的费用。该笔款额是由承包商在投标时,根据业主在招标文件中规定的预付款的额度范围(一般为合同价格的 $5\%\sim20\%$)和承包商本身的资金情况,在投标书附录中填入的金额。预付款可分为动员预付款和材料设备预付款。

(1)动员预付款

一般在承包商已向业主提交获其认可的履约保证和全部预付款价值的银行保函后的14天内,由工程师开具证书支付给承包商:

动员预付款是业主暂付给承包商的一笔费用,当承包商已实施的工程累计金额达到一定的额度后(一般为合同总价的 20%),以冲帐方式由业主从支付给承包商的款项中采取按月均摊的方法予以扣回,均摊期限从开始扣回预付款的月份至合同期满前至少三个月。

(2)材料设备预付款

按照一般合同条件规定,业主只对承包商运到现场并拟用于永久工程上的材料和设备支付材料设备预付款,对于尚未运至现场的承包商定购的材料和设备,或者运至现场,但不是用于永久工程上的材料和设备,则不予支付预付款。

4. 保留金

保留金主要用途是确保承包商在合同期内履行其合同义务,业主从每月支付给承包商的款项中扣留10%(在投标书附录中注明该百分比),直到累计扣留的金额达到合同总价的5%(在投标书附录中规定保留金的限额)为止。

每月的保留金额＝(每月支付给承包商的金额－合同价格调整的费用)×保留金百分比

上式中,合同价格调整的费用参见第7项价格调整部分。

5. 工程变更费用

6. 违约补偿

违约补偿分为业主违约而对承包商补偿和承包商违约而对业主补偿。

(1)由于业主违约而对承包商补偿

1)迟付款利息

按照FIDIC合同条件第60条的规定,如果在工程师签发的中间支付证书送交业主后28天内,或在最终证书送交业主56天内,业主未能向承包商进行支付,则业主应按投标书附录中规定的利率从应付之日起计向承包商支付全部未付款额的利息。如在上述规定的应付款时间期满后的28天内业主仍未支付,则视业主违约。

迟付款利息应在迟付款行为终止后的第一个月的支付证书中予以支付,并按合同规定的外汇比例和汇率支付。

2)承包商产生的其他额外费用

在业主违约的情况下,承包商可提前28天通知业主,并说明将暂停工作或减缓工作速度,业主必须承担由此导致承包商产生的额外费用。如果由于业主违约而终止合同,则业主应赔偿由于终止合同而造成的承包商的任何损失或损害。

(2)由于承包商违约而对业主补偿

1)误期损害赔偿费

由于承包商自身的原因,未能在合同规定的工期内完成合同规定的义务,则承包商应补偿业主由于工期延误而产生的损失。误期损害赔偿费的金额在投标书附录中已做出规定,包括每延误一天的罚款金额(例如为合同价的0·05%)和误期损害赔偿的最高限额(例如为合同价的10%)。

2)未履行合同义务的罚金

如果承包商未能履行合同义务,或未能在合理的时间内遵守工程师的指示,则业主有权雇用他人实施有关工作,并付给报酬。如果工程师认为完成该工作的费用应由承包商承担,则业主可将此费用从随后支付给承包商的款项中扣回。

7. 价格调整和费用索赔

价格调整的费用是指由于费用和法规的变更,导致承包商在实施合同中产生费用的增加或减少,此增加或减少的费用应由工程师在与业主和承包商适当协商后确定,并加入合同价格中或从合同价格中扣除。承包商产生费用的增加或减少是指:

(1)国际市场价格的变化,导致劳务费和(或)材料费或影响工程施工费用的任何其他事项的费用的涨落,而对合同价格增加或扣除相应的金额。该款额应根据合同规定的价格调整公式进行计算。

(2)在投标截止日期前的第28天以后,工程项目所在国发生任何法律法规的变更,导致承包商为履行合同产生上述(1)以外的费用的增加或减少,而对合同价格增加或扣除相应的金额。该金额应由工程师与承包商和业主适当协商后予以确定。

工程师应根据承包商提供的索赔证明资料确定索赔费用。详细内容参见索赔管理部分。

第四节 合同的文档管理

在国际工程承包活动中,双方签定的合同是解决双方争端的主要依据。而每一个工程项目的合同文件都包括大量的、各种类型的文件,其内容繁多,涉及面广。因此,在正式的合同文本中,都对构成合同的各个文件以及各文件的优先次序进行了明确说明。如FIDIC合同条件规定构成合同的各个文件及优先次序为:合同协议书(如已完成),中标函,投标书,合同条件(专用部分),合同条件(通用部分),规范,图纸,以及标价的工程量表。另外,在履行合同义务过程中,还会产生其他构成合同一部分的新文件,因此,合同文档管理是否得当,可以说会对能否顺利完成合同产生重大影响。

根据在实施合同过程中所产生各种文件的性质和用途进行分类归档,一般可分为:合同文本信息类、工程变更类、往来信函类、记事类和项目概况。

一、合同文本信息管理

合同文本信息是指在正式签订施工承包合同时,双方已在合同中作出规定的构成合同的各个文件信息。一般包括:施工承包合同(由合同协议书、中标函、投标书、合同条件、规范、图纸、标价的工程量表等组成);分包合同;保险合同;采购合同;以及其他类型的合同。

合同文本信息管理应以施工承包合同为中心,以合同条件(Conditions of Contract)为重点进行合同文本信息管理。

(一)合同条件

根据在施工中合同条件的应用情况可将合同条件中的各条款进行归类,如FIDIC合同条件其本身已分27部分,但为便于查阅和使用也可按各条款作用将其划分为财务管理条款,质量管理条款,进度管理条款,争端的解决条款和其他条款五大类。前三类又可再细分如下:

财务管理条款分为工程计量条款、付款与结算条款、费用索赔条款、价格调整与工程变更条款、承包商违约条款和涉及承包商责任条款。

质量管理条款分为承包商人员管理条款、现场材料条款、施工及验收条款和缺陷责任期条款。

进度管理条款分为工程进度条款和涉及延期条款。

(二)其他合同文件

包括除合同条件(通用条件和专用条件)以外的所有合同文件,如施工规范和图纸等。

二、工程变更类

工程变更管理是体现合同文档动态管理的重要内容。在实施项目过程中,由于自然条件的制约和人为因素的作用,对原设计做出改变是不可避免的。工程变更的管理主要是对合同文件变更的整个过程进行跟踪管理。

工程变更按实际操作方式可分为承包商提请变更,业主提请变更,工程师的变更建议和工程师的变更指示。每一个工程变更所涉及的内容如下:

(1)工程变更建议方名称、提出变更的内容、时间、送达工程师审阅的时间,工程师必须作出批复的最晚时间。

(2)工程师具体的批复日期和工程师颁发工程变更令的内容、时间。

(3)根据工程师的变更指示,更新合同的有关内容,如合同价格、合同工期、合同图纸等。

三、信息沟通类

实施合同期间,参与项目各方之间的往来信函、文件等,也是构成合同一部分的文件,应按发生的时间和事件的类型作好文档管理。一般包括:发送和接收文件记录,电话信息记录及随后书面确认记录等。

项目的信息沟通管理是为了确保项目的有关信息及时、正确地接收、传播、存贮和最终作出妥善处理。为了达到这一目的应做好以下几点:

1. 制定信息沟通计划

信息沟通计划包括:

(1)详细说明各种信息的流入渠道,即项目信息的来源,收到的时间,信息内容。

(2)详细说明各种信息的流出方向,即信息将流向何人,以及在何时用何种方法传送各类信息。

(3)对分发的每种形式的信息作出详细说明,包括信息的格式、内容、详细程度和采用的符号规定和定义。

2. 信息发送与接收

(1)向外部发送信息,主要指向业主、工程师和有关政府部门发送的信息。承包商必须保证向外部发送的信息正确无误地传送到接收者。

(2)向内部发送信息,其发送方式可分为纵向传递和横向传递,纵向传递是指承包商组织机构内部从上到下和从下到上的信息沟通,横向传递则是指承包商组织机构内部同级之间的信息沟通。

(3)信息接收是指接收来自业主、工程师的各种函件和有关政府部门的信息。可如下分类存档:

1)业主函件;

2)咨询工程师函件;

3)有关当局函件。

3. 进度报告

按照项目管理的一般方法,承包商应向工程师和业主呈报每周、每两周和每月的项目进度状况,以及未来一周或两周的进度安排。因此,承包商的进度管理人员应作好以下工作:

(1)编写进度报告。将收集到的进度资料进行整理分析,再根据接收报告者的具体要求,编写出不同详细程度的进度报告。进度报告应首先报送承包商的项目经理审阅,再呈交给工程师和业主。

(2)进度报告的修改意见。当进度报告在呈交各方审阅后,可能对报告的某些内容进行修改,如某一具体工作的内容,时间安排等。应将这些要求信息传达给相关人员。

4. 项目后期管理

项目后期管理是指从项目竣工验收开始至项目缺陷责任期满止,对项目最终结果进行的检查和验收。此阶段正确、及时的信息沟通,有助于项目按期验收。涉及的主要内容是竣工资料的完整性和规范性要求,工程竣工验收的整体外观要求等。

竣工验收的各项工作在整个项目竣工前已经开始,项目实施期间的阶段性成果都是竣工验收必需的资料,因此,对项目的阶段性成果资料均应整理归档以备后用。

竣工验收时承包商必须向业主移交的资料如下:

(1)土建资料

开工报告;永久工程的坐标位置资料;各种试验报告,测试记录;质量检验和验收记录;原材料、半成品和成品的检验证明(包括出厂证明,现场复检证明资料等)和质量合格证明;施工记录;设计变更资料;质量事故调查报告和处理记录;施工期间永久工程沉陷和变形观测记录;永久工程的使用要求;竣工验收的证明资料;竣工图纸;以及其他有关该项工程的技术资料。

(2)安装资料

设备质量合格证明(包括出厂证明、质量保证书);设备安装记录;设备单机运转记录和合格证;管道和设备等焊接记录;管道安装、清洗、吹扫、试漏、试压和检查记录;截门、安全阀试压记录;电气、仪表检验及电机绝缘、干燥等检查记录;照明、动力、电讯线路检查记录;设计变更资料,质量事故调查报告及处理记录;隐蔽工程验收单;竣工验收证明;竣工图等。

四、记事类

主要对每日产生的日常信息资料进行分类归档。一般包括:每日文件的收发信息,材料到场情况,施工日志,工程进展中出现的问题及处理方法等。

五、项目概况

参与项目各方名称、职责、执行状况及项目的简要说明。

思 考 题

1. 各大型工程项目在项目组中都设有合同部,你认为合同部应履行哪些职责?如何认识合同部与其它部门的联系?
2. 合同管理包括哪些内容?分析合同管理人员介入项目管理的最佳时间。
3. 构成变更的前提条件是什么?如何确定变更的费率或价格?
4. 工程计量的方法有很多种,请你结合自己的专业特点,分析简便易行的计量方法。
5. 简述进度款的支付程序,如果业主拖期支付工程进度款,承包商可索赔利息的起止时间。
6. 分析文档管理在项目管理中的重要性以及如何进行工程项目的文档管理。

第八章 国际工程风险分析与防范

本章主要介绍国际工程中常见的风险因素、风险辨识和分析方法,风险的回避、减轻、转移、利用等防范措施,以及工程保险知识等。

第一节 风险因素

风险是人们遭遇自然灾害和意外事故的不确定性,风险一旦发生将带来程度不一的破坏性。所谓风险因素(Hazard)是指增加或产生损失频率和损失幅度的条件,它是事故发生的潜在原因,是造成损失的内在或间接原因,就国际工程来说,其中常见的风险因素多体现于政治方面、经济方面、工程方面、公共关系方面以及管理方面,本节将对其一一叙述。

一、政治方面

政治风险常常表现为对一个国家内的所有经营活动都存在的风险。主要有以下方面:

(一) 政局不稳

一个国家的政治局势的不稳定性主要表现在执政党的更换、政权的更迭,政变或兵变、罢工和暴乱,乃至发生内战等等。政局失稳对于经营活动是一大威胁。如过去南也门发生的内战,阿尔及利亚的原教旨主义分子的暗杀活动等曾严重影响了我国承包公司在这些地区的正常经营,带来了巨大的损失。

(二) 国际关系紧张

一个国家的国际关系尤其是与邻国的关系,是影响经营活动的重要因素之一。如工程所在国的国际关系紧张可能招致封锁、禁运和经济制裁;如果与邻国关系恶化,可能发生边境冲突,甚至发生大规模战争。这些情况将直接影响到工程的实施和人员的安全,使工程被迫中断,而蒙受损失。

(三) 与我国的关系

工程所在国与我国的关系是非常重要的因素,如果工程所在国与我国关系友好,在工程实施过程中将会得到各方面的支持和帮助,办事顺利;反之在一些不友好的国家就会碰到一些预想不到的问题。例如在投标竞争过程中甚至会遇到政治性的干预;工程实施过程中也可能在人员出入境、货物运输、工程款支付以及合同争端的处理方面遇到难题,使我国公司的权益受到损害。

(四) 政策开放性

当前国际形势的主流是和平与发展,大多数发展中国家都实行经济开放政策,对于在当地注册的外国公司给予平等待遇。相反有些国家仍然实行闭锁政策,排斥外国公司进入,对外国公司和本国公司实行不平等竞争的"保护性法规",对外国公司采取歧视性措施。在这样的国家实施项目,就会遇到一定的困难和风险。概括起来有以下几个方面:

1. 规定合资公司中外资股份的限制，以保证大部分利益归本国公司。

2. 对本国公司和外国公司招标条件不一视同仁。有些国家规定外国公司投标价格必须比当地公司投标价低若干个百分点才能被授标，或者必须与当地公司联合才能参加投标。对外国公司的劳务、材料、设备的进入也附加种种限制。

3. 有些国家对本国公司和外国公司实行差别税收，以保护本国利益。对承包商来讲，经常面对的是工程所在国对外国承包商所实行的种种歧视政策。常常被索要税法规定以外的费用或种种摊派，或者受到该国公务人员在执法过程中排外情绪的影响，构成承包商潜在的风险因素。

4. 对外国公司强制保险。

（五）权力机构腐败现象

如果工程所在国的权力机构存在腐败现象，对工程项目的管理营私舞弊，必将导致企业间公平竞争的原则被破坏，造成国家经济秩序混乱，投资环境和经营条件恶化。这样就必然会使国际工程公司的正常工作受到干扰和破坏，并往往因此而蒙受损失。

二、经济方面

这里的经济风险是指工程所在国的经济实力、经济形势及解决问题的能力可能给国际工程公司带来的不利影响。主要有以下方面：

（一）通货膨胀

通货膨胀是一个全球性问题，在某些发展中国家更为严重。通货膨胀可能使工程所在国工资和物价大幅度上涨，幅度往往超过承包商预见。如果合同中没有调价条款或调价条款写得太笼统，必然给承包商带来风险，如果承包商最初签定了"固定总价合同"，则损失更大。

避免通货膨胀带来的损失，不仅要考虑工程所在国的物价水平，而且要全面考虑国际市场上材料、设备的价格上涨情况及当地货币的贬值幅度，掌握国际市场物价浮动趋势。

（二）外汇风险

一般来说，业主希望支付承包商工程所在国的货币作为工程款，而承包商希望得到能保值的硬通货，最后在支付条款中往往双方都作出让步。通常在招标文件中业主对硬通货比例作出规定。

外汇风险涉及面很大，工程承包中常遇到的外汇问题有：工程所在国外汇管制严格，限制承包商汇出外币，有时汇出外币用以购买材料、设备也受限制；外汇浮动，当地币贬值，从而使承包商赚取的当地币，由于在签订合同时没有规定固定的汇率蒙受很大损失；有的业主对外币延期付款，而利率很低，但承包商向银行贷款利率较高，因而倒贴利率差；有时合同中外汇比例太低，不够使用；或是订合同时选定的外汇贬值等。

（三）物价上涨与价格调整风险

物价上涨风险是最常遇到的风险，几乎在世界上任何国家都不能例外，而一些发展中国家则更为严重。物价上涨风险表现为多种形式：

如固定总价合同，虽然投标时考虑了各种物价上涨因素，但对这些因素很可能估计不足；有时合同中没有价格调整公式，或仅有外币价格调整公式而无当地币价格调整公式；有时虽有价格调整公式，但是包含的因素不全，或有关价格指数不能反映物价上涨实际情况，有的调价方法有限制性规定（如几个月后才调价）等。

（四）业主支付能力差

业主资金不足，支付能力差，以各种形式拖欠支付，如拖延每月支付而合同中未有拖延支付如何处理的规定；或虽然有业主拖延支付时应支付利息的规定，但利率很低；或业主找借口拖延签发变更命令而使新增项目得不到支付；或业主在工程末期拖延支付最终结算工程款与发还保留金等。

（五）工程师的拖延和减扣

由于工程师工作效率低，拖延签署支付；或是工程师过于苛刻，有意拖延支付，或找借口减扣应支付的工程款；特别是对"包干"项目，在项目未完成前拒绝支付或支付的比例很少等。工程师的拖延签署或减扣必然导致业主对承包商支付的拖延和减少。

（六）海关清关手续繁杂

有时承包商在合同执行过程中，大量物资需从国外进口，一方面，有的承包商不了解当地法规、政策；另一方面有些国家清关手续繁杂，海关办事效率低，工作人员作风不廉洁，以致造成物资供应不及时，影响工程施工，甚至造成工程拖期。

（七）分包

分包风险应从两方面分析：即作为承包商选择分包商可能出现的风险与作为分包商被总承包商雇佣时可能出现的风险。

承包商作为总包商选择分包商时，可能会遇到分包商违约，不能按时完成分包工程而使整个工程进度受到影响的风险，或者对分包商协调、组织工作做得不好而影响全局。特别是我国承包商常把工程某些部分分包给国内有关施工单位，合同协议职责不明确，风险责任不清，容易相互推诿。有时分包单位派出人员从领导干部到个人的素质无法审查，也是造成经营管理不善的原因。

如果一个工程的分包商比较多，则容易引起许多干扰和连锁反应。如分包商工序的不合理搭接和配合；个别分包商违约或破产，从而使局部工程影响到整个工程等；

相反，如果作为分包商承揽分包工程，遇到总包商盲目压价，转嫁合同风险或提出各类不合理的苛刻的条件要求分包商接受，也将使分包商处于被动地位。

（八）没收保函

在国际承包工程中，当事一方为避免因对方违约而遭受损失，通常要求对方提供可靠的担保，这是国际上公认的正常保障措施。而对于我国承包商来说，对保函业务不太熟悉，很容易在这方面遭到风险损失。实际上，有些风险是由于承包商不慎违约造成的结果，也有一些是业主的无理索款，甚至是欺诈行为造成的。这方面承包商可能遇到的风险有：

1. 业主凭保函无理取款。这类风险通常发生在履约保函和维修保函上。有时是由于业主方面原因而造成承包商无法正常履约（如战争或业主未能按时支付工程款），而业主却借此向银行提取保函款。

2. 承包商只能限于原先报价。如投标保函是防止承包商中途撤标或中标后不签约的。但有时，由于投标后物价上涨严重，承包商无法按原价施工，但又不能再提高报价，这时一旦承包商拒绝合同，就面临被没收保函风险。

3. 无条件保函风险。承包商开出无条件保函，使业主容易找借口没收保函。

（九）带资承包的风险

有些合同中，业主明确要求承包商带资承包，即采用先贷款，再支付的方法。但到工程开工后,业主无力支付,致使承包商不能及时收回资金。

还有一些变相的带资承包。如业主以资金紧张为由,不给承包商提供工程预付款,让承包商自己出资解决施工前期中遇到的各种问题;又如业主在合同实行期间长期拖欠工程款或仅付少量利息,使承包商垫付的大量资金无法及时收回等,这在国际工程承包中经常会遇到。

(十) 实物支付

有些合同中,业主提出以实物代替现金支付承包商工程款,这种实物通常在双方谈判期间确定价格和数量,这样对承包商来讲,就要承担实物销售换取现汇抵偿工程成本的风险。

三、工程方面

(一) 地质条件

对于一个工程,特别是大型工程和地下工程,地质地基条件非常重要。一般由业主提供一定数量的地质条件资料,但不负责解释和分析。因而这方面的风险很大,如在施工过程中发现现场地质条件与施工图设计出入很大,施工中遇到岩崩、塌方等引起的超挖超填工作量和工期拖延等。

(二) 水文气候条件

这包括两方面,一方面指对工程所在国的自然气候条件估计不足所产生的问题,如严寒、酷暑、多雨等对施工的影响;另一方面是当地出现的异常气候,如特大暴雨、洪水、泥石流、塌方等。虽然按照一般的合同条件,后一类异常气候造成的工期拖延可以得到补偿,但财产损失很难全部得到补偿。

(三) 材料供应

一是质量不合格,没有质量检验证明,工程师不验收,因而引起返工或由于更换材料拖延工期。二是材料供应不及时(包含业主提供的材料或承包商自己采购的材料),因而引起停工、窝工、有时甚至引起连锁反应。

(四) 设备供应

同样有质量不合格和供应不及时两个问题,还有一个设备不配套的问题,如供货时缺件,或是未能按照安装顺序按期供货或是机械设备运行状况不佳等。

(五) 技术规范

技术规范要求不合理或过于苛刻,工程量表中项目技术说明不明确而投标时未发现。如某公司在中东某国承包某工程时,技术规范要求混凝土入仓温度为23℃,由于投标时间短促,未注意到此问题。实际上该国每年5~10月天气异常炎热,一般室外温度可达45℃以上,承包商经多方努力(如大量采购人造冰、以冰水拌和,晚间预冷骨料等)增加了不少成本,也只能达到28℃,后经过对工程师做工作,取得工程师的谅解,把入仓温度改为不超过30℃。

(六) 提供设计图纸不及时

如由于工程师工作的问题,提供图纸不及时,导致施工进度延误,以致窝工,而合同条件中又没有相应的补偿规定。

(七) 工程变更

包括设计变更和工程量变更两方面。变更常影响承包商原有的施工计划和安排,带来一系列新的问题。在执行变更命令过程中，承包商可向业主要求索赔，把风险转化为利润。

（八）运输问题

对于陆上运输要选择可靠的运输公司，签订好运输合同，防止因材料或设备未按时运到工地而影响施工进度。对于海上运输，由于港口压船、卸货、海关验关等很容易引起时间耽误，影响施工。

（九）外文条款翻译引起的问题

由于翻译不懂专业、不懂合同和招标文件所产生的各种翻译错误而又未被发现。

如某公司在中东承包一工程。翻译将灌注桩打孔时在水中添加的粘土误译成了膨润土，施工时，虽经向监理工程师反复说明，但监理工程师坚持按投标书办事，只好往返千里去邻国购买膨润土，造成不少损失。

四、公共关系方面

（一）与业主的关系

如业主以各种理由为借口，或因其工作效率低下，延误办理承包商的各种材料、设备、人员的进关手续，延误支付，拖延签发各种证书等。

（二）与监理师的关系

如不按进度计划要求发放施工计划图纸、已完工的工程得不到及时的确认或验收、或不及时确认进场材料等。

（三）联营体内部各方的关系

联营体内的各家公司是临时性伙伴，彼此不熟悉，很容易产生公司之间或人员之间的矛盾，配合不协调，影响施工。联营体协议订的不好，如职责、权利、义务等不明确，也会影响合作，联营体责任公司的工作作风和水平也影响工作。

（四）与工程所在国地方部门的关系

这里指工程所在地区的有关政府职能部门，如劳动局、税务局、统计局以至警察局等，如果关系处理不好也会招致麻烦和风险。

五、管理方面

（一）工程管理

这对于有经验的承包商来说通常并不算困难，但若是大型复杂工程，参与实施的分包公司太多，工序错综复杂，加上地质、水文等自然条件发生意外变化，总包商将面临很多风险。比如：协调处理好交叉衔接问题，处理好人际关系、不断更新管理手段，以便保证整个工程的进度。

（二）合同管理

合同管理主要是利用合同条款保护自己，扩大收益，要求承包商具有渊博的知识和娴熟的技巧，善于开展索赔，精通纳税技巧，擅长运用价格调值，不懂得索赔，只能自己承担损失；不掌握纳税技巧，又想逃税，结果只会弄巧成拙；不善于运用价格调值办法，就无法挽回因通货膨胀所造成的损失，招标报价时也会因担心将来的通货膨胀而报高价，从而失去得标机会，所有这一切都会直接或间接地造成经济损失。

（三）物资管理

物资管理直接关系到工程能否顺利地按计划进行，材料能否充足供应，人员能否充分发挥效力等一系列问题。这些问题直接或间接地影响工程效益。物资管理同样要求科学化，既要保证工程的需要，又不能大量囤积材料而使用大笔资金，尤其是资金具有时间价值，材料早购和晚购结果大不一样。

（四）财务管理

财务管理是承包工程获得理想经济效益的重要保证，财务工作贯穿工程项目的始终，任何一个环节的疏忽和差错都可能导致重大风险。就一个具体项目而言，最初的财务工作是筹资，工程筹资的渠道很多，不管采取什么筹资手段都需要周密计划部署，比较不同方案的利弊得失，倘若筹划不当，就会造成损失。财务管理工作的另一个重要环节是收款与支付时机的选择。通常是收款越早越好，而支出应尽量推迟。如果财务管理人员在这方面缺乏清醒意识，则也会不知不觉之中造成损失。

国际工程财务管理还面临成本失去控制的风险。成本失控的原因主要有：报价过低和费用估算错误；难以预见的通货膨胀；项目规模过大，内容过于复杂；技术困难超出预见；工程进度过慢或各环节安排过紧；合同管理不善；劳务费用过高；当地法律法规制约过多；当地基础设施落后；贷款利率过高；材料短缺或供货延误；劳务素质太差；汇率损失；项目经理不胜任；施工计划与现实差距太大等。

第二节 风险分析与评价

国际工程作为一种重要的经济活动，其所面临的风险是客观存在的，不以人的意志为转移。然而，风险并不等于厄运，只要主观上重视风险管理，客观上采取适当措施，往往可以化险为夷，甚至获得较大利益。所以风险管理（Risk Management），就是人们对潜在的意外损失进行辨识，评估，并根据具体情况采取相应的措施进行处理，即在主观上尽可能有备无患或在无法避免时亦能寻求切实可行的补救措施，从而减少意外损失或进而使风险为我所用。而要管理好风险必须首先辨识、衡量进而确认风险。只有确认其有可能发生，才能进行有效防范。

在具体的国际工程活动中，各种风险发生的概率、频率及可能造成的损失的严重性各不相同，有些活动可能潜伏多种风险，但造成损失并不大；有些活动虽然只有一种或两种风险，但其发生的频率高，造成损失的可能性和危害性却很大，因此，在风险管理中对风险的辨识与评价就显得异常重要了。

一、风险的辨识

风险辨识（Risk Identification）是风险管理的第一步，就其工程项目而言，它是对该项目所面临的及潜在的风险加以判断、归类和鉴定风险性质的过程，各种类型的风险威胁着整个项目的运作过程，因此，要成功地实施一工程项目，必须采取有效的方法和途径来识别各种风险，对风险的辨识一方面可以通过感性认识和经验进行判断，但更重要的是依据各种客观的统计，以前类似项目的资料和风险记录，通过分析、归纳和整理，从而发现各种风险的损害情况及其规律性，同时，还尽可能鉴定出有关风险的性质，是可管理风险还是不可管理风险等，以便采取有效的管理措施。

（一）风险辨识步骤

对风险进行辨识包括对所有可能的风险事件来源和结果进行实事求是的调查。风险辨识必须系统、持续，严格分类并恰如其分地评价其严重程度。对风险进行辨识一般分五步：

1. 首先确认不确定性的客观存在

这里强调的是不确定性的客观存在。首先要辨识所发现和推测的因素是否存在不确定性。如果是确定无疑的，则无所谓风险。比如：承包商已知工程所在国的物价高昂而仍然决定投标，并采取相应对策，则物价高昂便不会成为风险。其次，就是确认这种不确定性是客观存在，是确定无疑，而不是凭空想象的。风险辨识的第一步工作就是确认不确定性和它的客观存在。

2. 建立初步清单

建立初步清单是辨识风险的操作起点。清单中应明确列出客观存在的和潜在的各种风险，应包括各种影响生产率、操作运行、质量和经济效益的各种因素。建立清单可采用商业清单办法和通过对一系列调查表进行深入研究、分析而制定。

初步调查清单通常作为风险管理工作的起点，作为确定更准确的清单的基础，多数情况下，清单中必须列出有分析和参考价值的各种数据。

3. 确立各种风险事件并推测其结果，制定风险预测图

根据初步风险清单中开列的各种重要的风险来源，推测与其相关联的各种合理的可能性，包括盈利和损失、人身伤害、自然灾害、时间和成本、节约或超支等方面，重点应是资金的财务结果，然后对每一类风险的不确定性或者说发生的概率与潜在的危害采用二维结构图示，以便更直观地看出各类风险发生概率与潜在危害的关系。如8-1图，曲线距离原点越远，风险越大。

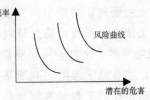

图8-1 风险预测图

4. 进行风险分类

对于风险进行分类具有双重目的：首先，通过对风险进行分类，能加深对风险的认识和理解；其次，通过分类，辨清了风险的性质，从而有助于制定风险管理的目标。风险分类有多种方法，有些人注重于开列清单，不管概率大小和轻重程度，统统罗列；有些人则根据其造成影响的严重程度分类列举；但许多人往往忽视了不同风险事件之间的联系。正确的方法应该是依据风险的性质和可能的结果及彼此间可能发生的关系进行风险分类。这样的风险分类能更彻底地理解风险、预测其结果，且有助于发现与其关联的各方面因素。

5. 建立风险目录摘要

这是风险辨识过程的最后一个步骤：通过建立风险目录摘要，可将项目可能面临的风险汇总并排列出轻重缓急，能给人一种总体风险印象图，而且能把全体项目人员思想统一起来，使每个人不再仅仅考虑自己所面临的风险，而且能自觉地意识到项目的其他管理人员的风险，还能预感到项目中各种风险之间的联系和可能发生的连锁反应，当然，风险目录摘要并非一成不变，风险管理人员应随着信息的变化和风险的演变而对其及时更新。

（二）风险辨识方法

风险辨识非常复杂，需要做很多细致的工作，必须采用科学的方法来完成。

1. 确定风险潜在损失一览表

为辨识风险，必须建立潜在损失一览表。这种潜在损失一览表不能凭几个人的想象制定，一般的做法是以保险公司公布的任何企业都可能发生的所有损失一览表为基础。风险

管理人员在结合某项工程所面临的那些潜在损失,对保险公司公布的一览表中的各项损失予以具体化,从而完善其特定项目的风险一览表。

风险损失一览表通常将风险分为直接损失风险、间接损失风险、隐蔽损失风险、净收入损失风险、责任损失风险和人身损失风险等六类。每类损失风险又包括多个子项风险内容,而各个子项中又包括多项因素。

一览表建立后,通过向有关专家、当事人提出一系列有关财产和经营的问题,以了解相关风险因素,并获得各种信息。值得注意的是,所提出的问题应具有指导性和代表性,所问询的人士应能提供准确的信息,凭主观想象和推测的信息不能作为决策依据。询问面应尽可能广泛些,所提的问题应有一定的深度,还应当尽可能具体些。

2. 分析财务报表,确定特定工程项目可能遭受一览表中的哪些损失,以及在何种情况下会遭受这些损失。因为任何经营活动都与资金财产密不可分,通过分析资产负债表、营业报表及有关补充资料,可以识别企业当前的所有资产、责任及人身损失风险,将这些报表和财务预测、预算结合起来,可以发现未来的风险,对财务报表中所列的各项会计科目都应作深入的研究,并提出研究报告,以确定其可能产生的损失,还应通过一些实地调查并辅之以法律文件和其他信息资料以补充财务资料。

3. 现场考察,这对于风险辨识非常重要,通过直接考察现场可以发现许多客观存在的静态因素,也有助于预测、判断某些动态因素。例如:承包工程,招标前的现场勘察可以使承包商对招标的工程基本做到心中有数,特别是对于工程实施的基本条件和现场及周围环境可以取得第一手资料。现场考察是辨识风险的不可缺少的手段,但承包商还应同时设法获取间接资料,并对所掌握的资料认真研究,去伪存真。

4. 参考统计记录,这对判断在未来有可能重复出现的风险事件极为有益,特别是在招标、报价阶段,查询竞争对手在历次招标中报价记录及夺标概率,对于提高自己投标的命中率,避免因报价而遭致的风险尤为重要。

5. 环境分析

详细分析企业或一项特定的经营活动的外部环境与内在风险的联系,也是认识风险的重要环节,分析外部环境时应着重分析五项因素:项目的资金来源、业主的基本情况、可能的竞争对手、政府管理系统和材料供应情况。

6. 实行外部咨询

鉴于承包商在知识和经验上的局限,进行风险辨识有必要向有关行业和专家进一步咨询,但外部咨询应以自己辨识为主,向外部咨询只是为了进一步完善或核实自己的风险辨识工作,若确实证明自己的判断有误,应立即修正,但不应盲目迷信,不能毫无根据地因外部的不同意见而全盘否定自己。

二、风险分析方法

风险辨识仅能了解和识别风险,要把握风险的准确情况和确切来源,则有必要对其进行深刻的分析。所谓风险分析(Risk Analysis)是指应用各种风险分析技术,用定性、定量或两者结合的方式处理不确定性的过程,其目的是评价风险的可能影响。风险分析是风险辨识和管理之间联系的纽带,是决策的基础。通过风险分析可使项目选定、成本估计和进度方面更现实、可靠;可使决策人更好、更准确地认识风险,了解风险对项目的影响及风险之间的相互作用;有助于决策人制定更完备的应急计划,从而有效选择风险防范措施。国际上对风险的分析已有多年的历史,已总结出诸如调查和专家打分法、层次分析法、模糊数学法、统计和概率法、敏感性分析法、蒙特卡罗模拟法、CIM模型和影响图等方法。本节将对其中一些方法作详细介绍。

(一)调查和专家打分法

这是一种最常见、最简单、易于应用的分析方法。首先,辨识出某一特定工程项目可能遇到的所有风险,列出风险调查表;其次,利用专家经验,对可能的风险因素的重要性进行评价,综合成整个项目风险。专家评价的步骤为:第一步,确定每个风险因素的权重,以表明其对项目风险的影响程度;第二步,确定每个风险因素的等级值,按可能性大小分为"很大、比较大、中等、不大、较小"五个等级,分别以1.0;0.8,0.6,0.4,和0.2分表示;第三步,将每次风险因素的权数与等级值相乘,求出该项风险因素的得分,然后汇总工程项目风险因素的总分,总分越高,风险越大。表8-1中$\Sigma W \times C$表示一个项目的风险程度,称为风险度。

风 险 调 查 表 表8-1

可能发生的风险因素	权数(W)	风险因素发生的可能性(C)					W×C
		很大(1.0)	比较大(0.8)	中等(0.6)	不大(0.4)	较小(0.2)	
政局不稳	0.05			√			0.03
物价上涨	0.15		√				0.12
业主支付能力	0.10			√			0.06
技术难度	0.20				√		0.04
工期紧迫	0.15			√			0.09
材料供应	0.15		√				0.12
汇率浮动	0.10			√			0.06
无后续项目	0.10				√		0.04
							$\Sigma W \times C = 0.56$

鉴于专家打分法中各专家的权威性不一,可根据各种专家在国内外进行国际工程承包工作的经验,是否参加了招标准备,对招标项目所在国及项目情况的了解程度以及其本身知识领域和在招标项目风险分析讨论会上发言的水平,对专家评分的权威性确定一个权重值。该取值建议在0.5至1.0之间,1.0代表专家的最高水平,其他专家取值可相应减小。这样,专家打分下招标项目的最后的风险度为每位专家评定的风险度乘以各自的权威性的权重,所得之积合计以后再除以全部专家权威性的权重之和。比如:假如表8-1为一权威性权重值为0.9的专家打分的结果,那么由该专家评出的该项目的风险度为$0.9 \times \Sigma W \times C = 0.9 \times 0.56 = 0.50$。

调查和专家打分法适用于决策前期,这个时期往往缺乏具体项目的数据资料,主要依据专家经验和决策者的意向,得出的结论是一种大致的风险程度值,是进一步分析的基础。

(二)模糊数学法

在经济评价过程中,有许多影响因素的性质和活动很难用数字来定量地描述,它们的结果也是含糊不定的,无法用单一的准则来评判。为解决这一问题,美国学者L.A.Zadeh

于1965年首次提出模糊集合的概念对模糊行为和活动建立模型。对于复杂事物来说，边界往往具有很大的模糊性。模糊数学法（Fuzzy Set）从二值逻辑的基础上转移到连续逻辑上来，把绝对的"是"与"非"变为更加灵活的东西，在相应的限阈上去相对地划分"是"与"非"，这并非让数学放弃它的严格性去迁就模糊性，相反，是以严格的数学方法去处理模糊现象。该方法用数学的语言去分析和解决现实世界中普遍存在的模糊、不清晰的问题，尤其适合于处理那些模糊、难以定义的并难以用数字描述而易于用语言描述的变量。

工程项目中潜含的各种风险因素很大一部分难以用数字来准确地加以定量描述，但都可以利用历史经验和专家知识，用语言生动地描述出它们的性质及其可能的影响结果。并且，现有的绝大多数风险分析模型都是基于需要数字的定量分析技术，而与风险分析相关的大部分信息却是很难用数字表示的，却易于用文字或句子来描述，这种性质最适合于采用模糊数学模型来解决问题。

（三）层次分析法

风险管理者要想在招标前就对拟建项目的风险情况有一个全面认识并判断出工程项目的风险度，层次分析法（AHP）不失为一种灵活的，易于理解的工程风险评价方法。应用该法对风险进行分析共分八个步骤：

第一步：通过工作分解结构，按工作相似性质原则把整个项目分解成可管理的工作包，然后对每一工作包作风险分析。

第二步：先对每一个特定的工作包进行风险分类和辨识，常用的方法是专家调查法，如德尔斐法（Delphi），然后，构造出该工作包的风险框架图。

第三步：构造因素和子因素的判断矩阵，请专家对各因素的相对重要性给出评判，求出各因素的权重值。

第四步：构造反映各个因素危害的严重程度的判断矩阵，严重程度通常用高、中、低风险三个概念来表示，求出各子风险因素相对危害程度值。

第五步：利用AHP计算机软件，对专家评判的一致性加以检验，由于在第三、四步中均采用专家凭经验、直觉的主观判断，那么就要对专家主观判断的一致性加以检验。如检验不通过，就要让专家做重新的评价，调整其评价值，然后再检验，直至通过为止。

第六步：把所求出的各子因素相对危害程度值统一起来，就可求出该工作包风险处于高、中、低各等级的概率值大小，由此可判断该工作包风险程度。

第七步：把组成项目的所有工作包都如此分析评价，并把各工作包的风险程度统一起来，就可得出项目总的风险水平。

第八步：决策与管理，根据分析评价结果制定相应的决策并实行有效的管理。

（四）蒙特卡罗模拟技术

蒙特卡罗模拟方法（Monte Carlo Simulation）又称随机抽样技巧或统计实验方法，它是估计经济风险和工程风险常用的一种方法，其使用过程如下：

首先，编制风险清单，把已辨识出来的影响项目目标的重要风险因素构造成一份标准化的风险清单，该清单应能充分反映出风险分类的结构和层次性。

其次，采用专家调查法确定风险因素的影响程度和发生概率，制定出风险评价表。

然后，采用模拟技术，确定风险组合。这一步就是要对上一步专家的评价结果加以定量化，在对专家观点的评价中，关联量相对增加很快，这样完整、准确的计算就不太可能。

因此，可以采用模拟技术评价专家调查中获得的主观数据。然后由风险组合中表现出来。

最后，进行分析与总结。通过模拟技术可以得到项目总风险的概率分布曲线，从曲线中可以看出项目总风险的变化规律，据此确定应急费的大小。

由于在一般研究不确定因素问题的决策中，通常只考虑最好、最坏和最可能三种估计，易使不确定因素很多情况下的评价发生偏差或失误，而蒙特卡罗模拟技术则是一种多元素变化方法，可以直接处理每一个风险因素的不确定性，并把这种不确定性在成本方面的影响以概率分布的形式表示出来。另外，可以编制计算机软件来对模拟过程进行处理，大大节约了时间，在大中型项目中有较高的适应性。

第三节 风险防范措施

实施一项工程无疑会遭遇很多风险，然而，风险与利益并存，有魄力的企业家往往凭借科学的风险管理方法，知难而上。首先对项目可能遭遇的风险进行分类、排列，进而对各项风险性质和后果进行分析，根据具体情况决定采取相应的对策，以达到避免风险或减轻风险可能造成的损失，甚至利用风险扩大收益的目的。

一、风险的回避、减轻、转移

（一）风险的回避

风险回避（Risk Avoidance）主要是中断风险源，使其不致发生或发展。作为一种风险防范措施，常常成为风险管理的一种选择。在国际工程承包中常常采用以下风险回避措施。

1. 充分利用合同条款。在投标阶段及时发现招标文件中可能招致风险的问题，争取合同谈判阶段通过修改、补充合同中有关规定或条款来解决。例如业主招标文件中仅仅规定了月支付证书在工程师签字后业主应支付的期限，而未说明到期不支付怎么办，合同谈判时就应争取加上到期不支付应加付利息的规定以及较高的利率。

2. 减少承包商资金、设备的垫付。承包商为承包工程一般都要购置一定的施工机械、设备，修建临建工程，这笔费用越少越好，一旦遇到风险可以进退自如。特别是当合同规定有动员预付款的情况时更是如此。这笔投资如能控制在15%以下，风险就会较小。如果超过30%风险就会加大。一般情况下，承包商除使用企业原有设备、材料之外，还可以在当地租赁，或指示分包商自带设备，以减少资金的垫付。

3. 外汇风险的回避。首先考虑选择有利的外币计价结算，在可自由兑换的货币中选择硬通货，即汇率稳定或上浮的货币。如果用当地货币计价，并支付一定比例的外币，应力争采用固定汇率，以防出现外汇风险。

（二）风险的减轻

风险防范的第二种手段是风险减轻，包括两方面的内容：一是减小损失发生的机会即预防损失，二是设法使风险事故发生后的损失最小化。

设法使损失最小化是指在风险损失已不可避免发生的情况下，通过种种措施以遏制其继续恶化或局限其扩展范围，使其不再蔓延或扩展。如：承包商在业主风险发生时采取索赔、停工、撤出施工队伍等措施；业主在确信承包商无力继续实施其委托的工程立即撤换承包商；施工事故发生后采取紧急救护，安装警报系统等，都是为了达到减少损失的目的。

风险的减轻体现的是以预防为主、防控结合的风险管理精神，通常可以从以下几方面入手：预防危险源的产生、减少构成危险的数量因素；防止已经存在的危险的扩散；降低风险扩散的速度，限制危险空间；在时间和空间上将危险与保护对象隔离；借助物质障碍将危险与保护对象隔离；改变危险的有关基本特征，增强被保护对象对危险的抵抗力；迅速处理危险事故造成的损害等。

（三）风险的转移

风险转移（Risk Transfer）是风险防范的另一种常用手段，实践中尚有些风险无法通过上述手段进行有效控制时，将风险转移不失为一种较好的选择。

风险转移通常有两种途径，一种是通过转移方和被转移方签订协议进行转移。如工程承包中的分包和转包、技术转让或财产出租，合同、技术或财产的所有人通过分包和转包工程、转让技术或合同、出租设备或房屋等将应由其自身全部承担的风险部分或全部转移至他人，从而减轻自身的风险压力。风险转移的第二种途径是参加投保，花费一定的费用将风险转移给保险公司，在风险发生时得到保险公司的补偿。工程保险将在后面详述。

二、风险利用

一般地说，风险可分为两大类：纯粹风险和投机风险，前者指的是那些只有损失机会而无获利可能的风险，如自然灾害、意外事故等。而后者指的是那些既有损失机会，又有获利可能的风险，例如商业行为上的价格投机，就属于此类风险。

因此，并非所有的风险都可利用，也不是任何人都能利用风险，利用风险是有前提条件的，必须选择适当的机会，采取适当的方法，慎重行事，灵活应变，方可达到风险利用的目的。

（一）几种可利用的风险

1. 政局不稳、内乱与骚乱及对外关系紧张

这些风险的确会对经营者构成威胁，但政局不稳并非永恒不变，天下大乱终究会稳定下来，如果在形势混乱时打下一定基础，一旦局势平稳，必将有大批项目付诸实施，这就给企业家提供了可乘之机，趁乱进驻的经营者比他人捷足先登，局势稳定后处境自然会大大优越于其他同行竞争者。另外内乱和骚乱虽然破坏了正常的秩序，但承包商却可以借机索赔以扩大收益。

2. 法制不健全和缺乏惯例意识

在一些第三世界国家，许多事情无法可依或无法可循，这种局面自然会给经营者带来诸多困难和风险，但同时也给他们提供了很多方便，使其可以利用这些不完善之处，如：进行国际避税或随意性处理经营中碰到的问题。

3. 货币贬值

这对于债权人来说当然是一项重大风险。但货币贬值也并非无可利用之处，特别是以两种货币支付的工程项目。据国际惯例和联合国制定的《发展中国家工业项目缔约指南》，若合同计价货币为当地货币，应在合同中规定其与流通货币的比值，从而保证合同的外汇值，在这种情况下，承包商可在货币支付条件中对外汇比例要求高些。实施合同时，将高出实际需要部分的外汇拨出一部分到自由市场换取当地货币。由于当地货币对流通货币贬值，承包商即可赚取差价。

4. 合同条款不严谨

当业主缺乏经验，签订的合同条款不够严谨时，常常给有经验的承包商提供可乘之机。

或有意减轻自己在某些方面应承担的责任和义务，或借故向业主进行索赔。个别承包商以低报价中标，而实际上获得了较高的支付金额，往往是在合同条件方面钻空子。

（二）风险利用的基本操作

1. 分析风险利用的可能和价值

风险利用是一门学问，具体操作时，必须先对风险的各因素可能的变化和最后可能导致的后果进行分析，根据各项因素的特征寻求改变或利用这些因素的可行方法，以达到取得可为己所用的结果。

2. 计算利用风险的代价

冒任何风险都必须付出代价，但利用风险所付出的代价必须远远小于风险利用的获利。计算代价时不仅要计算直接损失和间接损失，还要计算隐蔽损失，因为有时隐蔽损失要高于直接损失和间接损失之和。

3. 判断自己的承受能力

在对风险事件进行透彻的分析和充分的评价后，应客观地检查和评估自己的承受能力。承担风险是以小的代价获取更大的利益，如果得失相当或得不偿失，则没有承担的意义，或者利益虽然不小但风险损失可能超过自己的承受能力，则不宜强行承担。

4. 制定政策和实施方案

企业一旦决定利用某一风险，其决策人员及风险管理人员应明确提出为确保策略实施的各项原则性意见及各项行动步骤，要求每项步骤应达到一定的目标，同时还要对实施期间可能出现的干扰提出相应的解决办法，要求逐阶段检查实施结果，并及时提出必要的纠正措施，不要等到最后不可收拾时再来研究解决办法。

5. 灵活应变，因势利导

许多事情在缔约阶段并不能完全预料，而在履约期间因各种因素的变化导致事件最终暴露出来，作为承包商应密切关注事态变化，及时因势利导，通过合法行为达到获利目的。

三、工程保险

保险（Insurance）的意义是以极小的代价换取最大的安全，是现今最普遍采用的风险转移的主要手段。然而，世上任何事情都具有两面性，在许多情况下，投保人付出相当大的代价，但结果却不一定能得到完全的补偿或赔偿。因此，是否投保，投保何种险别，何时投保，向谁投保，如何争取最有力的保险合同，是每一个风险管理者面临的重要选择。

（一）保险基础

保险是为达到某种经济效能而发生的行为。保险的经济效能主要在于减免危险，对意外的灾害事故所致的损失给予经济补偿。其契约行为表现在当事人必须承担契约义务和行使法定权利，保险以合同为实施依据，保险合同是一种书面形式合同，其单据形式可包括投保单（Proposal Form）、暂保单（Binder）、保险单（Insurance Policy）、保险凭证（Invoice Certificate）和批单（Endorsement）。

投保单又称"要保书"、"要保单"或投保申请书，是投保人申请投保时填具的书面条约。多数投保单均包括投保人的姓名、地址、职业，以往与现在的保险记录，赔款与损失记录等有关情况。这些具体情况是保险人决定是否承保以及如何承保的主要参考依据。暂保单又称临时保单，是一种非正式的保险单，一般载明投保人和被保险人的姓名、险别、标的、保额、暂保有效期等事项。暂保单在其有效期内与保险单具有同等法律效力，多用于财产保险。保险单简称保单，是投保人与保险人正式订立的书面形式的保险合同。保险单是投保人向保险人索赔、保险人向投保人或被保险人赔偿的主要依据，也是保险合同的主要书面文件。保险凭证是一种简化了的保险单，也是保险合同的一种书面证明形式，仅包括保额、费率、险别、投保人、被保险人、订约时间、保期等主要内容。未列入的项目以同类正式保单为准。批单是保险人签发并附在保险单之后的批改保险单内容的凭证，其法律效力优于原保单的同类项目。

保险合同的当事人有投保人、保险人、受益人、被保险人、保险代理人、保险经纪人。投保人又称要保人，是向保险人申请订立保险合同，并负有缴付保险费义务的人。保险人又称承保人，即经营保险业务的人。被保险人是以其财产、生命、身体、责任等作为保险标的，保险事故有可能在其财务、生命、身体和职责上发生的人。受益人又叫保险金受领人，即保险公合同中约定的，在保险事故发生后享有保险赔偿与保险金请求权的人。代理保险人从事具体保险业务而向被代理的保险人收取佣金的人便是保险代理人。保险经纪人是保险购买方的代理人，是基于投保方的利益，代其投保、交费、索赔等而向承保的保险方收取佣金的人。

保险合同中的保险项目包括保险标的、保险金额、保险期限、保险费率、保险费。保险标的是保险的对象，是保险利益存在的依托，也是保险人确定承保金额和选定承保费率的依据。比如：财产保险的保险标的是各种财产本身或其有关的利益和责任，人身保险的保险标的是人的身体或生命。保险金额又称保额，是保险人按投保人对保险标的所具有的可保利益及保险标的的实际价值限度内（对财产保险而言）而确定的最高赔偿给付限度。保险人对于保险事故担负保险金给付与赔偿责任的期间便为保险期限，有时亦称为保险责任起迄期间。保险费率即保险价格，是保险人按保险金额单位向投保人收取保险费的标准。保险费是投保人按一定的保险条件取得保险人的保险保障而应支付的价金，保险费的收取一般按保险金额与保险费率的乘积来计算，或按固定的金额来收取。缴付保险费是投保人或被保险人的基本义务，也是保险合同生效的重要条件。

保险种类繁多，据不同的经营目的和经营管理的需要，通常有如下几种分类：

按保险保障的标的性质可将保险分为人身保险、财产保险、责任保险、信用保险和保证保险。人身保险包括人寿保险、意外险和疾病险。财产保险是一种以有形的物质财产及其与之相关的利益为保险标的的保险。建筑工程保险和安装工程保险即属于财产保险。责任保险是保险人代被保险人承担民事法律经济赔偿责任的保险，又可称为第三者责任保险。信用保险是承保被保险方因他人不诚实、不守信或主观原因不履约而造成的经济损失的保险。保证保险是投保人投保其本人信用的保险，由义务人或债务人要求保险人担保其本人信用时即构成保证业务，如履约保证保险。

按保险经营实施方式可把保险分为强制保险和自愿保险。强制保险又称法定保险，是由国家、政府颁布法令、条例强制实施的保险；而自愿保险泛指自愿实施、经营的保险。凡保险双方当事人通过签订保险合同、或者需要保险保障人与群体自愿组合而实施或经营的保险，可统称为自愿保险。

按经营危险责任的方式可将保险分为原保险、再保险和共同保险等多种形态，保险人对被保险标的承担直接风险责任的保险称为原保险，又叫第一次保险。原保险的保障对象是被保险方的经济利益。原保险人将其承担的风险责任的一部分或全部转嫁给其他保险人的保险形态叫再保险,其保障的对象是原保险人的经济利益。对于相同的标的、相同的利益,由多家保险人共同承担相同时期内、相同责任的保险形态称为共同保险。

保险是一种契约行为,订立契约的双方对合同各负有一定的义务,享有一定的权利。保险合同的签订和实施必须遵守一定的原则。

可保利益原则。又称保险利益原则,主要是为防止某些人把与自己毫无关系的人或物投保,从中获利,其内涵可表述为:订立保险合同时投保人以不具有可保利益的标的投保,保险人可单方面宣布合同无效;保险标的发生保险责任事故,投保方不得因保险而获得不属于保险利益范围内的额外利益。其中,可保利益指的是投保人对投保标的物具有一定的经济利益、经济权益或责任关系,投保标的一旦发生保险事故会给投保人带来经济上的损失。

最大诚信原则。诚信即讲诚实、守信用、不隐瞒真实情况。最大诚信较诚信更为严格,最大诚信原则的内涵是:保险合同当事人订立合同及在合同有效期内应依法向对方提供影响对方作出订约或履约决定的全部实质性重要事实;同时绝对信守合同订立的认定与承诺,否则受到损失的一方可以此为由宣布合同无效或不履行合同的约定义务或责任,甚至对因此而受到损失还可以要求对方予以赔偿。

损害赔偿原则。被保险方在保险期限内遭受保险责任事故的损害,有向保险方索要赔款和申请保险金的权利,保险方也必须承担合同所约定的保险保障的义务,但保险人的补偿以恢复被保险方遭受责任事故以前的状态为准,不能使被保险方因保险补偿而获利,此乃损害赔偿原则的内涵。

代位求偿原则。指保险标的发生保险责任事故导致损害起因于第三者行为,保险人予以赔偿后便可以在赔偿金额限度内取代被保险方而得到向第三者请求赔偿的权利。这种追偿权的代位应发生在保险赔偿之后,而且限制在赔偿金额的范围以内,若投保方先于保险索赔已从第三者处索得赔偿,保险方可以免除责任,或从保险赔偿金额中扣除已索金额,若投保方豁免肇事者的第三者责任,或放弃向第三者的追偿权,则各国法律和习惯认为他亦同时放弃了向保险方请求保险赔款的权利。

近因原则。近因的最一般意义是,酿成某种结果的直接、有效、起决定性作用的原因。近因原则是在处理保险赔案时决定保险人是否承担保险赔偿与保险金给付责任的重要原则。其可表述为:保险赔偿与保险金给付的条件是,造成保险标的损害后果的近因必须是保险责任事故,若该近因不是保险责任事故或保险责任事故仅在致损过程中充当间接作用角色,保险人则不予承担保险赔偿与保险金给付的责任。

(二)国际工程的保险的主要险别

1. 建筑工程一切险

建筑工程一切险(Contractor's All Risks)是对施工期间工程本身、施工机具或工具设备所遭受的损失予以赔偿,并对因施工而对第三者造成的物质损失或人员伤亡承担赔偿责任的一种工程保险。多数情况下由承包商负责投保,若承包商因故未办理或拒不办理投保,业主可代为投保,费用由承包商负担。如果总包商未曾就该分包部分购买保险的话,负责分包工程的分包商也应办理其承担的分包任务的保险。

建筑工程一切险适用于所有房屋建筑和公共工程,尤其是住宅、商业用房、医院、学校、剧院、工业厂房、电站、公路、铁路、机场、桥梁、隧道、大坝、排灌工程、水渠及港埠等。其承保的内容包括工程本身（预备工程、临时工程、全部存放于工地的为施工所必须的材料、占整个工程造价不到50%的安装工程）、施工用设施、设备和机具、场地清理费、第三者责任、工地内现有的建筑物、由被保险人看管或监护的停放于工地的财产。建筑工程一切险的保险金额的确定亦是依照不同的保险标的而定，比如：合同标的工程的保险总金额，即为建成工程的总价值；施工机具和设备及临时工程列专项投保，物资的投保金额一般按重置价值；附带的安装工程项目保险金额一般不超过整个工程项目保险金额的20%；场地清理费按工程的具体情况由保险公司和投保人协商确定；第三者责任险的投保金额根据在工程期间万一发生意外事故时，对工地现场和邻近地区的第三者可能造成的最大损害情况而定。

建筑工程一切险没有固定的费率表，具体费率系根据风险性质、工程本身的危险程度、工程的性质及建筑高度、工程的技术特征及所用的材料、工程的建造方法、工地邻近地区的自然地理条件、灾害的可能性、工期长短、同类工程及以往的损失记录等因素再结合参考费率表制定。其保险费率通常有五个分项费率组成：

（1）建筑工程所有人提供的物料及项目、安装工程项目、场地清理费、工地内现存的建筑物、所有人或承包人在工地的其他财产等为一个总的费率，规定整个工期一次性费率；

（2）建筑用机器、装置及设备为单独的年度费率，因为它们流动性大，一般为短期使用、旧机器多，损耗大，小事故多。因此，此项费率高于第一项费率。如投保期不足一年，按短期费率计收保费；

（3）第三者责任险费率，按整个工期一次性费率计；

（4）保证性费率，按整个工期一次性费率计；

（5）各种附加保障增收费率或保费，也按整个工期一次性费率计。

投保建筑工程一切险应提交投保单、工程承包合同、承包金额的明细表、工程设计文件、工程进度表、工地地质报告、工地略图等。承保人在掌握上述资料基础上还要对工地位置、安装项目及设备情况、工地管理状况等作出现场查勘记录，然后承保人再与投保人就一些具体问题，如建筑工程项目及总金额、保险费率、免赔额、保险期限等，进行协商谈判，直至保险合同签字。

2. 安装工程一切险

安装工程一切险（Erection All Risks Insurance）属于技术险种，目的在于为各种机器的安装及钢结构工程的实施提供尽可能全面的专门保险，其适用于安装各种工厂用的机器、设备、储油罐、钢结构、起重机、吊车以及包含各种机械工程因素的各种建造工程。

安装工程一切险同建筑工程一切险一样应由承包商投保，业主只是在承包商未投保的情况下代其投保，费用仍由承包方承担，其承保的内容有：安装工程合同中要求安装的机器、设备、装置、材料、基础工程以及为安装工程所需的各种临时设施、为安装工程所使用的承包商的机器设备、附带的土木建筑项目、场地清理费用、业主或承包商在工地上的其他财产等。该险种的保险金额包括物质损失和第三者责任两大部分。其保额应为安装时完成的总价值；若不包括土建部分，则设备购货合同价和安装合同价加各种费用之和为保额；安装建筑用机器、设备、装置应按安装价值确定保额。第三者责任的赔偿限额按危险程度由保险双方商定。通常对物质标的部分的保额先按安装工程完工时的估定总价值暂定，到工程完工时再根据最后建成价格调整。

安装工程一切险的保险期限在保险单列明的起止日前提下，自投保工程的动工日或第一批被保险项目被卸到施工地点时（以先发生为准），保险责任即行开始，动工日系指破土动工之日，其保险责任的终止日可以是安装完毕验收通过之日或保险单上列明的终止日，这两个日期同样以先发生者为准。在征得保险人同意后，安装工程一切险的保险期限可以延长，但应在保险单上加批并增收保费。

3. 机动车辆险

机动车包括私人用汽车和商业用汽车，不管哪种车，都必须投保车身险和第三者责任险，对于承包商来说，办理商业用汽车保险比私人用汽车保险更为重要。

机动车辆险（Motor Car Liability Insurance）有两个保险标的：机动车车身和第三者责任。车身险的责任范围包括因汽车与其他物体碰撞或翻车所造成的损失和由自然灾害（如雷电、洪水、地震、雪崩等）和意外事故（如失火、爆炸、自燃以及偷窃、丢失等）造成的损失赔偿。所谓汽车的第三者责任是指承保被保险汽车因发生保险事故而产生的被保险人对于第三者（包括乘客）的人身伤害及其财产损失依法应负的赔偿责任。第三者责任险是汽车保险中最重要的部分。

汽车保险中有无赔偿优待折扣和被保险人自负责任的特殊规定。无赔偿优待折扣系指投保人在续保汽车险时，若被保险的汽车前一年没有发生导致赔偿的事故，则续保时保费可给予一定比例的优惠折扣，连续两年没有导致赔偿，优惠比例再增加，直至连续五年达到优惠比例的最高限额。被保险人自负责任与免赔额是同一道理，即要求被保险人自负一部分责任，这在一定程度上可加强被保险人的责任心。

4. 十年责任险

十年责任险（Liability For Ten Years）是基于建筑工程的寿命期长而承包公司的流动性强这一特点而设立的，承包商完成工程后离开工程所在国，对由其承建的建筑物的主体部分自最后验收日起十年内出现的因建筑缺陷或隐患而造成的损失，由受理十年责任险的保险公司来履行赔偿义务。

十年责任险的责任范围并非始终不变。工程正式验收前，十年责任险仅仅保证对因主体工程全部或部分倒坍所造成的损失负赔偿责任。这阶段的十年责任险不含场地清理费，因此在计算保险费时不考虑土方工程；工程最后验收后，十年责任险承担对因本保险范围内的工程本身的物质和非物质损失负赔偿责任，而且灾后清理所必须费用亦在赔偿之列。

十年责任险的保险金额计算办法如下：临时验收时，按投保人申报的实施工程估算价，根据要求费率计算，另加特别要求的费用；最后验收时，根据工程的最后结算价调整，任何导致保险费额变化的追加工程费或工程费变化均应如实申报，否则保险人有权拒付赔偿；罚款及与此有关的民事诉讼费不得计入保险金额，但正常的民事诉讼费应计入保额。

5. 国际货物运输险

承包工程中材料设备通常占工程总价的60%以上，而这些材料和设备有相当一部分要靠进口或由承包商的其他基地调运，因此国际货物运输是承包工程的重要组成部分。详见第十章第三节所述。

6. 其他险别

（1）境内货物运输险

境内货物运输险指在工程所在国境内，承包商为实施工程而需要通过内河、内陆甚至境内空运手段,将工程所需材料运至工地过程中可能发生的危险损失负赔偿责任的保险。

(2) 财产险

财产险(Property Insurance)指承包商为属于自己所有或为自己享有可保利益的财产购买的保险,其通常以自然灾害和意外事故为保险责任范围,保险公司对保险财产的物质损失按保险财产损失时的市价对被保险人进行经济赔偿。

(3) 保证保险

保证保险(Guarantee Insurance)指担保履行经济合同的一种保险。它保证对方履行合同义务,否则由此造成的经济损失,由保险人负责赔偿,如履约保证保险、信用保险等。

(4) 汇率波动保险

汇率波动保险汇率波动保险是对承包商作为投保人因付款货币对其他流通货币贬值而蒙受的损失进行赔偿的一种险别。

(5) 社会保险

社会保险(Social Insurance)即社会政策的保险,是实施社会政策的一种手段。其以社会大多数人为对象,保费由国家、企业和个人共同负担。保险类别包括医疗保险、健康保险、老年保险和失业保险。

思 考 题

1. 国际工程存在哪些风险因素?
2. 试述风险辨识的步骤与方法。
3. 举例说明风险的回避、减轻和转移。
4. 试述如何利用风险和应注意的问题。
5. 简述建筑工程一切险和安装工程一切险。

第九章 国际工程承包中的索赔管理

本章阐述了工程索赔的原因、依据和索赔程序，工期和费用索赔的计算方法，争端的解决方式，以及反索赔管理。

第一节 概 述

一、索赔的定义

索赔的英文对应词为"Claim"，含义非常广泛。在国际工程承包活动中，索赔是指签订合同的一方，依据合同的有关规定，向另一方提出调整合同价格，调整合同工期，或其他方面的合理要求，以弥补自己的损失，维护本身的合法权益。在国际工程实践中，经常使用索赔和反索赔（Counter Claim）的概念。前者是承包商向业主提出索赔，后者则是业主向承包商提出索赔。在这里包含了四层意思：

1. 一方认为是他应获得的；
2. 向对方申请或要求；
3. 尚未达成有关协议；
4. 所索要的是一种权力或付款。

二、索赔的原因

建设项目由于本身的特点，使其在实施项目的过程中，受到多种因素的干扰，如水文地质条件、政策法规变化、人为干扰等，其中人为干扰最多。这些干扰因素导致制定的计划与实际差别较大，增加了施工的风险性。

承包商承揽工程项目，其唯一目的是为了获取利润，维持其生存和发展，但其履约行为又受到合同的制约。承包商为了达到盈利目的，在费用超支时，就必须采取合法的途径，利用合同中可以引用的条款，提出施工索赔，以保护自己的利益。因此，在国际工程承包活动中，随时可能发生各种难以预料的索赔情况，关键是要把握住索赔时机。

导致承包商实施工程的费用增加和造成工期延误主要原因列举如下：

（一）施工条件变化

在土木工程施工中，尽管在开始施工前承包商已分析了地质勘察资料，并且也进行了现场实地考察，但施工现场条件，尤其是现场地质条件，很难准确无误地发现全部的问题，而这些问题一旦出现，会对合同价格和合同工期产生较大影响。经常遇到的施工条件变化包括：

1. 不利的外界障碍和条件。如无法合理预见的地下水、地质断层等；
2. 发现化石、古迹等；
3. 发生不可抗力事件，如洪水、地震等自然灾害。

（二）工程师方面的原因

工程师在实施项目过程中,利用施工承包合同及咨询服务合同赋予他的权力,承担监督和服务的角色。他必须监督承包商按合同规定实施项目,同时,需要在各方面协助承包商顺利完成项目。因此,工程师的言行,也可能是承包商提出索赔的主要原因,现列举如下:

1. 未能按时向承包商提供施工所需图纸。
2. 提供不正确的数据。
3. 工程师的指示。如指示承包商进行合同规定之外的勘探、试验、剥露,指示暂停施工等。
4. 工程变更。有的变更工作必须在工程师发布变更指示后马上实施,有的则在确定变更工作的费率或价格后再实施。

(三)业主方面的原因

业主方面的原因包括:

1. 业主的风险,如战争、判乱、暴乱等;
2. 业主未能提供施工所需的足够大的现场;
3. 业主违约。如没有及时向承包商支付已完成工程的款项,或因某种原因提出终止合同等。

(四)合同本身的原因

1. 合同论述含糊不清;
2. 合同规定为其他承包商提供服务;
3. 合同额增减超过15%;
4. 法律法规的变化、货币及汇率的变化。

三、索赔的分类

关于施工索赔的分类方法很多,本文仅介绍几种常用的分类方法。

(一)按发生索赔的原因分类

在每一项承包商提出的索赔中,必须明确指出索赔产生的原因。根据国际工程承包的实践,具体划分索赔类型如下:

1. 工程变更索赔;
2. 不利自然条件和人为障碍索赔;
3. 加速施工索赔;
4. 施工图纸延期交付索赔;
5. 提供的原始数据错误索赔;
6. 工程师指示进行额外工作索赔;
7. 业主的风险索赔;
8. 工程师指示暂停施工索赔;
9. 业主未能提供施工所需现场索赔;
10. 缺陷修补索赔;
11. 合同额增减超过15%索赔;
12. 特殊风险索赔;
13. 业主违约索赔;
14. 法律法规变化索赔;

15. 货币及汇率变化索赔；

16. 劳务、生产资料价格变化索赔；

17. 拖延支付工程款索赔；

18. 终止合同索赔；

19. 合同文件错误索赔；

（二）按索赔的目的分类

按施工索赔的目的分为工期索赔和费用索赔。

承包商进行工期索赔主要是为了避免由于工程误期，需向业主支付误期损害赔偿费。

（三）按索赔的依据分类

1. 依据合同条款进行的索赔

在索赔事件发生后，承包商可根据合同中某些条款的规定提出索赔。由于合同中有明确的文字说明，承包商索赔的成功率是比较高的。这些合同条款，称为明示条款（详见表9-1）。

2. 合同未明确规定的索赔

某些索赔事项，无法根据合同的明示条款直接进行索赔，但可以根据这些条款隐含的内容合理推断出承包商具有索赔的权利，则这种索赔是合法的，同样具有法律效力。在此情况下，承包商如果有充分的证据资料，就能使索赔获得成功。

3. 道义索赔

既然是道义上的索赔，承包商则不可能依据合同条款或合同条款中隐含的意义提出索赔。如承包商由于投标价过低或其他承包商的原因，使其产生巨大损失，而在施工过程中，承包商仍能竭尽全力去履行合同，业主在目睹承包商的艰难困境后，出于道义上的原因，可能在承包商提出要求时，给予一定的经济补偿。由于这种索赔几乎没有任何合同依据，成功的可能性很小。

（四）按索赔的处理方式分类

1. 单一事件索赔

在某一索赔事件发生后，承包商即编制索赔文件，向工程师提出索赔要求。单一事件索赔的优点是涉及的范围不大，索赔的金额小，工程师证明索赔事件比较容易。同时，承包商也可以及时得到索赔事件产生的额外费用补偿。这是常用的一种索赔方式。

2. 综合索赔

综合索赔，俗称一揽子索赔，是对工程项目实施过程中发生的多起索赔事件，综合在一起，提出一个总索赔额。造成综合索赔的原因如下：

（1）承包商的施工过程受到严重干扰，如工程变更过多，无法执行原定施工计划等，且承包商难以保持准确的记录和及时收集足够的证据资料；

（2）施工过程中的某些变更或索赔事件，由于各方未能达成一致意见，承包商保留了进一步索赔的权力。

在上述条件下，无法采取单一事件索赔方式，只好采取综合索赔。综合索赔一般是在实施工程中，提出对索赔事件保留索赔权，而在工程项目基本完工时提出总索赔，或在竣工报表中提出总索赔。

四、索赔的重要意义

在履行合同义务过程中,当一方的权利遭受损害时,向对方提出索赔是弥补损失的唯一选择。无论是对承包商,还是对业主,搞好索赔管理都具有重要意义。

国际承包商由于其所处特殊地位,加之承包项目工期长、易受多种外界条件和人为因素干扰,以及承包市场的激烈竞争,国际工程承包商的经营风险越来越大。为了在承包市场的激烈竞争中求得生存和发展,就必须不断提高经营管理水平,尤其是合同管理,这是提高索赔成功率的关键。

(一)索赔是为了维护应得权利

双方签订的合同,应体现公平合理的原则。在履行合同过程中,双方均可利用合同赋予自己的权利,要求得到自己的应得的利益。因此,在国际工程承包经营中,承包商可以大胆地运用施工承包合同赋予自己的进行索赔的权利,对在履行合同义务中产生的额外支出提出索赔。实践证明,如果善于利用合同进行施工索赔,可能会获得相当大的索赔款额,有时索赔款额可能超过报价书中的利润。因此,施工索赔已成为承包商维护自己合法权益的关键性方法。

(二)有助于提高承包商的经营管理水平

索赔能否获得成功关键是承包商必须有较高的合同管理水平,尤其是索赔管理水平,能够制订出切实可行的索赔方案。因此,承包商必须要有合同管理方面的人才和现代化的管理方法,科学地进行施工管理,系统地对资料进行归类存档,正确、恰当地编写索赔报告,策略地进行索赔谈判。通过这一系列的实践活动,培养高水平的国际工程管理人员,而现代化的管理方法也在实践中不断得到总结和完善。这些可进一步提高承包商的经营管理水平和在国际工程承包市场上的竞争力。

第二节 工程索赔依据与索赔程序

FIDIC合同条件第4版中增加了索赔程序条款,这主要是为了及时和顺利地解决施工中的争议事项,提高处理问题的时效。索赔程序规定了各方在索赔事件发生后,如何在限定的时间内发出索赔通知和提交有关证明资料,并保持事件的同期记录,做到了有章可循。

一、索赔依据

承包商或业主提出索赔,必须出示具有一定说服力的索赔依据,这也是决定索赔是否成功的关键因素。索赔的一般依据如下:

(一)构成合同的原始文件

构成合同的文件一般包括:合同协议书、中标函、投标书、合同条件(专用部分)、合同条件(通用部分)、规范、图纸、以及标价的工程量表等。

合同的原始文件是承包商投标报价的基础,承包商在投标书中对合同中涉及费用的内容均进行了详细的计算分析,是施工索赔的主要依据。

承包商提出施工索赔时,必须明确说明所依据的具体合同条款。

(二)工程师的指示

工程师在施工过程中会根据具体情况随时发布一些书面或口头指示,承包商必须执行工程师的指示，同时也有权获得执行该指示而发生的额外费用。但应切记：在合同规定的时间内，承包商必须要求工程师以书面形式确认其口头指示。否则，将视为承包商自动放弃索赔权利。工程师的书面指示是索赔的有力证据。

（三）来往函件

合同实施期间，参与项目各方会有大量往来函件，涉及的内容多、范围广。但最多的还是工程技术问题，这些函件是承包商与业主进行费用结算和向业主提出索赔所依据的基础资料。

（四）会议记录

从商签施工承包合同开始，各方会定期或不定期的召开会议，商讨解决合同实施中的有关问题，工程师在每次会议后，应向各方送发会议纪要。会议纪要的内容涉及很多敏感性问题，各方均需核签。

（五）施工现场记录

施工现场记录包括：施工日志，施工质量检查验收记录，施工设备记录，现场人员记录，进料记录，施工进度记录等。施工质量检查验收记录要有工程师或工程师授权的相应人员签字。

（六）工程财务记录

在施工索赔中，承包商的财务记录非常重要，尤其是索赔按实际发生的费用计算时，更是如此。因此承包商应记录工程进度款支付情况，各种进料单据，各种工程开支收据等。

（七）现场气象记录

在施工过程中，如果遇到恶劣的气候条件，除提供施工现场的气象记录外，承包商还应向业主提供政府气象部门对恶劣气候的证明文件。

（八）市场信息资料

主要收集国际工程市场劳务、施工材料的价格变化资料，外汇汇率变化资料等。

（九）政策法令文件

工程项目所在国或承包商国家的政策法令变化，可能给承包商带来益处，也可能带来损失。承包商应收集这方面的资料，作为索赔的依据。

二、索赔程序

FIDIC条件下的索赔程序（Procedure For Claims），为业主和承包商均提供了一个公平合理的索赔处理方式，双方中无论哪一方，如果想向对方索取费用和工期补偿，就必须遵守该索赔程序，否则将不会得到任何补偿。该程序对索赔的通知和证明均有时间限制，并要求保持同期记录。具体的索赔程序如下：

（一）提出索赔意向通知

凡是由于业主或工程师方面的原因，或由于其他非承包商原因，造成工程拖期或费用增加时，承包商均有权提出索赔，但应在合同规定的时间内，向工程师发出索赔意向通知。

当出现索赔事件时，承包商应在引起索赔的事件第一次发生之后的28天内，将其索赔意向通知工程师，并送业主一份副本。同时承包商应继续施工，并保持同期记录。如承包商能主动请工程师检查索赔事件发生时的同期记录，并请工程师说明是否需做其他记录，这对保证索赔成功是非常必要的。

承包商应允许工程师审查所有与索赔事件有关的同期记录，在工程师要求时，应向工程师提供同期记录的副本。

（二）报送索赔资料

1．报送索赔资料的时间

承包商应在发生索赔事件后，尽快准备索赔资料，在向工程师发出索赔通知后的28天内，或在工程师同意的合理时间内，向工程师报送一份索赔报告，说明索赔款额和索赔的依据。

如果索赔事件具有连续性影响，承包商的上述报告将被认为是第一次临时详细报告，并每隔28天或按工程师可能合理要求的时间间隔，提交进一步的临时详细报告，说明索赔的费用额和工期延长值，并提供相应的证明资料。承包商在索赔事件所产生的影响结束后28天内向工程师发出一份最终详细报告，说明索赔的总额、工期延长的天数和全部的索赔证据。

2．索赔报告编写

承包商的索赔可分为工期索赔和费用索赔。一般地，对大型、复杂工程的索赔报告应分别编写和报送，对小型工程可合二为一。一个完整的索赔报告应包括如下内容：

（1）总论部分，概括地叙述索赔事项，包括事件发生的具体时间，地点，原因，产生持续影响的时间；

（2）合同论述部分，说明依据合同条件中的哪些条款提出该项索赔；

（3）索赔款额和（或）工期延长的计算论证；

（4）证据部分，包括收据、发票、照片等。

（三）索赔处理

按国际工程施工索赔的处理惯例，工程师收到承包商发出的索赔通知后，在不必承认业主责任的情况下，应马上审查承包商的同期记录，并要求承包商补充必要的资料。同时，工程师应论证索赔原因、索赔依据、索赔款额和应给予的工期延长，并与业主和承包商进行适当协商，尽快做出索赔事项的处理决定。

对于有连续性影响的索赔事件，工程师在收到承包商提交的临时详情报告后，应作出临时延期和临时支付索赔款的决定。在收到最终详细报告并经核实全部情况后，工程师应与业主和承包商进行协商，对该索赔事件所需延长的全部工期和应支付的费用作出最终决定。但最终决定的结果不应导致减少工程业已决定给予的工期延长值和费用索赔值。

如果承包商提供的索赔报告可使工程师确定应付的全部或部分金额时，则工程师应在当月的中间支付证书中包括承包商已证明的全部或部分索赔款额。

如果承包商不满意工程师对索赔的处理决定，则须采取下列方法之一对工程师的决定做出反应：

（1）向工程师发出对该索赔事件保留继续进行索赔权力的意向通知，等到颁发整个工程的移交证书后，在提交的竣工报表中做出进一步的索赔。或

（2）在合同规定的时间内进行友好协商解决，如果未能友好解决，则可提交仲裁，详见本章第四节中有关仲裁内容。

三、FIDIC合同条款中承包商可引用的索赔条款

（一）承包商可引用的索赔条款

承包商可引用的索赔条款见表9-1。

可引用索赔条款　　　　　　　　　　　　　　　表 9-1

序号	合同条款号	条款主题内容	可调整的事项
1	5.2	合同论述含糊	T+C
2	6.3&6.4	施工图纸延期交付	T+C
3	12.2	不利的自然条件	T+C
4	17.1	因工程师数据差错，放线错误	C+P
5	18.1	工程师指示进行钻孔勘探	C+P
6	20.3	业主的风险及修复	C+P
7	27.1	发现化石、古迹等	T+C
8	31.2	为其他承包商提供服务	C+P
9	36.5	进行实验	T+C
10	38.2	指示剥露或凿开	C
11	40.2	暂停施工	T+C
12	42.2	业主未能提供现场	T+C
13	49.3	修补缺陷	C+P
14	50.1	调查缺陷	C
15	51.1	工程变更	C+P
16	52.1&52.2	变更项目估价	C+P
17	52.3	合同额增减超过15%	±C
18	65.3	特殊风险引起的工程破坏	C+P
19	65.5	特殊风险引起的其他开支	C
20	65.8	终止合同	C+P
21	69	业主违约	T+C
22	70.1	费用增减	±C（按调价公式）
23	70.2	法规变化	±C
24	71	货币及汇率变化	C+P

注：T——表示承包商有权获得工期延长；
　　C——表示承包商有权获得的在施工现场内外已正在发生或将要发生的全部开支，包括管理费和合理分摊的其他费用，但不包括任何利润补贴；
　　P——表示承包商有权获得利润补贴。

（二）索赔条款规律性分析

在表 9-1 承包商可引用的 24 项条款内容中，有 8 项可索赔工期 T 和成本 C，有 6 项仅可索赔成本 C，有 10 项可索赔成本 C 和利润 P。由此可看出如下规律：

1. 可索赔工期的条款，一定可同时索赔成本。
2. 上述 24 项可引用的条款，均可据其索赔成本。
3. 可索赔利润的条款，一定可以同时索赔成本。可索赔利润的大部分条款，其费用的计算方法都与合同条件的第 52 条款相联系，即多以变更方式支付索赔的费用（成本 C＋利润 P），且工程师必须为与此有关的工作发布指示。因此，在采用其他条款进行索赔时，必须确定涉及的工作内容是否构成变更，在构成变更的情况下，可引用 52 条款索赔成本和利润。

例如：第 5.2 款合同文件的优先次序，此条款规定当合同文件出现含糊或歧义时，应由工程师按合同文件的优先次序进行解释，必要时可发布书面指示加以解释和校正，承包商有权要求延长工期和索赔由此产生的成本增加。当工程师必须为此发布变更指示时，承包商可向业主索赔工期、成本和利润。

第三节 索赔值的计算

一、可索赔费用的组成

施工可索赔的费用应与投标报价的每一项费用相对应。其组成项目如下：

（一）直接费

1. 人工费。包括人员闲置费、加班工作费、额外工作所需人工费用、劳动效率降低和人工费的价格上涨等费用。
2. 材料费。包括额外材料使用费、增加的材料运杂费、增加的材料采购及保管费用和材料价格上涨费用等。
3. 施工机械费。包括机械闲置费、额外增加的机械使用费和机械作业效率降低费等。

（二）间接费

1. 现场管理费。包括工程师食宿设施、承包商人员食宿设施、监理费、代理费、交通设施费以及其他费用等。
2. 上级管理费。包括办公费、通讯费、旅差费和职工福利费等。
3. 利润。索赔利润一般包括合同变更利润、工程延期利润机会损失、合同解除利润和其他利润补偿。
4. 其他应予以补偿的费用。包括利息、分包费、保险费及各种担保费等。

按照 FIDIC 合同条件，将索赔可引用的合同条款和上述可索赔的费用内容相结合可构造出一个施工索赔矩阵，详见表 9-2。该矩阵适用于承包商向业主进行的索赔。

例 9-1 由于业主原因造成工程拖期，咨询工程师指示承包商加速施工而引起的索赔。

某房地产开发公司招标修建一写字楼工程（底层为商场），工程内容包括拆迁和修建，工期 18 个月，合同价 6026800 美元。

合同规定，如果承包商不能在 18 个月内完成工程，应向业主支付 1000 美元/天的误期损害赔偿费（Liquidated Damage），累计赔偿费的限额为合同价的 10%。

施工费用索赔矩阵　　　　　　　　　　　表 9-2

索赔类型	索赔合同条款	可索赔的费用项目	人工费				材料费			施工机械费			间接费												工期	
			人员闲置	加班工作	额外劳动力雇佣	劳动效率降低	额外材料使用	材料运杂费增加	材料采购及保管费增加	机械闲置	机械用费增加	机械作业效率降低	合同期间上级管理费增加	工期延长期间上级管理费增加	合同期间现场管理费增加	工期延长期间现场管理费增加	合同期间其它间接费增加	工期延长期间其它间接费增加	保险，担保费用	其它补偿费用	合同变更利润	合同延期机会利润	合同解除利润	其它利润补偿	处于关键线路上的工作	处于非关键线路上的工作
业主违约	6.3/4	施工图纸拖期交付	E			P		P	P	P		P	P		P	P	P	P	P	P				P	E	P
	42.2	业主未能提供现场	E			P		P	P	P		P	P		P	P	P	P	P	P				P	E	P
	65.8	终止合同																				E		P		
	69	业主违约	E			P		P	E	P		P	P	P	P	P	P	P	P	P				P	E	P
工程变更	51.1	工程变更	P	P	P	P	P	P	P	P	P	P	P	P	P	P	P	P	P	P	E	P		P	E	P
	52.1/2	变更指令付款	P	P	P	P	P	P	P	P	P	P	P	P	P	P	P	P	P	P	E	P		P	E	P
	52.3	合同额增减超过15%				P			P			P		P		P		P			P					
工程师指令	18.1	工程师指令钻孔勘探	P	P	P			P	P	P		P		P		P		P			P					
	31.2	为其它承包商提供服务		P														P			P					
	36.5	进行试验	E	P		P		P	P	P		P	P	P	P	P	P	P		P				P	E	P
	38.2	指示剥露和开凿	E	P		P		P	P	P		P		P		P		P		P					E	P
	49.3	要求进行修理		E		E			P			P		P		P								P		
	50.1	要求检查缺陷		E				P											P							
暂停施工	40.2	中途暂停施工	E			P		P	P	P		P	P	P	P	P	P	P	P						E	P
业主风险	20.3	业主的风险及修复	E		P	P	P	P	P	P		P	P		P		P						P			
	65.3	特殊风险引起的工程破坏	E		P	P	P	P		P		P	P		P		P			P						
	65.5	特殊风险引起其它开支	E		P	P	P	P		P		P	P		P		P			P						
不利自然条件和客观障碍	12.2	不利自然条件	E	P	E	P		P	P	P		P	P		P		P								E	P
	27.1	发现化石，古迹等建筑物	E	P	E									P	P	P	P	P							E	P
合同缺陷	5.2	合同论述含糊											P		P		P		E			P			E	P
	17.1	提供数据不准确		E	P	P			P			P		P		P		P						P		
其他	70.1	成本的增减																			E	E				
	70.2	法规变化				P																				
	71.1	货币及汇率变化																			E					P

注：表中"E"表示存在此项索赔，"P"表示可能存在此项索赔，"空格"此项索赔存在的可能性极小。

开工后，业主未能在合同规定的时间内向承包商提供足够的写字楼施工场地。在开挖基槽时，发现地基土层中有淤泥夹层，可能引起不均匀沉陷，不得不进行设计变更，造成基础施工暂停2个月。由于上述原因,预计使整个写字楼工程拖期3个月,其中底层商场的竣工移交日期将拖后4个月。

业主已与写字楼的承租人签订了租房协议,如果拖期交付使用,业主将承担巨额赔偿金。因此,业主要求承包商必须在合同原定竣工日期完成工程,并委托工程师全力协助承包商,向承包商发出加速施工指示(Acceleration Instruction)。

根据业主和工程师的要求,承包商报送了加速施工计划和加速施工费用的索赔报告,其费用汇总如下:

直接费
(1) 三班作业增加人工费　　　　　　85680 美元
(2) 附加施工机械租赁费　　　　　　48350 美元
(3) 原有施工机械加班费　　　　　　86425 美元
(4) 施工用油料增加费　　　　　　　27520 美元
(5) 夜班及假日施工津贴　　　　　　10750 美元
(6) 增加劳保费　　　　　　　　　　 8370 美元
直接费合计:　　　　　　　　　　　267095 美元
间接费
(7) 上级管理费(直接费的5%)　　　 13355 美元
(8) 现场管理费(直接费加上级管理费之和的8.5%)　　23838 美元
(9) 利润(直接费加上级管理费再加现场管理费之和的5.5%)　16736 美元
以上总计索赔额为321024 美元

对上列各项费用,承包商附有详细的计算方法供工程师审核。各方最后协商达成如下一致意见:

1. 承包商应采取一切措施,保证工程按原定竣工日期建成;
2. 原则同意三班作业人工费率,将来按出勤记录和工资单进行支付;
3. 同意夜班及假日施工津贴,以及劳保增加费;
4. 租赁的附加施工机械费,可按照设备的实际出勤记录和租赁费率单结算;
5. 承包商原有的施工机械不能采用计日工费率,应按报价书中的台班费计算;
6. 由于采取加速施工措施,未延长合同工期,承包商的现场管理费和上级管理费所覆盖的天数与原合同工期的天数一致,应扣除管理费的重复计算部分;
7. 同意按合同规定的利润率(5.5%)向承包商支付加速施工利润。

二、工期索赔的计算

(一)工期索赔的原因

在施工过程中,由于各种因素的影响,使承包商不能在合同规定的工期内完成工程,造成工程拖期(Delay)。造成拖期的一般原因如下:

1. 非承包商的原因

由于下列非承包商原因造成的工程拖期,承包商有权获得工期延长:
(1) 合同文件含义模糊或歧义;
(2) 工程师未在合同规定的时间内颁发图纸和指示;
(3) 承包商遇到一个有经验的承包商无法合理预见到的障碍或条件;

(4) 处理现场发掘出的具有地质或考古价值的遗迹或物品；
(5) 工程师指示进行合同中未规定的检验；
(6) 工程师指示暂时停工；
(7) 业主未能按合同规定的时间提供施工所需的现场和道路；
(8) 业主违约；
(9) 工程变更；
(10) 异常恶劣的气候条件。

上述十种原因可归结为以下三大类：
(1) 业主的原因：如未按规定时间提供现场和道路占有权，增加额外工程等。
(2) 工程师的原因：如设计变更；未及时提供施工图纸等。
(3) 不可抗力：如地震、洪水等。

2. 承包商原因

承包商在施工过程中可能由于下列原因，造成工程延误：
(1) 对施工条件估计不充分，制定的进度计划过于乐观。
(2) 施工组织不当；
(3) 其他承包商自身的原因。

(二) 工程拖期的分类及处理措施

工程拖期可分为如下两种情况：

1. 由于承包商的原因造成的工程拖期，定义为工程延误，承包商须向业主支付误期损害赔偿费。工程延误，也称为不可原谅的工程拖期(Non-Excusable Delay)。如承包商内部施工组织不好，设备材料供应不及时等，这种情况下，承包商无权获得工期延长。

2. 由于非承包商原因造成的工程拖期，定义为工程延期，则承包商有权要求业主给予工期延长(Extension of Time)。工程延期也称为可原谅的工程拖期(Excusable Delay)。它是由于业主、工程师或其他客观因素造成的，承包商有权获得工期延长，但是否能获得经济补偿要视具体情况而定。因此，可原谅的工程拖期下又可分为：①可原谅并给予补偿的拖期(Excusable and Compensible Delay)，拖期的责任者是业主或工程师；②可原谅但不给予补偿的拖延(Excusable But not Compensible Delay)，这往往是由于客观因素造成的拖延。

上述两种情况下的工期索赔可按表9-3处理：

工期索赔处理原则 表9-3

索赔原因	是否可原谅	拖期原因	责任者	处理原则	索赔结果
工程进度拖延	可原谅拖期	(1) 修改设计 (2) 施工条件变化 (3) 业主原因拖期 (4) 工程师原因拖期	业主/工程师	可给予工期延长；可补偿经济损失	工期+经济补偿
		(1) 异常恶劣气候 (2) 工人罢工 (3) 天灾	客观原因	可给予工期延长；不给予经济补偿	工期
	不可原谅的拖期	(1) 工效不高 (2) 施工组织不好 (3) 设备材料供应不及时	承包商	不延长工期；不补偿经济损失向业主支付误期损害赔偿费	索赔失败；无权索赔。

(三) 共同延误下工期索赔的有效期处理

承包商，工程师或业主，或某些客观因素均可造成工程拖期，但在实际施工过程中，工程拖期经常是由上述两种以上的原因共同作用产生的，称为共同延误（Concurrent Delay）。

在共同延误情况下，要具体分析哪一种情况延误是有效的，即承包商可以得到工期延长，或既可得到工期延长，又可得到经济补偿。在确定拖期索赔的有效期时，可依据下述原则：

1. 首先判别造成拖期的哪一种原因是最先发生的，即确定"初始延误"者，它应对工程拖期负责。在初始延误发生作用期间，其他并发的延误者不承担拖期责任。

2. 如果初始延误者是业主，则在业主造成的延误期内，承包商既可得到工期延长，又可得到经济补偿。

3. 如果初始延误者是客观因素，则在客观因素发生影响的时间段内，承包商可以得到工期延长，但很难得到经济补偿。

上述共同延误下的处理原则可用表9-4表示：表中第一列，初始延误者是承包商C，第二列的初始延误者是业主E，第三列的初始延误者是客观原因N。"□"表示获得工期延长和经济补偿的有效期，"⊟"表示获得工期延长的有效期。表中线段长度代表延误事件持续时间。

共同延误下的索赔处理   **表9-4**

	1	2	3
a	C E N	E C N	N C E
b	C E N	E C N	N C E
c	C E N	E C N	N C E
d	C E N	E C N	N C E

三、费用索赔的计算

表9-5详细列出了在不同种类的施工索赔中，哪些费用可以得到补偿，哪些费用一般不能得到补偿，哪些费用需经过分析才能确定是否可以得到补偿。表中采用三种符号表示是否将该项目列入索赔费用中：符号'√'表示应列入；符号'＊'表示有时可列入；符号'○'表示不应列入。

在具体分析费用的可索赔性时，应对各项费用的特点和条件进行单独审核论证，使其更具说服力。现分述如下：

(一) 单项索赔值的计算

1. 人工费计算

人工费中的各项费率取值：

(1) 人员闲置费费率＝工程量表中适当折减后的人工单价

(2) 加班费率＝人工单价×法定加班系数

(3) 额外工作所需人工费率＝合同中的人工单价或计日工单价

(4) 劳动效率降低索赔额＝（该项工作实际支出工时－该项工作计划工时）×人工单价

(5) 人工费价格上涨的费率＝最新颁布的最低基本工资率－提交投标书截止日期前第28天最低基本工资率

索赔费的组成及其可索赔性　　　　　　　　　　　　　　　　　　　　　　表 9-5

旋工索赔计价的组成部分	不同原因引起四种主要的索赔			
	工程拖期索赔	施工范围变更索赔	加速施工索赔	施工条件变化索赔
1. 由于工程量增加新增的现场劳动时间的费用	○	√	○	√
2. 由于工效降低新增的现场劳动时间的费用	√	*	√	*
3. 人工费增长数	√	*	√	*
4. 新增建筑材料用量的费用	○	√	*	*
5. 建筑材料单价提高	√	√	*	*
6. 新增分包工程量	○	√	○	*
7. 新增分包工程成本	√	*	*	√
8. 设备租赁费	*	√	√	√
9. 承包商原有设备使用费	√	√	*	√
10. 承包商新增设备使用费	*	○	*	*
11. 现场管理费（可变部分）	*	√	*	√
12. 现场管理费（固定部分）	√	○	○	*
13. 公司管理费（可变部分）	*	*	*	*
14. 公司管理费（固定部分）	√	*	○	*
15. 利息（融资成本）	√			
16. 利润	*	√	*	√
17. 可能的利润损失	*	*	*	*

例 9-2 工效降低索赔

某分包商承包一段道路的土方挖填工作，挖填方总量为1750m3，计划用8个台班的推土机，65个工日劳动力。台班费为850元，人工费35元，管理费为9.5％，利润为5％。

施工过程中，由于总承包商的干扰，使这项工作用了十天才完成，而每天出勤的设备和人数均未减少。因此，该分包商向总包商提出了由于工效降低而产生的附加开支的索赔要求，即超过原定计划2天的施工费用如下：

2天的设备台班费　　　　　　　　　　2×850元＝1700元

2天的人工费　　　　　　　　　　　　2×8人×35元＝5600元

管理费　　　　　　　　　（1700＋560）×9.5％＝215元
利润　　　　　　　　　　（1700＋560＋215）×5％＝124元

工效降低索赔款为2599元。

2. 材料费计算

材料费用索赔包括两个方面：实际材料用量超过计划用量部分的费用（即额外材料的费用）索赔和材料价格上涨费用的索赔。在材料费索赔计算中，要考虑材料运输费、仓贮费以及合理破损比率的费用。

（1）额外材料使用费＝（实际用量－计划用量）×材料单价

（2）增加的材料运杂费、材料采购及保管费用按实际发生的费用与报价费用的差值计算。

（3）某种材料价格上涨费用＝（现行价格－基本价格）×材料量

基本价格是指在递交投标书截止日期以前第28天该种材料的价格；

现行价格是指在递交投标书截止日期以前第28天后的任何日期通行的该种材料的价格；

材料量是指在现行价格有效期间内所采购的该种材料的数量。

3. 施工机械费计算

（1）机械闲置费＝计日工表中机械单价×闲置持续时间

（2）增加的机械使用费＝计日工表或租赁机械单价×持续时间

（3）机械作业效率降低费＝机械作业发生的实际费用－投标报价的计划费用

4. 现场管理费的索赔计算

现场管理费的索赔费用是指承包商完成额外工程，可进行索赔的工作和工期延长期间的现场管理费用，包括管理人员、临时设施、办公、通讯、交通等多项费用。其计算方法如下：

（1）根据计算出的索赔直接费款额计算现场管理费索赔值

增加的现场管理费＝（现场管理费总额÷工程直接费总额）×直接费索赔总额

（2）根据工期延长值计算现场管理费索赔值

每周现场管理费＝投标时计算出的现场管理费总额÷要求工期（周）

要求工期是指工程师最后批准的项目工期。

现场管理费索赔值＝每周现场管理费×工期延长周数

5. 上级管理费

（1）根据工期延长值计算上级管理费索赔值

每周上级管理费＝投标时计算出的上级管理费总额÷要求工期（周）

要求工期是指工程师最后批准的项目工期。

上级管理费索赔值＝每周上级管理费×工期延长值

（2）根据计算出的索赔直接费款额计算上级管理费索赔值

该方法是按照投标报价书中上级管理费占合同总直接费的比例（3％～9％）计算上级管理费索赔值；

上级管理费索赔值＝索赔直接费款额×合同中上级管理费比例。

6. 利润

通常是指由于工程变更、工程延期、中途终止合同等使承包商产生利润损失。在FIDIC合同条件中，有下列八项内容可使承包商索赔利润：

（1）因工程师提供的原始基准点、基准线和参考标高数据错误，导致承包商放线错误，对纠正该错误所进行的工作；

（2）工程师指示打钻孔、进行勘探开挖，而这些工作又不属于合同工作范围；

（3）修补由于业主风险造成的损失或损坏；

（4）根据工程师的书面要求，为其他承包商提供服务；

（5）在缺陷责任期内，修补由于非承包商原因造成的工程缺陷或其他毛病；

（6）实施变更工作；

（7）特殊风险对工程造成损害（包括永久工程、材料和工程设备），承包商对此进行的修复和重建工作；

（8）业主违约终止合同；

（9）货币及汇率变化产生的利润损失。

利润索赔值的计算方法如下：

利润索赔值＝利润百分比×（索赔直接费＋索赔现场管理费＋索赔上级管理费）

7. 利息

利息索赔主要分为两种情况，一是指由于工程变更和工程延期，使承包商不能按原计划收到合同款，造成资金占用，产生利息损失；二是延迟支付工程款的利息。在计算利息索赔值时，可根据合同条款中规定的利率，或根据当时银行的贷款利率进行计算。

在上述各单项索赔计算中，承包商要提供和证明其索赔值的计算方法是合理的，如劳动效率降低索赔中，承包商必须向工程师证明其原计划工时的计算方法是合理的，这一点承包商很难拿出具有说服力的证据，如此也就增加了索赔的难度。

（二）常用的费用索赔计算方法

工程承包的实践证明，承包商在拥有索赔权的情况下，采用正确、恰当的方法计算索赔款额是十分重要的。承包商不可无根据的扩大索赔款额，以免使索赔搁浅。在索赔计价方法中较多采用分项计算法，在难以按分项计算索赔款额时，则采用总费用法。下面分述这两种方法。

1. 费用索赔分项计算方法

该方法是将承包商在索赔事件持续发生过程中产生的费用逐项列出，分别进行计算，再汇总计算出索赔的总费用。分项计算法，在明确责任的情况下，由于费用分项列出，加上承包商提供的相应记录、收据、发票等证据资料，业主和工程师可以在较短时间内分析、核实索赔报告，确定最终索赔款额，并在较短时间内与承包商达成一致意见，顺利解决索赔事宜。通常索赔项目的分项方法如下：

（1）直接费的计算

（2）间接费的计算

（3）利润

（4）施工效率降低的计算

上述各大项在实际计算索赔款额时，需再进一步划分为更小的单项进行计算。

例9-3 一段公路改建工程，包括土方挖填和弃土处理，合同额为4979068美元，工期

2年。在施工过程中，发现开挖路基的弃土量超出原标书中所列的数量，而且由于弃土量的增加，原定的弃土场（距开挖点2公里）已不够用，选定的新弃土场运距为9.5公里，因此，承包商向工程师提出了索赔要求。

超挖土方量为9968m^3，超过原定挖方弃土量的4.9%，承包商要求：①提高这部分土方的开挖单价，即从投标报价中的2.5美元/m^3增至6.5美元/m^3，②对土方开挖量增加和弃土运距增加，要求工程师发出变更指示。

工程师认为：①挖方弃土量较工程量表增加仅4.9%，不能改变挖方单价，也不必发出变更指示；②至于弃土运距增加，由2km增至9.6km，可公平调整运输费用要求承包商提出新的运输单价。

承包商提出的运输单价如下：

(1) 直接费

运距增加　　　　9.5－2.0＝7.5km

　　　　往返15km，需0.75小时。

汽车每次装土4.0 m^3，每小时运费28美元

每m^3弃土运输费用＝0.75×28/4.0＝5.25美元

(2) 间接费

　　　现场管理费和利润 8%　　0.42美元

　　　上级管理费 4%　　0.227美元

　　　每m^3弃土运输单价＝5.897美元

　　　总运费＝5.897×9968＝58781美元

以上新增运输费58781美元，为工程师和业主所接受，并同意列入下一个月的工程款结算中，此项索赔事件遂顺利解决。

2. 费用索赔的总费用方法

总费用方法是用承包商在施工过程中发生的总费用减去承包商的投标价格来计算项目的费用索赔值，该方法要求承包商必须出示足够的证据，证明其全部费用是合理的，否则业主将不接受承包商提出的索赔款额，而承包商要想证明全部费用是合理支出，则并非易事。因此该方法不易过多采用，只有在无法按分项方法计算索赔费用时，才可使用该法。

采用总费用法时应注意的问题：

(1) 由于非承包商的原因，使施工过程受到严重干扰，造成多个索赔事件混杂在一起，导致承包商难以准确的进行分项记录和收集证据资料，也无法分项计算出承包商产生的损失，只得采用总费用法进行索赔；

(2) 承包商报价必须合理。所谓合理是指承包商标价计算合理，其价格应接近业主计算的标价，并非是采取低价中标的策略，导致标价过低。

(3) 承包商发生的实际费用证明是合理的。对承包商发生的每一项费用进行审核，证明费用的支出是实施工程必需的。承包商对费用增加不负任何责任。

总费用索赔方法在实际应用中，又衍生出一些改进的总费用索赔法。其总的想法是承包商易于证明其索赔款额（提交索赔证明资料），同时，便于业主和工程师进行核实、确定索赔费用。这些方法是：

(1) 按多个索赔事件发生的时段，分别计算每时段的索赔费用，再汇总出总费用。

(2) 按单一索赔事件计算索赔的总费用。

上述两种方法，由于时段的限制或单一事件的限制，其索赔总费用额较小，在处理索赔时，业主也较易接受，同时承包商也能尽快得到索赔款。

四、工程师的反索赔管理

反索赔是指业主向承包商提出的索赔要求。它与承包商向业主提出的索赔要求是对立统一的。反索赔一般是指工程师在对承包商提出的索赔进行审核评价时，指出其错误的合同依据和计算方法，否定其中的部分索赔款额或全部索赔款额；此外，也包括工程师依据合同内容，对承包商的违约行为提出反索赔要求。

按反索赔的目的，可划分为工期索赔和费用索赔。

（一）反索赔的工作内容

反索赔的根本目的是维护业主的利益，因此，从反索赔的实质分析，其工作内容如下所述。

1. 审核评价承包商的索赔报告

（1）审定索赔权

任何一项索赔必须依据合同的某些条款或内容提出，这也是审定承包商是否具有索赔权的主要内容。应审定承包商索赔报告中的以下内容：

1）索赔通知书

即审核承包商是否就索赔事件在合同规定的时间内向工程师发出索赔的意向通知。如果承包商未及时发出索赔通知，则认为其自动放弃索赔权力。

2）索赔的依据

处理索赔的原则是以事实为依据，以合同为准绳。因此承包商的索赔必须明确说明是依据合同的哪些条款提出索赔，并有充足的理由证明承包商对索赔事件不负任何责任。

工程师在审核索赔依据时，有权否定不合理的或模棱两可的理由。

（2）审核索赔款额

在肯定承包商有索赔权的前提下，工程师应对承包商的索赔款项的计算进行逐项核实，剔除不合理的计价项目和计价方法，同时应说明不合理原因，最后计算出索赔总价。

在进行索赔费用的审核时，工程师可参照表9-6的内容。

2. 向承包商提出索赔

业主对承包商的违约行为可提出费用索赔。但由于业主是买方，同时也是投资方，其最终目的是按时并保质保量完成项目，一般情况下，不单独向承包商提出费用索赔，而是采用保留索赔权的方式，对承包商的违约行为向其发出警告或索赔的意向通知。

如承包商内部组织不得力，导致施工速度过慢，已明显影响到总工期，工程师可向承包商发出警告，同时说明导致工程拖期的后果。如果在工程竣工日期，还未完成项目，可颁发延误证书，说明工程应予完工的日期和承包商应对拖期完工负全部责任，则误期损害赔偿费的起算日期即为延误证书中注明的日期。这些书面的警告、指示和证书，对承包商都具有影响力和约束力。既维护了业主的利益，又不使双方的关系过于紧张，同时也有利于工程的顺利实施。

只有在特殊情况下，业主才向承包商提出反索赔。如由于承包商违约，导致合同提前终止，在双方进行清算时，业主向承包商提出费用索赔。

(二) 反索赔合同依据

业主可依据表9-6反索赔条款内容向承包商提出费用索赔。

反索赔条款 表9-6

编　号	合同条款号	条款主题内容	是否需通知承包商
1	25.3	承包商保险失效	不需要通知
2	30.3，30.4	损坏了公路和桥梁	讨论
3	37.4	拒收材料和设备	由工程师通知
4	39.2	承包商不遵守指示	由工程师通知
5	46.1	施工进度拖期	由工程师通知
6	47.1	误期损害赔偿费	不需要通知
7	49.4	承包商未修复工程	由工程师通知
8	59.5	未向指定分包商付款	由工程师通知
9	63.3	承包商违约	由工程师通知
10	64.1	紧急维修	由工程师通知
11	65.8	终止合同后的付款	由工程师通知

第四节 国际工程争端的解决

一、适用的法律

在国际工程合同中，不仅应规定解决争端须遵循的程序，而且还应明确规定，适用于合同的法律，以便双方在履行合同义务方面严格遵守该法律，减少某些违约行为，同时，也便于在处理双方争议事项时，做到有法可依，有法必依。

（一）工程项目所在国对适用于合同的法律作出强制性规定

作为工程项目业主，根据国家法律强制性规定，在其合同文本中往往已规定了适用于合同的法律。承包商根本没有选择适用于合同的法律的权力，必须据此签定合同。在这种情况下，承包商必须熟悉工程项目所在国的各种法律，但由于国际工程项目涉及的法律种类繁多，因此，聘请当地的律师来处理一些法律事务就显得十分重要了。

（二）合同双方可自由选择适用于合同的法律

双方在做出选择时应考虑：

1. 法律的公平性

所选择的法律对双方应公平，如果在某些强制性规定方面对某方当事人产生较大利益损失，则将影响合同的顺利实施，而且在出现争端时，会影响合同争端的顺利解决。

2. 法律的完备性

各国的法律制度和社会习俗有很大区别，法律是否健全，关系到双方是否能够严格履行合同义务，顺利解决争端事宜，圆满完成合同。因此，如果选择的法律具有某种缺陷，则应在合同相应的条款中，对此做出补充规定或说明可以采取的补救措施。

3. 合同有效期内法律的变更和新颁布的法律

在合同履行过程中，工程项目所在国的国家法律、法规、政策可能会变更，或新颁布一些规定细则。这些法律法规的变化，可能会给合同当事人带来益处，也可能带来损失，为确保合同双方的利益均不受损害，应在合同中对此做出明确规定。

4. 主包合同和分包合同应适用于同一法律

在大部分争议事项中，既涉及承包商，也涉及分包商，为便于协调和处理争议事项，在主包合同和分包合同中，应采用同一法律。

二、解决争端的方式

在合同各方之间出现争端时，只要各方本着求同存异的愿望，就能顺利解决争端。解决争端的方式很多，但应首选既省时又省力的友好解决方式，这也是各仲裁机构的愿望。

（一）友好协商解决

在 FIDIC 合同条件中规定：在对争端事宜进行仲裁之前，双方首先应将争端事宜提交工程师，由工程师做出处理决定；然后，如果某一方不接受工程师的决定，则应在合同规定的时间内，向对方发出提交仲裁的意向通知，同时将一份副本送交工程师。在发出将争端事宜提交仲裁的通知后56天内，应设法友好协商解决，否则，将在该通知发出56天后（包括第56天），开始仲裁。由此可以看出，在 FIDIC 合同条件中给予争议各方两次通过友好协商方式解决争端的机会，充分强调了友好协商解决争端的重要性，即避免耗时、费力、昂贵的仲裁。

友好协商解决有两种方式：

1. 双方当事人直接进行谈判解决争端。这通常是解决争端的首选方法，即快捷又经济。双方在谈判中，互谅互让，达成解决争端的一致意见。

2. 邀请中间人进行调节解决争端。这里的中间人是指双方均熟悉且值得信赖的某个人或专门的组织。中间人通过与争议双方充分接触，在全面调查研究的基础上，对所争议的事项提出一个公正合理的处理建议供双方参考并接受，该建议对双方无约束力。中间人是在与双方充分协商的基础上提出此建议，故一般情况下，如果双方本着求同存异的原则，希望和谐地完成全部合同义务，就能圆满解决问题。遗憾的是，有时双方各持己见，不愿做出任何让步，最后只得进行仲裁或向法院提起诉讼。

（二）争端评审委员会方式

争端评审委员会方式（Dispute Review Board，DRB）是在国际工程承包实践中，逐步发展起来的一种新的解决争端的方式。在世界银行贷款项目中，曾多次成功地采用该方式。目前，我国利用世界银行贷款正在建设中的四川二滩水电站项目，河南黄河小浪底水利枢纽工程项目都是采用争端评审委员会方式。

该种方式的优点是处理争端快捷省时；解决争议的地点是施工现场，对项目的干扰最小，解决争端所需费用低。争端评审委员会成员均是双方认可的技术专家，解决争端的建议便于争议双方接受和执行。

争端评审委员会方式是介于工程师处理争议和仲裁或诉讼处理争议之间的一种解决争端的方式。处理争端的程序，并不影响工程师处理争议事项的程序，当任一方对工程师的决定不满意时，可将争端事项提交争端评审委员会进行解决。如果在合同规定的时间内，任一方不满意争端评审委员会作出的建议，仍然可以提交仲裁或提起诉讼。否则，争端评审委员会的决定将是终局性的，对双方均具约束力。

通常争端评审委员会由3名成员组成，双方各指定一名，再由该两名成员聘请第三名。在合同中，应对争端评审委员会成员的基本条件、指定成员的方式、委员会的工作程序和工作方法作出规定。同时应规定争端评审委员会的成员应定期访问现场和召开各方参加的现场会议，了解工程实际进展状况，听取各方对工程进展状况以及存在问题的说明，及时处理工程中产生的争端，对一些可能出现的争端事项提出避免方法。

如果合同双方决定采用争端评审委员会方式，则应在合同正式开始履行之前组成争端评审委员会，并在合同签定后开始工作。

（三）仲裁

FIDIC 合同条件规定：对履行合同义务的任何争端事宜，应首先以书面形式提交工程师，并将一份副本送交对方。工程师应在收到该文件后的84天内将其决定通知业主和承包商，业主和承包商应立即执行工程师的决定。

如果任何一方不满意工程师的决定，应在工程师的决定变成最终决定之前向对方发出提交仲裁的意向通知。否则，双方在收到工程师有关此决定的通知70天后，工程师的决定将变成最终决定，对双方均有约束力。此时，如果一方拒不执行工程师的决定，则另一方可将此未履约行为提交仲裁，强制对方执行工程师的决定。

在处理争端事宜中应注意：

1. 发出提交仲裁通知的时间

在下列情况下，争议双方的任何一方，可向对方发出将争议事项提交仲裁的意向通知，同时，将一份副本送交工程师，该通知确定了发出通知方将争端提交仲裁的权力。通知发出后，工程师的决定对双方将不再具有约束力。

（1）对工程师的任何决定不满意，可在收到工程师的决定后70天内，向对方发出提交仲裁的意向通知。

（2）工程师未能在收到一方提交的争端文件后84天内发出所作决定的通知，则在此84天期满后的70天内，向对方发出提交仲裁的意向通知。

2. 提交仲裁后的友好解决

争端事件提交仲裁后，双方应设法进行协商，友好解决争端。如果在提交仲裁的意向通知发出后56天内未达成一致，则开始仲裁。

3. 仲裁

除非双方另有协议，所有争端均应按国际商会的调解与仲裁章程进行仲裁，由一名或数名仲裁人予以最终裁决。

工程师在收到任一方提交的争端事宜时，最好由工程师公司中的一位资历较深，且未参与本合同日常管理的人来处理。

在国际经济合作中，由于有联合国发布的《承认及执行外国仲裁裁决公约》的约束，不仅所有该公约的缔约国，而且世界上绝大多数的国家都承认和执行国际仲裁的裁决。因此，胜诉方可向对方所在国的法院提起诉讼，由法院强制对方执行仲裁裁决。

（四）诉讼

诉讼是一种通过司法途径解决双方争端的方式。如果采用此种方式解决争议，应在合同条件中列入相应的条款，明确规定在出现合同争端时，应提交给某一指定法院进行审理和作出判决。

在提起诉讼后,整个审理过程应遵守该法院的诉讼规则和程序。在作出判决后,如果败诉方拒不执行法院的判决,胜诉方可请求法院予以强制执行;如果该法院无法强制败诉方执行判决,胜诉方可直接向有管辖权的外地或外国法院申请承认和执行。

法院在受理申诉后,其审理过程一般是公开的,故不利于保守当事人的商业秘密和维护当事人的商业信誉。如果争议涉及公司的商业机密应采用其他解决争端的方式。

思 考 题

1. 什么是国际工程中的索赔和反索赔?
2. 在合同条件中往往对施工索赔有严格的时间规定。请根据FIDIC合同条件,说明进行索赔必须遵循的时间规定。
3. 分析工期索赔和费用索赔的关系。
4. 请根据FIDIC合同条件详细分析何种情况下可索赔利润和利息,哪些情况不可索赔。
5. 从事索赔管理人员应具备什么样的素质。

第十章　国际工程货物采购

本章介绍国际工程货物采购的有关概念和基本知识。首先简要叙述国际市场价格及其影响因素，国际贸易政策与措施；然后详细介绍国际贸易惯例和国际货物销售合同的基本条款。

第一节　概　述

一、国际工程货物采购的重要性

货物采购是指业主一方通过招标的形式选择合格的供货商，购买工程项目建设所需要的物资。它包含了货物的获得及整个获取方式和过程。其业务范围包括确定所需要采购的货物的性能和数量，供求市场的调查分析；合同的谈判与签订及监督实施；在合同执行过程中，对存在问题采取的必要措施；合同支付及纠纷处理等。

国际工程货物采购不同于一般意义上的货物采购，它具有复杂性及自身特点。我国过去对外贸易的商品进出口习惯于在市场上直接询价采购，在使用出口信贷或政府贷款进行采购时也只限于采购贷款国生产的产品，使采购范围、价格受到限制。目前我国吸取国外的先进经验，采用国际或国内竞争性招标方式进行货物采购，从而使采购更具有经济性和有效性。

货物采购在国际工程项目实施中具有举足轻重的地位，是项目建设成败的关键因素之一，从某种意义上讲，采购工作是项目的物质基础，这是因为在一个项目中，设备、材料等费用占整个项目费用的主要部分。同时，项目的计划和规划必须体现在采购之中，如果采购到的设备、物资不符合项目设计或规范要求，必然降低项目的质量或导致项目的失败。

物资采购对工程项目的重要性可概括为以下几个方面：

（1）能否经济有效地进行采购，直接影响到能否降低项目成本，也关系到项目建成后的经济效益。如果采购计划订得周密、严谨，不但采购时可以降低成本，而且在设备和货物制造、交货等过程中可以尽可能地避免各种纠纷。

（2）良好的采购工作可以通过招标方式，保证合同的实施，使供货方按时、按质交货。

（3）健全的物资采购工作，要求采购前对市场情况进行认真调查分析，充分掌握市场的趋势与动态，因而制定的采购计划切合实际，预算符合市场情况并留有一定余地，因此可有效避免费用超支。

（4）由于工程项目的物资采购涉及巨额资金和复杂的横向关系，如果没有一套严密而周全的程序和制度，可能会出现浪费、受贿等现象，而严格周密的采购程序可以从制度上最大限度地抑制贪污、浪费等现象的发生。

此外，国际工程项目中的货物采购是一项复杂的系统工程，它不但应遵守一定的采购程序，还要求采购人员或机构了解国际市场的价格情况和供求关系、所需货物的供求来源、外汇市场情况、国际贸易支付方式、保险、运输等与采购有关的国际贸易惯例与商务知识。

二、国际市场价格及其影响因素

国际工程物资采购准备工作的重要内容之一是通过国际市场价格调查，掌握其变动趋势与规律，因此了解国际市场价格的种类及其影响因素是保证物资采购成功的重要条件。

（一）国际市场价格的种类

国际市场价格是指在一定条件下，在世界市场上形成的市场价格，即某种商品在世界市场上实际销售所依据的价格。商品的国际市场价格按其形成条件、特征可分为：

1. "自由市场"价格

这种价格是指国际间不受市场垄断力量或国家垄断力量干预的条件下，独立经营的买方和卖方进行交易的价格，国际供求关系是这种价格形成的客观基础。

2. 世界"封闭市场"价格

世界"封闭市场"价格，是指国际市场上买卖双方在一定的约束条件下形成的价格。这种价格一般不受国际市场上供求关系规律的制约，买卖双方中的其中一方具有市场垄断力量，从而影响了价值规律的作用。"封闭市场"价格主要包括：（1）跨国公司内部转移价格；（2）垄断价格；（3）区域性经济贸易集团内部价格。其中垄断价格是在世界市场上有关买方或卖方垄断存在的情况下，垄断组织利用其经济力量和市场控制力量决定的价格。由于垄断并不意味着寡头垄断，无论是买方垄断价格，还是卖方垄断价格也存在着竞争，因而垄断价格存在一个客观的界限。例如，在国际工程物资采购中，某些供货方由于技术上或其他方面的原由对制成品或设备具有一定的垄断性，但在国际竞争性招标条件下，由于存在着较多的竞争者，在一定程度上限制了其垄断价格。

（二）影响国际市场价格变动的主要因素

商品的国际市场价格是由国际市场上的供求关系决定的。这种供求关系主要包括三方面：即供货方之间的竞销，购货方之间的竞买，供货方与购货方之间的竞争。这种竞争关系通过对供给与需求的影响而影响国际市场价格。因而，凡影响供求关系的各种因素都对国际市场价格产生影响。这些因素主要有：

1. 商品的生产成本

国际生产价格取决于国际商品的生产成本和各国的平均利润之和。所以当各国商品生产成本趋于上升时，则国际市场价格趋于上升；相反，当各国商品的生产成本趋于下降时，则国际市场价格趋于下降。

2. 垄断

垄断力量的存在使垄断组织为最大限度地获取高额利润，采取各种方法和措施控制世界市场价格。这类措施主要有：直接控制国际市场价格；通过影响供求关系间接影响国际市场价格。

3. 经济周期性波动

任何国家或地区的经济增长都存在不同程度的波动。在经济增长速度放缓，停滞或出现危机阶段，由于生产增长下降，大批存货积压，有效需求不足，大批商品找不到销路，此时商品的价格趋于下跌。但在危机过后，随着经济增长加快，生产逐渐上升，投资增加，对各种商品的需求增加，价格开始回升。当经济增长迅速时，投资与有效需求扩大，则商品价格上涨程度会进一步提高。

4. 各国政府的政治、经济贸易政策直接影响国际市场价格

如果一国采取封闭的经济政策时，其国内市场与国际市场相分离，国内市场价格的传导机制不受国际市场供求关系变化的影响。而当一国实行出口补贴，进出口管制，外汇管制政策时，则必然会使国际市场上受限商品的价格上升或下降。

对国际市场价格影响较大的政府政策主要有：价格或收入支持政策、进出口补贴政策、进出口管制政策、关税政策、外汇政策、税收政策、财政金融政策、投资政策等。

5. 规模经济收益

规模经济对各国政府，跨国公司及其他中小企业的影响越来越大。因为在许多产业的发展中，存在着规模报酬递增的现象。即随着生产规模的扩大，产量的增加，商品生产的平均成本降低，当未达到最佳生产规模时产量的增加，会导致生产成本的降低，商品价格趋之下降。但是一旦超过最佳生产规模，则生产成本会进一步上升，商品价格趋于上涨。因此，规模报酬递减产业中规模经济与规模不经济自然会影响国际市场上该产业产品的价格。

6. 贸易条件

商品交换中的各种销售因素会影响商品的价格。这些因素包括：各种贸易支付方式、各种贸易术语的使用、装运与保险、成交数量、广告营销、售前与售后服务。

7. 其他偶发性条件

国际市场价格也可能会受一些偶发性事件的影响。如自然灾害，政治动乱，战争及投机等因素会造成商品供求关系的失衡，从而使国际市场价格发生变化。

三、国际贸易政策与措施

不言而喻，一国的国际贸易政策对国际工程的经营活动，尤其是物资采购有着重要影响。特别是各国的进出口关税和非关税措施直接影响采购的顺利进行，影响工程的造价。因此承包商应对国际贸易政策的基本内容与有关的关税与非关税措施有一些基本了解。

（一）国际贸易政策的内容

一国的国际贸易政策主要受本国政治，经济，社会对外政策等因素的影响，是整个经济政策中对外政策的一部分，体现了该国的经济利益和政治利益。

从国际贸易发展的历史看，各个国家的对外贸易政策基本上有三种类型：自由贸易政策；保护贸易政策；管理贸易政策。

自由贸易政策的主要内容是：国家取消对进出口贸易的限制和障碍，取消对本国进出口商的各种特权和优惠，使商品和服务自由进出口，在国内外市场上公平竞争。

保护贸易政策的主要内容是：国家采取各种限制进口的措施，以保护本国商品在国际市场上免受外国商品和服务的竞争，并对本国出口商给予优惠和津贴，以鼓励商品和服务出口。

管理贸易政策的主要内容是：国家对内制定一系列贸易政策、法规，加强对对外经贸有秩序、健康发展的管理；对外通过签订双边、多边经济贸易条约或协定，协调与其他国家对外经济贸易方面的权利和义务。

目前发达国家在进行经济和政策调整过程中逐渐形成了一些新特点，对世界贸易的影响很大。这些特点主要有以下几点：（1）贸易保护措施由非定型化变为制度化，即将以往只针对某些商品实施的临时性的限制性措施制度化，这些措施相互关联，彼此配合，具有

综合性、系列化的特点。（2）管理贸易的法律由单行化转变为整体化，即将对外贸易政策法律化，并与其他方面的国内法相配合，使贸易保护主义具有法律上的依据。（3）奖励出口是各发达国家对外贸易政策的核心。

(二) 关税措施

一般说来，关税主要可以分为以下几种：

1. 进口税

进口税是进口国在外国商品输入时，对本国进口商征收的正常关税。正常进口税通常可分为最惠国税和普通税两种。最惠国税适用于与该国签订有最惠国待遇原则的国家或地区所进口的商品。普通税适用于与该国没有签订这种贸易协定的国家或地区所进口的商品。最惠国税率比普通税率低。第二次世界大战后，大多数国家都加入关税与贸易总协定，相互提供最惠国待遇，享受最惠国税率。因此，正常进口税一般指最惠国税。

2. 出口税

出口税是出口国海关在本国商品输往国外时，对出口商品征收的一种关税。由于征收关税必然会提高本国商品在国外市场的销售价格，降低商品的竞争能力，因此，除少数发展中国家为保护本国生产和市场供应，或为增加财政收入征收出口税外，一般都不征收出口税。

3. 进口附加税

即进口国对进口商品，除按照公布的税率征收正常进口税外，还往往出于某种原因再加征进口税。进口附加税是限制商品进口的一种临时措施，其目的主要是为应付国际收支逆差；维持进出口平衡，防止外国商品的低价倾销；对某个国家实行歧视待遇或报复等。进口附加税主要有反补贴税和反倾销税。前者是对直接或间接接受任何奖金或补贴的外国商品进口所征收的附加税，后者是对实行商品低价倾销的进口货所征收的附加税。

4. 差价税

当某种产品国内外都有生产，但国内产品高于国外进口商品的价格时，为保护国内生产和市场，按照国内价格与进口商品价格间的差额征收关税。

关税的征收方法主要有两种，即从量税和从价税。在这两种主要征收方法的基础上，又有混合税和选择税。

（1）从量税。是按商品的重量、数量、长度等计量单位计征的关税。

（2）从价税。是按进口商品的价格为标准计征的关税。其税率表现为商品价格的百分率。因此，征收从价税，确定进口商品的完税价格是一个较为复杂的问题。完税价格是经海关审定作为计征关税的货物价格，是决定税额多少的一个重要因素。目前各国都规定以正常价格作为完税价格。正常价格是指在正常贸易过程中处于充分竞争条件下某一商品的成本价格。如果进口商品发票中载明的价格与正常价格相一致，即以发票价格为完税价格；如果发票价格低于正常价格，则根据海关估定价格作为完税价格。

（3）混合税。是对某种进口商品采用从量税和从价税同时征收的方法。混合税的征收有两种方法：一种是以从量税为主加征从价税，一种是以从价税为主加征从量税。

（4）选择税。是对一种商品同时规定从价税和从量税两种税率，征税时选择税额较多者征收。

关税征收的依据是各国政府根据本国实际情况通过立法程序制定和公布的海关税则，

体现了一国的对外贸易政策。海关税则的关税税率表中一般包括：税则号、商品名称、记征单位和税率等内容。

海关税则有单式税则和复式税则。单式税则又称一栏税则，即一个税目下只有一个税率。适用于来自任何国家的商品。复式税又称多栏税则，即一个税目下订有两个或两个以上不同的税率，其主要目的在于实行差别待遇和歧视待遇。

(1)《海关合作理事会税则目录》是多年来各国一直沿用的税则目录，其划分原则是以商品为主，并结合加工程度。全部商品共21类、99章、1097项税目号。根据税则分类的规定，税则目录中的类、章、目这三级的税则号排列及编制不得改动。对于目的编排享有一定的机动权，从而保证该税则目录使用的一致性和应用范围。

(2)《国际贸易货物名称和编码协调制度》(以下简称"协调制度")是《海关合作理事会分类目录》和《国际贸易标准分类》这两个体系的最新发展，是国际贸易不断发展的客观要求，将商品描述在分类体系基础上经过10多年研究的结果。该协调制度将商品分为21类、96章、1241个税目、5019个子目。编码的税目和子目是按商品的原料来源，结合加工程度和用途以及工业部门来划分和编排的。

第二节 国际贸易惯例

一、国际贸易惯例概述

国际贸易惯例是指在长期的国际贸易业务中反复实践并经国际组织或权威机构加以编纂和解释的习惯做法。国际贸易活动环节繁多，在长期的贸易实践中，在交货方式、结算、运输、保险等方面形成了某些习惯做法，但由于国别差异，必然导致这些习惯作法上的差异。这些差异的存在显然不利于国际贸易的顺利发展。为解决这一问题，一些国际组织经过长期努力，根据这些习惯做法，制订出解释国际贸易交货条件，货款收付等方面的规则，并在国际上被广泛采用，因而形成为一般的国际贸易惯例。由此可见，习惯做法与国际贸易惯例是有区别的。国际经济贸易活动中反复实践的习惯做法只有经过国际组织加以编纂与解释才形成为国际贸易惯例。

国际贸易惯例并不是法律，而是人们共同信守的事实和规则。这些规则的存在和延续是因为它能够满足人们的实际需要而不是因为国家机器的强制，因此，国际贸易惯例不是法律的组成部分，但可以补充法律的空缺，使当事人的利益达到平衡。

关于国际贸易惯例与合同条款之间的关系，国际经济贸易活动中的各方当事人通过订立合同来确定其权利和义务。在具体交易中，虽然当事人在合同中对各项主要交易条件及要求等作出规定，但不可能对合同履行中可能出现的所有问题都事先想到。对于在合同中未明确规定的许多问题，或合同条款本身的效力问题，都有可能涉及到习惯作法和惯例的使用。因此，国际贸易惯例与合同条款之间存在解释与被解释，补充与被补充的关系。国际贸易惯例可以明示或默示约束合同当事人，而合同条款又可以明示地排除国际贸易惯例的适用，此外国际贸易惯例可以解释或补充合同条款之不足。

由于国际经济贸易活动复杂多变，因此，运用国际贸易惯例应遵循以下原则：1，适用国际贸易惯例不得违背法院或仲裁地所在国的社会公众利益。由于惯例仅对法律具有补充或解释作用，因此，在适用某项国际贸易惯例时，所适用的惯例不应与同争议案同时适用的某国法律的具体规定相冲突。2. 由于国际贸易惯例仅在合同的含义不明确或内容不全面时才对合同有解释或补充作用，因此，国际贸易惯例的规则不得与内容明确无误的合同条款相悖，但是，如果根据法律规定合同条款无效，则仍可适用有关的国际惯例。3. 对于同一争议案，如果有几个不同的惯例并存，则应考虑适用与具体交易有最密切联系的国际贸易惯例。

目前，国际贸易惯例主要有以下几种：1. 与国际贸易术语有关的国际贸易惯例；2. 与国际贸易结算有关的国际贸易惯例；3. 与国际货物运输有关的国际贸易惯例。这些惯例在国际工程承包的经营活动中被经常使用，因此有必要将这些国际贸易惯例加以详细解释。

二、与国际贸易术语有关的国际贸易惯例

《国际贸易术语解释通则》（以下简称《通则》）是由国际商会制定的，专门用于解释贸易术语的惯例，在国际贸易惯例中占有很重要的地位。《通则》在国际经济贸易活动中为分清当事人的权利、义务与责任、风险，避免处于不同国家的当事人对同一贸易术语的不同解释，简化和缩短当事人之间贸易洽谈和成交的过程，减少纠纷，解决争议提供了指南和准则，为促进国际经济贸易的良性发展发挥了重大作用。为适应国际经济贸易业务发展的需要，国际商会在1936年制定出《通则》以后，先后于1953，1967，1976，1980，1990年5次进行部分修改和补充，使其日趋完善。现行的《1990年通则》是国际商会根据80年科学技术、运输方式等方面的发展变化，在《1980年通则》的基础上修订产生的，并于1990年7月1日起生效。《1990年通则》有13种贸易术语，但到目前为止使用最多的是装运港交货和适用多种运输方式的货交承运人等6种。在国际工程承包经营活动中，物资采购时所使用的交货条件，大部分按照《通则》的解释进行。世界银行贷款项目货物采购国际竞争性招标文件亦规定选用上述6种贸易术语以及工厂交货价，并按《90年通则》解释。下面作进一步介绍。

（一）国际工程货物采购经常使用的7种术语

1. FOB 船上交货（…指定装运港）

按照《90年通则》的解释，采用FOB术语成交时，卖方承担的基本义务是在合同规定的装运港和规定的期限内，将货物装入买方指派的船只，并及时通知买方。货物越过船舷时，风险由卖方转移至买方。买方要负责租船订舱，支付运费，并将船期、船名及时通知卖方。货物在装运港装船时越过船舷后的其他责任、费用也都由买方负担，包括获取进口许可证或其他官方证件，以及办理货物入境的手续和费用。如果买方指定了船只，而未能及时将船名，装货泊位及装船日期通知卖方，或者买方指派的船只未能按时到达，或者未能承载货物，或者在规定期限终了前截止装货，买方要承担由此产生的一切风险和损失。但前提是货物已被清楚地分开或被指定为供应本合同之用。

在FOB条件下，卖方要自负风险和费用领取出口证或其他官方证件，并负责办理出口手续，卖方还要提供证明他已按规定完成交货义务的单证。在买方要求下，并由买方承担风险和费用的情况下，卖方给予一切协助，以取得提单或其他运输单据。

2. CIF 成本保险费加运费（…指定目的港）

采用这一贸易术语时，卖方的基本义务是负责按通常条件租船订舱，支付到目的港的运费，并在规定的装运港和装运期内将货物装上船，装船后及时通知买方。此外，卖方还要办理从装运港到目的港的海运货物保险，支付保险费。按CIF条件成交时，卖方是在装运港完成交货义务，并不保证货物安全抵达目的港。卖方承担的风险也只限货物越过船舷之前的风险。货物越过船舷之后的风险，概由买方承担。货物装上船之后，自装运港到目的港的通常运费、保险费以外的费用由买方负担。买方还要自负风险和费用取得进口许可证或其他官方文件，办理进口手续，并按合同规定支付贷款。

在交单义务方面，卖方需要提交商业发票或与之相等的电子单证，必要时提供证明所交货物与合同规定相符的文件，提供通常的运输单据，使买方得以在目的地受领货物，或者通过转让单据出售在途货物，提供符合合同规定的保险单据，使买方可以凭该单据直接向保险人索赔。此外，卖方要自负风险和费用办理出口手续。本术语只适用于海运和内河运输。

3. CFR 成本加运费（…指定目的港）

按照《90 年通则》的解释，采用这一贸易术语时，卖方承担的基本义务是在合同规定的装运港和规定的期限内，将货物装上船，并及时通知买方。货物在装船时越过船舷，风险即从卖方转移至买方。卖方负责订立运输契约，租船订舱，支付到指定目的港的运费。买方负责办理从装运港至目的港的货运保险并支付保险费。

4. FCA 货交承运人（…指定地点）

采用这一交货条件时，买方要自费订立从指定地点启运的运输契约，并及时通知卖方。如果买方有要求，或者根据商业习惯，买方没有及时提出相反意见，卖方也可能按照通常条件订立运输契约，但费用和风险要由买方承担。卖方在规定时间和地点把货物交给承运人照管，并且办理出口清关手续后，就算完成了交货义务。FCA 术语适用于包括多式联运在内的各种运输方式。无论采用那种运输方式，买卖双方各自承担的风险均以货交承运人为界。风险转移后，与运输、保险相关的责任和费用也相应转移。此外，在 FCA 条件下，卖方除须提交符合合同规定的货物外，还必须提交商业发票或相等的电子单证。必要时，还须提供证明货物与合同要求相符的单证，以及卖方按上述要求完成交货义务的凭证。另外，卖方要自负风险和费用获取出口许可证或其他为货物出口所需官方文件。

5. CPT 运费付至（…指定目的地）

采用 CPT 术语成交，卖方要自负费用订立将货物运往目的地指定地点的运输契约，并负责按合同规定的时间将货物交给承运人处置之下即完成交货义务。卖方在交货后要及时通知买方。买方自货物交付承运人处置时起承担货物灭失或损坏的一切风险。买方应在双方约定的目的地指定地点受领货物，支付货款，并且负担除运费以外的货物自交货地点直到运达指定目的地为止的各项费用以及卸货费和进口捐税。卖方无论是在出口国内地还是港口交货，都要负责提交办理出口报关所需的出口许可证及其他官方文件，提供所需商业发票或相等的电子单证及通常的运输单据。

6. CIP 运费、保险费付至（…指定目的地）

采用 CIP 术语成交，卖方要负责订立运输契约并支付将货物运达指定目的地的运费，并且办理货物运输保险，交付保险费。卖方在合同规定的装运期内将货物交给承运人或第一承运人的处置之下，即完成交货义务。交货后及时通知买方，货物风险也于交货后转移至买方，买方在合同规定的地点受领货物，支付货款，并负担除运费、保险费以外的货物自交货地点至目的地为止的各项费用以及卸货费和进口捐税。

7. EXW 工厂交货（…指定地点）

本术语用于在货物产地或储存地交货的方式。卖方的基本责任是在合同规定的时间、地点，在其营业所在地，将符合合同要求的货物置于买方的处置之下，就算完成了交货义务。卖方承担的风险也随交货义务的完成而转移至买方。买方负责将货物装入运输工具，并运至最终目的地，承担其间的全部风险、责任和费用，包括货物出、入境的手续及有关费用。卖方只须提供商业发票或相等的电子单证，如合同有要求，才提供证明所交货物与合同规定相符的证件，卖方亦无义务提供货物出境所需的出口许可证或其他官方证件。但在买方的要求下，并由买方承担风险和费用的情况下，卖方也可协助买方取得上述证件。如果买方无法做到直接或间接办理出境手续，则不宜采用这一交货条件。

（二）其它贸易术语

1. FAS 船边交货（…指定装运港）

采用这一贸易术语，卖方要在规定的交货期限内将符合合同规定的货物交到约定的装运港买方指派船只的船边，卖方在船边完成交货义务，双方负担的风险和费用也都以船边为界进行划分。如果买方所派船只不能靠岸，卖方要负责用驳船把货物运至船边，仍在船边交货。买方负责装船并支付装船费，负责出口结关手续并支付费用。卖方要提供商业发票，自负费用和风险，提供通常证明完成交货义务的单据。卖方可在买方的要求下，并由买方承担费用和风险的前提下，协助买方取得运输单据，出口许可证及其他出口所需的官方文件。

2. DAF 边境交货（…指定地点）

采用DAF术语，卖方承担的基本义务是将货物运到边境的指定交货地点，负责办理出口手续，承担有关费用，在进入进口国关境之前，只要将货物置于买方处置之下即完成交货义务。买卖双方承担的风险和费用均以两国边境指定交货地点为界。

3. DES 船上交货（…指定目的港）

在DES条件下，卖方要负责将合同项下的货物按照通常路线和惯常方式运到指定目的港，并在合同规定的交货期内，在目的港船上将货物置于买方的控制之下，即完成交货义务。卖方在目的港船上交货时，风险转移至买方。买方负责在船上受领货物后的一切风险、责任和费用，在目的港卸货的责任和费用以及货物进口结关的手续和费用。在DES条件下，卖方要负责将货物安全运达目的港，在目的港船上将货物实际交给买方才算完成交货，因此DES是名副其实的"到岸价"，卖方虽然也要承担运输途中的风险，但其办理保险事宜完全是为了自己的利益。按此贸易术语成交的卖方负责提交的基本单据是商业发票或相等的电子单证，并自负费用提供提货单或运输单据，必要时提供证明货物与合同要求相符的凭证。

4. DEQ 码头交货（…指定目的港）

采用DEQ术语成交时，卖方要负责将合同规定的货物按通常航线和惯常方式运到指定目的港，并且负责将货物卸至码头。卖方在规定的交货期内，在指定目的港的码头将货物置于买方的控制之下，即完成交货。买方要承担在目的港码头交货后的一切风险、责任和费用。卖方需提交商业发票或相等的电子单证，提供提货单或通常的运输单据，并且自负风险和费用取得进口许可证或其他官方证件，买方可在卖方承担风险和费用的情况下协助办理上述进口结关所需证件。

5. DDU 未完税交货（…指定目的地）

采用DDU贸易术语，卖方要以通常条件自费订立运输契约，将货物按通常的路线和惯常方式运达指定目的地的约定地点。卖方在合同规定的交货期内，在目的地约定地点将货物置于买方的处置之下即完成交货，风险于交货时转移。卖方自负风险和费用取得出口许可证和其他官方证件，办理货物的出口手续，进口报关仍由买方负责，并支付进口捐税。如果双方当事人同意由卖方办理进口海关手续和负担由此引起的费用和风险，应在合同中对此作出明确规定。此外，卖方须提交关于货物符合合同的其他凭证，并提供买方收取货物所需的提货单或通常的运输单据。

6.DDP 完税后交货（…指定目的地）

采用DDP术语，卖方要负责将货物按规定时间运至进口国内指定目的地，把货物实际交给买方处置之下才算完成交货任务。卖方要承担交货之前的一切责任、费用和风险，其中包括货物出口和进口时需要支付的关税、捐税和其他费用，以及办理两次结关时所需的手续和费用。卖方需提供商业发票或相等的电子单证，及按合同规定提交证明货物与合同相符的其他凭证，以及为买方收取货物所需的提货单或通常的运输单据，并且自负费用和风险取得进、出口许可证以及其他办理货物出入境手续所需的官方证件。

《90年通则》尽管以交货地点为基础，对买卖双方各自的责任、风险和费用作了明确的规定，但这种规定对于复杂多变的国际工程物资采购，仍得比较原则。因此，对于《通则》某些没有明确规定，或有些特殊情况根本没涉及的问题，买卖双方应在签订合同时说明。《90年通则》并不具有强制性，只有在合同中明确规定，适用其中某一术语时，这种术语才构成买卖双方合同的一个组成部分。

三、有关国际贸易结算的惯例

与国际贸易结算有关的惯例主要有国际商会的《跟单信用证统一惯例》和《见索即付保函统一规则》

（一）信用证

信用证（Letter of Credit）是开证行根据开证申请人的请求和指示向受益人开立的在一定金额和一定期限内凭规定的单据承诺付款的凭证。其一般使用程序如图10-1所示。

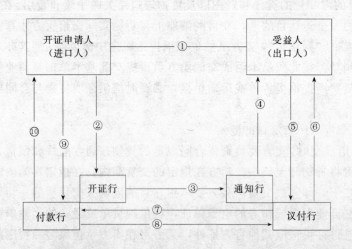

图10-1 信用证方式下支付程序

说明：
1. 进口方（开证人）与出口方订立买卖合同并规定以信用证方式支付货款。
2. 进口方交纳押金或提供担保，向开证行申请开立信用证。
3. 开证行根据开证人申请内容向出口方（受益人）开出信用证，并寄交出口方所在地银行或代理行、通知行。
4. 通知行核对印鉴（或密押）无误后将信用证通知受益人。
5. 受益人审证无误后，在信用证规定时间内备货装运，向议付行交单议付。
6. 议付行审单无误，按照汇票金额扣除利息，垫付货款给受益人。
7. 议付行将汇票和货运单据寄交开证行或其指定银行索偿。
8. 开证行或其指定行审单无误后，偿付货款给议付行。
9. 开证行通知开证人付款赎单，开证人校单无误后付款。
10. 开证行将单据交开证人。

国际商会的《跟单信用证统一惯例》对信用证各当事人的权利、责任以及有关条款和术语作了统一解释，经过四次修改后，于1990年4月1日重新修订，即国际商会第500号出版物，是各国买卖双方用信用证支付时遵守的惯例。

信用证的特点可概括为三点：
1. 开证行承担第一性付款责任。即开证行在信用证条款中保证只要受益人履行了信用证规定的义务，银行保证付款，而且，开证行的付款不以开证人的付款为前提条件，只要受益人提交了符合信用证规定的合格单据，即使开证人破产倒闭，银行也必须履行付款义务。
2. 信用证是一种自足文件。在国际货物买卖中，信用证通常都是以买卖合同为基础开立。作为受益人，也有权要求信用证内容与买卖合同规定相符。但是，银行在处理信用证业务时，却不受买卖合同的约束，只依据信用证条款，当信用证条款与合同条款矛盾时，银行只按信用证规定内容办事。
3. 信用证业务以单据为准，实行凭单付款的原则，只要受益人提交与信用证规定表面相符的单据，银行就要履行付款责任。

（二）银行保证书

近年来，银行保证书在国际上使用范围不断扩大，内容也逐步复杂化。为便于研究和使用，国际商会于1978年制定了《合约保证书统一规则》，1982年又制定了《开立合约保证书范本格式》。供实际业务中参考和使用。以后随国际经济形式的发展和变化，1992年国际商会在对《合约保证书统一规则》进行修订的基础上，发布了《见索即付保函统一规则》。该规则规定了保函当事人条件，开立保证书的依据，付款条件及保函失效日期和失效事件等事宜，供各有关当事人参照执行。

银行保函是由银行开立的承担经济赔偿责任的一种担保凭证。银行保证书大多数权属于见索即付的保证书。

保证书按其用途可分为投标保证书，履约保证书和还款保证书三种。其当事人主要有申请人、受益人和保证人，此外还有转递行、保兑行、转开行。保证书的开立方式有直开、转开、转递、保兑等，可根据各国法律规定和习惯作法及有关合同的规定而定。按照《见索即付保函统一规则》规定，保函内容应清楚、准确，应避免列入过多细节。保证书中应详列主要当事人的名称和地址。保证书应受开立保证书的机构所在地法律约束，所以保证人的地址尤为重要。保证书的开立应以合同为依据,但保证人的付款责任是独立的,不受合同约束。每份保证书都必须明确规定一确定的担保金额,同时还规定金额递减条款,即担保金额可随担保人为满足索赔金额的支付而相应减少,最大担保金额全部支付完毕或减完之后,该保证书即告失效。

担保人在收到索赔书和保函中规定的其他证明文件(如工程师出具的证明)后,认为这些文件与担保书条款表面相符时,支付保函中规定的金额。担保人应享有合理时间谨慎审核上述文件,以确定其是否与保证书条款表面相符,否则,担保人可拒绝受理。保证书条件下的任何付款要求及其文件均应作成书面文件,并说明:主债务人未履行有关合同项目下应尽的义务,或当保证书为投标保证书时,主债务人违反投标规定,应说明主债务人违约的具体情况。此外,保证书应规定失效日期或失效事件,提交索赔书应在失效日或失效事件前交给担保人。如果保证书中既规定了失效日期和失效事件,则以二者中最早出现的日期开始失效。不论保证书中是否规定失效条款与否,如果将保证书退还担保人或受益人,并书面声明解除担保人的责任,则该保证书认为已被取消。

第三节 国际货物销售合同的基本条款

一、货物的名称、品质、数量

(一)货物的名称

在合同中规定合同标的物的名称关系到买卖双方在货物交接方面的权利和义务,是合同的主要交易条件,也是交易赖以进行的物质基础和前提条件,规定品名条款应做到内容确切具体,实事求是,要使用国际上通行的名称,确定品名时还要考虑其与运费的关系以及有关国家海关税则和进出口限制的有关规定。对于译成英文的名称要正确无误,符合专业术语的习惯要求。

(二)货物的品质

在国际货物采购合同中,品质条款是重要条款之一,是由货物品质的重要性决定的。它既是构成商品说明的重要组成部分,也是买卖双方交易货物时对货物品质进行评定的主要依据。根据《联合国国际货物销售合同公约》规定,卖方交付的货物必须与合同规定的数量、质量和规格相符,如卖方违反合同规定,交付与合同品质条款不符的货物时,买方可根据违约的程度,提出损害赔偿,要求修理,交付替代货物,或拒收货物,宣告合同无效。

在国际工程货物采购合同中,货物的品质一般是以技术规格等方法表示。货物的技术规格按其性质通常包括三方面的内容:(1)性能规格,说明买方对货物的具体要求。(2)设计规格。(3)化学性能和物理特征。总的来说,其表述方法各异,有的仅写明国际标准代号即可,有些较为复杂的设备、材料则须用专门的附件详细说明其技术性能要求和检测标准。但无论是采用哪种形式,都要求对货物的质量作出具体的规定。

(三)数量

合同的数量条款是买卖双方交接货物的依据,也是制定单价和计算合同总金额的依据,同时又是其他交易条件的重要因素。按照《联合国国际货物销售合同公约》的规定,卖方所交货物的数量如果多于合同规定的数量,买方可以收取也可以拒绝收取全部多交货物或部分多交货物,但如果卖方短交,可允许卖方在规定交货期届满之前补齐,但不得使买方遭受不合理的不便或承担不合理的开支,即使如此,买方仍保留要求损害赔偿的权利。

此外,在合同的数量条款中,必须首先约定货物的数量,因此要准确使用计量单位。由于各国度量衡制度不同,所使用的计量单位也各异,要了解不同度量衡制度之间的折算方法。目前,国际贸易中通常使用的有公制、英制、美制以及在公制基础上发展起来的国际单位制。签约时,应明确规定采用何种度量衡制度,以免引起纠纷。

二、国际贸易货物交货与运输

货物的交货条件包括交货时间、批次、装运港(地)、目的港(地)、交货计划、大件货物或特殊货物的发货要求,装运通知等内容。

(一)交货时间

在CIF条件下,卖方在装运港将货物装上开往约定目的港船只上即完成交货义务,海运提单日期即为卖方的实际交货日期。

在CIP条件下,卖方在出口国指定地点将货物交给承运人即完成交货义务。

在FOB条件下,卖方也是在装运港将货物装入买方指派船只上即完成交货义务,海运提单的签发日期为卖方交货的日期。

在FCA条件下,卖方在规定的时间内将货物交给买方指定的承运人就算完成了交货。

(二)装运批次、装运港(地)、目的港(地)

买卖双方在合同中应对是否允许分批、分几批装运及装运港(地)、目的港(地)名称作出明确规定。

分批装运是指一笔成交的货物分若干批次装运而言。但一笔成交的货物,在不同时间和地点分别装在同一航次,同一条船上,即使分别签发了若干不同内容的提单,也不能按分批装运论处,因为该货物是同时到达目的港的。

装运港和目的港由双方商定。在通常情况下,只规定一个装运港和一个目的港,并列明其港口名称。在大宗货物交易条件下,可酌情规定两个或两个以上装运港或目的港,并分别列明其港口名称。在磋商合同时,如明确规定一个或几个装运港或目的港有困难,可以采用选择港的方法,即从两个或两个以上列明的港口中任选一个,或从某一航区的港口中任选一个,如中国主要港口。在规定装运港和目的港时,应注意考虑国外装运港和目的港的作业条件,以CIF或FOB条件成交,不能接受内陆城市作为装运港或目的港的条件,应注意国外港口是否有重名。

(三)交货计划

买卖双方应在合同中规定每批货物交货前卖方应向买方发出装运通知。一般情况下,在CIF条件下,实际装运前60天,在EXW条件下前45天,卖方应将合同号、货物名称、装运日期、装运港口、总毛重、总体积、包装和数量、货物备妥待运日期以及承运船的名称、国籍等有关货物装运情况以电传、电报方式通知买方。同时,卖方应以空邮方式向买方提交货物详细清单,注明合同号、货物名称、技术规格简述、数量、每件毛重、总毛重、总体积和每包的尺寸(长×宽×高)、单价、总价、装运港、目的港、货物备妥待运日期、承运船预计到港日期以及货物对运输、保管的特别要求和注意事项。

(四)大件及特殊货物的发货要求

关于大件货物(即重量30公吨以上,或尺寸长9米以上,或宽3米以上的货物),卖方应在装运前30天将该货物包装草图(注明重心、起吊点)一式两份邮寄至买方,并随船将此草图一式两份提交给目的港运输公司，作为货到目的港后安排装卸、运输、保管的依据。对于特大件货物（重60公吨以上或者长15米以上，或宽3.4米以上，或高3米以上的货物）卖方应将外形包装草图，吊挂位置、重心等，至迟随初步交货计划提交买方，经买方同意后才能安排制造。关于货物中的易燃品，卖方至少在装运前30天将注明货物名称、性能、预防措施及方法的文件一式两份提交给买方。

（五）装运通知

在货物（包括技术资料）装运前10天，卖方应将承运工具，预计装运日期，预计到达目的地日期、合同号、货物名称、数量、重量、体积及其他事项以电报或电传方式通知买方，在每批货物（包括技术资料）发货后48小时内，卖方应将合同号、提单、空运单日期、货物名称、数量、重量、体积、商业发票金额、承运工具名称以电报或电传方式通知买方以及目的地运输公司，对于装运单据，卖方应将装运单据（包括提单、发票、质量证书、装箱单）一式三份随承运工具提交目的地运输公司。同时在每批货物（包括技术资料）发运后48小时内将装运单据一式两份邮寄买方。

（六）运输方式

国际贸易中有多种运输方式，如海洋运输、内河运输、铁路运输、公路运输、航空运输、管道运输以及联合运输。其中以海洋运输为主要运输方式。

1. 海洋运输

（1）班轮运输。班轮是指按照固定的航线，港口和船期表运营的船舶，船方和货主之间不订立租船合同，双方的权利、义务和责任豁免以船方签发的提单为依据。采用班轮运输时，船方负责配载和装卸，装卸费用计入运费。

货物采购要对运费进行认真核算。班轮运费是由基本运费和附加费两部分组成。基本运费是根据班轮运价表中规定的计收标准收取的运费。常用的计收标准有：以"W"表示的重量吨，以"M"表示的尺码吨，由"W/M"表示的选择运费，以及以"A.V"表示的按FOB价一定百分比收取的运费。此外运费还可按货物件数计收和临时议定的价格计收。同时运价表还规定了每一提单所列的重量或体积等计收标准计算的起码运费。应当注意，如果不同货物混装在同一包装内，则全部运费按其中较高者收取。同一货物如包装不同，其计价标准及等级也不同。托运人应按不同包装分列毛重及体积，才能分列计收运费，否则全部货物按较高者计收运输费。附加费是针对一些需要提供特殊服务的货物，在收取基本运费之外再加收一定的附加费用。附加费名目繁多，而且随客观情况的变动而变动。班轮运输方式对于交易量不大，批次多，交接港口分散的货物运输比较适宜。

（2）租船运输

租船运输又称不定期船运输，没有预定的船期表，没有固定港口和航线，有关问题要通过订立租船合同来具体安排，运费和租金也由承租双方根据租船市场的行情在合同中加以约定。大宗货物一般都采用租船运输。其方式包括定程租船和定期租船。

1）定程租船又称航次租船，即按航程租用船舶。在这种租船条件下，租船人要按协议提交货物和支付运费，船方负责将货物由装运港运至目的港，并承担船舶的经营管理及船舶在航程中的一切开支。在定程租船条件下，负责租船的一方在签订买卖合同后，在租船协议中需要订立装运时间、装卸率和滞期、速遣条款。为明确买卖双方的装卸责任，并使买卖合同与租船合同内容互相衔接和吻合，在签定大宗货物的销售合同时，应结合货物的特点和港口的作业条件，对装卸时间、装卸率和滞期、速遣费的计算与支付办法作出具体规定。装卸时间的规定方法普遍以连续24小时好天气工作日计算，节假日、星期日、不能作业的坏天气应予以扣除。其起算时间一般规定：在收到船长递交的"装卸准备就绪通知书"后，经过一定的规定时间后开始起算，止算时间为货物实际装卸完毕的时间。此外，大宗货物的销售，还应规定装卸率，即每日装卸货物的数量。装卸率的高低关系到运费水平，从而在一定程度上影响货物价格。为明确货物装卸方的责任，合同中应规定相应的滞期和速遣条款，负责装卸货物的一方，如未按约定的装卸时间和卸货率完成装卸任务，应向船方交纳延误船期的罚金，即滞期费。反之，如在约定的时间内提前完成装卸任务，有利于船舶周转，则可从船方取得奖金，即速遣费。在销售合同中规定滞期和速遣条款时，应将其内容与要定立的租船合同的相应条款一致，以免造成不应有的损失。

2）定期租船。这种租船条件下，租船人在租期内可根据租船合同规定的航行区域自由使用和调度船舶，船方承担船员薪金、伙食费等以及为保持船舶适航而产生的有关费用，租船人承担船舶营运过程中产生的燃料费、港口费、装卸费、物料费等开支。

在海运条件下，由承运人签发提单。海运提单是承运人或其代理人在收到货物后签发给托运人的一种证据。它既是承运人或其代理人出具的证明货物已经收到的收据，也是代表货物所有权的凭证，同时又是承运人和托运人之间的运输契约的证明。提单可以从不同角度分类，货物采购中经常使用的提单有：

a. 按签发提单时货物是否已装船划分，有已装船提单和备运提单。

b. 按提单有无不良批注，可分清洁提单和不清洁提单。

c. 按收货人抬头分类，有记名提单、不记名提单和指示提单。

2. 国际多式联运

国际多式联运是指利用各种不同的运输方式来完成各项运输任务，如陆海联运、陆空联运和海空联运等。在国际贸易中，主要是以集装箱为主的国际多式联运，这有利于简化货运手续，加快货运速度，降低运输成本和节省运杂费。根据《联合国国际货物多式联运公约》的规定，构成国际联运应具备下列条件：有一个多式联运合同，合同中明确规定多式联运经营人和托运人之间的权利、义务、责任和豁免，必须是国际间两种或两种以上不同运输方式的连贯运输，使用一份包括全程的多式联运单据，并由多式联运经营人对全程运输负总的责任，必须是全程单一运费，其中包括全程各段运费的总和、经营管理费用和合理利润。在货物采购中，如果采用多式联运，应考虑货物性质是否适宜装箱，注意装运港和目的港有无集装箱航线，有无装卸及搬运集装箱的机械设备，铁路、公路、沿途桥梁、隧洞的负荷能力。

多式联运条件下使用的单据是多式联运单据，这种单据与海运中使用的联运单据有相似之处，但其他性质与联运单据有区别。多式联运单据可根据托运人的选择，作成可转让或不可转让的单据，在可转让条件下，单据可作为指示性抬头或空白抬头。在不可转让条件下，则应作成记名抬头。

3. 航空运输

航空与运输与海运、铁路运输相比，具有运输速度快，货运质量高，不受地面条件限制等特点。采用航空运输需要办理一定的货运手续，航空货运公司办理货运在始发机场的揽货、接货、报关、订舱以及在目的地机场接货或运货上门的业务。航空运输方式主要有班机运输、包机运输和集中托运三种方式。航空货物的运价一般是按重量或体积计算，以两者中高者为准，并将货物分为一般货物、特种货物，并按货物等级规定运价标准。

航空运单是承运人与托运人之间签订的运输契约，也是承运人或其代理人签发的货物收据，同时可作为承运人核收运费的依据和海关查验放行的基本依据，但航空运单不是代表货物所有权的凭证，不能背书转让。收货人不能凭航空运单提货，而是凭航空公司的通知单。航空运单收货人抬头不能作成指示性抬头，必须详细填写收货人全称和地址。

三、国际贸易货物运输保险

国际货物买卖中，货物往往要经过长距离运输，在此期间，由于遭遇各种风险而导致货物损坏或灭失的情况是经常发生的。货物在海运可能遇到的风险主要有两类，一类是"海上风险"，一般是指自然灾害和意外事故。自然灾害是指因而劣气候、雷电、海啸、地震、洪水等自然力量造成的危害。意外事故是指船舶搁浅、触礁、沉没、互撞、与流冰或其他物件碰撞以及失火、爆炸等意外原因造成的事故。另一类是"外来风险"，是指由于偷窃、雨淋、短量、渗漏、玷污、破碎、串味、受潮、钩损、锈损外来原因对货物造成损失的一般外来风险，以及由于战争、罢工、进口国拒绝进口或没收等外来原因造成的特殊风险。其他运输方式的风险种类与海运大体相似。在买卖合同中规定保险条款，就是当事人为了使货物在运输过程中遭受损失或灭失时能及时得到经济补偿。

保险条款的内容，因采用的贸易术语的不同而有所区别，如果按照FOB、FCA、CFR和CPT术语成交，在保险条款中只需规定："保险由买方负责办理"，但如果按CIF和CIP术语成交，则除了说明保险由卖方办理外，还须规定保险金额和保险险别以及所依据的保险公司的保险条款。

（一）保险险别

保险险别是保险人与被保险人履行权利和义务的依据，也是确定保险人所承保责任范围的依据，又是被保险人缴纳保险费数额的依据。在办理货物运输保险时，当事人应依据货物的性质、包装情况、运输方式、运输路线以及自然气候等因素全面考虑，选择合理的险别，做到既使货物得到充分的保险保障，又节约保险费开支。

货物运输保险种类很多，有海运保险、陆运保险和空运保险等。

1. 海上货物运输保险

（1）平安险

投保平安险时，保险人承保的责任范围主要包括：因自然灾害和意外事故所导致的货物的全部损失；因意外事故导致的部分损失；在运输工具已发生的意外事故的情况下，货物在此前后遭受自然灾害所导致的部分损失；在装卸转船中因发生一件或数件货物落海造成的全部或部分损失；共同海损引起的牺牲、分摊以及救助费用、施救费用等。

（2）水渍险

其承保范围除了平安险所包括的责任范围外，还负责被保险货物由于恶劣气候、雷电、海啸、地震、洪水等自然灾害所造成的部分损失。可见，水渍险的责任范围大于平安险。

（3）一切险

一切险是基本险别中承保责任范围最大的险别，它是在水渍险承保范围的基础上又包括了由于一般外来风险所造成的全部或部分损失。

除了上述三种基本险外，投保人还可根据需要酌情加保一项或加保几项附加险。附加险承保的是除自然灾害和意外事故以外的各种外来原因所造成的损失。附加险分为一般附加险和特殊附加险。一般附加险主要有：偷窃提货不着险、淡水雨淋险、短量险、混染沾污险、渗漏险、受潮受热险、包装破裂险、锈损险等。特殊附加险主要有：战争险、罢工险、交货不到险、进口关税险、舱面险和拒收险。

附加险本身不能作为一种单独的项目投保，只能在投保基础上，根据需要加保。由于一般附加险的责任范围已包括在一切险之内，所以，当事人只要投保一切险，就不需要加保一般附加险，但可根据需要加保特殊附加险。

关于海运货物保险责任的起讫，一般采用国际保险业务中惯用的"仓至仓"条款。其含义是保险货物运离保险单所载明的启运地发货人仓库或储存处所开始运输时生效，包括正常运输过程中的海上、陆上、内河和驳船运输在内，直至该项货物到达保险单所载明的目的地收货人的最后仓库或储存处所，或被保险人用作分配、分派或非正常运输的其他储存处所为止。如果未抵达上述仓库或储存处所，则以被保险货物在最后卸货港全部卸离海轮后满60天为止。如在上述60天内被保险货物需要转运至非保险单所载明的目的地时，则以该项货物开始转运时终止。上述"仓至仓"条款适用于除战争险之外的各种险别。而战争险采用的是保险人只负水面危险的原则，即以货物装上海轮或驳船时开始至卸离海轮或驳船时为止，如果不卸，则以货物到达目的港当日午夜起15天有限。

2. 陆运、空运和邮包运输险别

陆运、空运和邮包运输的保险险别分为两类，即陆上运输险，陆运一切险；航空运输险，航空运输一切险；邮包运输险，邮包一切险。前一类险别只承保运输途中因自然灾害或意外事故所造成的货物损失。后一类险别，是在前一类险别的基础上加保了由于外来原因所导致的损失。

不论是办理陆运，空运还是邮包运输保险，都可以在上述任何一种险别之外加保战争险。

"仓至仓"条款同样适用于陆运险，空运险和邮包险，但其保险期限不同于海运险。陆运险为货到目的站满60天终止，空运险为航空公司发出到货通知的当日午夜起算满30天终止，邮包险则是目的地邮局签发到货通知当日午夜起满15天终止。

（二）保险金额

在进出口货运保险业务中，通常都采用定值保险的做法。这就要求在合同的保险条款中规定保险金额。

保险金额是当保险标的物发生损失时，被保险人可以向保险人取得赔偿的最高限额，也是保险人计收保险费的依据，按照货运保险的习惯做法，投保人为了取得充分的保险保障，一般都把货值，运费，保险费以及转售货物的预期利润和费用的综合作为保险金额。因此，保险金额要高于合同的CIF价值。国际上习惯按CIF价值的110%办理投保。这高出的10%一般称作保险加成率，有时，买方根据特殊需要，要求提高保险加成率。对此，应在合同中加以规定，如果加成率过高，要事先征得保险人的同意。

保险加成必然会增加卖方的保险费支出，这部分增加的费用应包括在货价之中，其计算公式为：

保险金额＝发票金额×投保加成

保险费＝保险金额×保险费率

国际货物运输保险必须逐笔投保,并且保险单的签发日期不得晚于装运单据的签发日期。

四、国际货物销售合同的价格条款和价格调整条款

价格条款是国际货物销售合同的核心条款,其内容对合同中的其他条款会产生重大影响。

影响合同价格的主要因素有:(1)货物的质量,一般都实行按质论价,优质优价原则;(2)购货数量,许多货物的卖方根据买方的购货量的不同而划分为零售价、小批量销售价、批发价、出厂价及特别优惠价;(3)交货地点和交货条件不同,买卖双方承担的责任、费用和风险有别,在确定货物价格时应认真考虑。如同一运输距离内成交的货物,按CIF条件成交与按DES条件成交,由于卖方在DES条件下要承担更多的风险,尽管运输距离相同,而DES比CIF货物价格应高出许多;(4)支付条件,不同的支付条件对卖方的风险和利息负担各有不同,因而其价格也不一样;(5)支付货币,在国际货物采购中,买卖双方分属不同国别,合同的计价货币也有区别,同时由于各国的外汇管制不同,不同货币的汇率变动不同,因而对价格会产生直接的影响;(6)国际市场价格走势,即国际市场价格的变动归根到底是受到国际市场供求关系的影响,某种货物在国际市场供大于求时,其市场价格呈跌势,反之,当其供不应求时,其市场价格呈涨势。在确定合同价格前,应进行商情研究,对市场作出准确分析和预测,从而争取按有利的价格成交。

从价格条款的内容上看,一般应包括货物的单价和总值两项基本内容,单价通常有四个部分组成,即单位价格、计量单位、计价货币、贸易术语,如:每公吨350英磅CIF伦敦。一般情况下,国际工程中的物资采购,如果是国外供货商提供货物,按CIF条件,CIP条件,或FOB或FCA条件签订合同,如由买方所在国提供货物,则以买方国家工厂出厂价EXW价条件签订合同。

合同中的定价方法一般有固定价格,非固定价格两种,国际工程中的货物采购合同主要采用固定价格的定价方法,即在执行合同期间,合同价格不允许调整。如果所采购的货物或设备不能在一年内交付,则可考虑使用调整价格,即在合同中规定价格调整公式以补偿在合同执行期间因物价变动成本增加而给卖方带来的损失。其调整公式如下:

$$P=P_0(A+B\times M/M_0+C\times W/W_0)$$

式中:P=调整后价格,P_0=合同价格;M_0=原料的基础价格指数,M=合同执行期相应原料价格指数,W=合同执行期有关工资指数;W_0=特定行业工资指数;A,B,C分别为签定合同时确定的有关价格中各要素所占百分比。A为合同价格中承包商的管理费和利润百分比,这部分价格不予调整,B为合同价格中原材料的百分比,C为工资百分比。公式中固定部分A的权值取决于货物的性质。由于在大多数情况下价格趋于上涨的趋势,卖方一般希望A的数值越小越好。公式中B部分通常根据主要材料的价格指数进行调整,虽然货物在生产过程中需要多种材料,但在价格调整时通常以主要材料的价格指数为代表,如果有两或三种原材料的价格对于产品的总成本影响较大,则可以分别采用这些原材料的价格指数作为材料部分的分项。工资指数的调整只选择一种行业,但为使调整更精确,也可同时选用两个或两个以上有关行业的劳动力成本指数。有时买方在合同的价格调整条款中规定价格调整的起点和上限,或规定价格调整不得超过原合同价的一定百分比。

五、国际货物销售货款的支付

国际货物买卖货款的收付，很少采用现金结算，通常采用一定的支付凭证或信用工具进行结算。支付方式不同，则信用、付款时间、付款地点也各不相同。因此，支付条件直接影响买卖双方的资金周转以及各种金融风险和费用的负担。

国际货物销售货款的收付主要涉及支付工具、支付时间、地点和方式。

（一）支付工具

支付工具主要包括货币和票据。

1. 货币

国际工程货物采购合同货币使用主要有：买方所在国货币，卖方所在国货币或第三国货币，或若干种货币同时使用。总之，一般情况下使用国际贸易中广泛使用的货币，由买方选择优先使用哪一种货币。如果合同中规定使用一种以上的货币，则应在合同中同时规定折算方法和汇率以及每种货币在合同价格中所占百分比。以此保证各当事人在货币方面不承担风险。同时为减少汇率变动给当事人带来的风险，亦可在合同中订明计价货币与另外一种货币的汇率，付款时若汇率有变动，则按比例调整合同价格。这种汇率保值方法主要有两种形式：一是用"一揽子汇率"保值，即确定计价货币与另外几种货币的算术平均汇率，按支付当日与另几种货币的汇率变化作相应调整，折算成合同规定计价货币支付。几种货币的综合汇率可用简单算术法或加权平均法或双方协商予以确定。二是上面所述方法进行保值。

2. 票据

国际货物销售货款大多数采用非现金结算，即使用代替现金作为流通手段和支付手段的信贷工具进行结算。国际贸易中使用的票据主要有汇票，本票和支票，其中以使用汇票为主。

汇票是卖方履行交货义务后向买方签发的，要求其即期或定期或在将来可以确定的时间，对其指定人或持票人支付一定金额的无条件的书面支付命令。本票是出口方在履行交货义务后，由买方向其签发的，保证即期或定期或在可能确定的将来时间，对卖方或其指定人或持票人支付一定金额的无条件的书面承诺。

（二）支付方式

支付方式因合同买卖的内容，合同价格、交货期、市场条件不同而不同。对于初级产品合同，常用成本加保险费加运费价（CIF价）或离岸价（FOB价），卖方希望交单时取得全部货款，买方在货物装船前对货物实施检验。这类合同使用不可撤销跟单信用证方式，如果合同中规定了货物的保证期，则买方可要求卖方提供银行担保，以保证卖方在保用期内履行合同义务。对于制成品合同，买方希望卖方交单时先付款90%，余下货款待货到检验后支付。买方也要求卖方为履行保用期内的合同义务而提供银行担保。而对于大型设备采购合同，由于其交付期较长，而卖方在执行合同时亦需大量资金周转，一般在签订合同时，买方向卖方支付合同金额10%～15%的预付定金，以后买方可按货物生产的进度付款，一般为合同款的50%。卖方交单时，支付合同金额10%，货到目的地后，买方验收合格并安装调试完毕后，买方再支付合同金额的10%，余下金额待保用期期满时，卖方履行全部合同义务后支付。

为保证向卖方付款并确保卖方履行合同义务，国际货物销售合同一般都规定采用信用证方式进行支付或由卖方提供银行担保。

六、检验条款

国际贸易中的商品检验是指对卖方交付或拟予交付的合同货物的品质、数量、包装进行检验和鉴定。对某些商品，还包括根据国家法令的要求进行的卫生检验和动植物病虫害检疫。

检验条款主要包括检验时间与地点，检验依据与检验方法。而检验时间与合同中的交货条件、货物的性能、行业惯例、国家的法令有着密切关系。

国际工程货物采购的惯常做法主要有以下几种。

（一）出口国检验

此种方法又分为产地（工厂）检验，装船前检验或装船时检验。为避免卖方提交货物与合同不符而引起索赔、退货等争议的发生，买方可根据需要，在货物生产阶段，装运前对货物的质量或数量进行检验。卖方承担货物离厂或装船前责任。但买方若能证明货到目的地后与合同规定不符是由货物内在缺陷造成的，买方可对货物进行复验，并有权拒收货物，向卖方提出索赔，或者要求卖方在合同规定的交付期限内，或在买方同意的期限内负责调换符合合同规定的货物。此外卖方还应补偿买方在检验和退货过程中产生的任何费用。这种出口国检验，买方也可委托专业检验公司或代理机构进行。其费用一般为FOB价的$0.2\%\sim1\%$。此外，在合同中也可规定由卖方雇佣专业检验公司进行检验，其费用列入卖方报价中，但是买方保留批准或不批准卖方雇佣检验公司的权利。

（二）进口国检验

指货到目的地后，由双方约定的目的地商检机构检验货物，并出具检验证书。这种检验方法主要适用于价格较低的货物或由信誉良好的厂商采用批量生产工艺制造的货物。但是，如果是根据设计，技术规格生产的货物，或根据性能技术规格和设计技术规格生产的货物而且设计成分比较重时，就需要在出口国生产厂家进行全面的技术检验，其中包括对原材料，零部件、制造与质量控制的工艺程序进行检验，合格后出具合格证书。采用进口国检验，货到目的地后，买方应向商检局申请检验，检验后如发现货物质量、数量等与合同不符，买方有权拒收货物或在合同规定的期限内向卖方提出索赔。此外，货物在保用期内如发现货物有缺陷，可申请由商检局进行检验，买方有权凭商检局出具的检验证书向卖方索赔。

七、保证、索赔条款

（一）保证条款

合同中保证条款的基本要点是：卖方应保证其所提供的货物应是质量优良，设计，材料和工艺均无缺陷，符合合同规定的技术规范和性能，并满足正常、安全运行的要求，否则，买方有权提出索赔。卖方的保证期应为货物检验后，即检验证书签发后12个月。在保证期内，由于卖方责任需要更换、修理有缺陷的货物，而使买方停止生产或使用时，货物保证期应相应延长。新更换或修复货物的保证期应为这些货物投入使用后12个月。但在有些合同中，12个月的保证期不足以保护买方免受因设计或生产缺陷而可能产生的损失，因此，如有必要，买方亦可要求卖方继续对设计缺陷造成的损失负责。此外，有些销售合同中，卖方实际交货与货物安装使用之间间隔时间较长，这种情况下可考虑货物的保证期应从实际投入使用时起算12个月。

卖方应保证在对货物进行性能考核检验时，货物的全部技术指标和保证值都能达到合同规定的要求。经检验，由于卖方的原因，有一项或若干项技术指标和保证值未达到要求，卖方应向买方支付罚款，其金额应为合同金额的若干百分比。卖方的另一项保证是按合同规定时间交货。否则，卖方应向买方支付迟交罚款。迟交罚款的计算有两种方法，一是以合同总价或每批货物价格为基础，确定每一周的罚款比率；二是以迟交部分货物的价格为基础，确定每周罚款比率，其罚款金额一般不应超过合同总价的5％。

卖方应在合同中保证其提供技术资料正确、完整和清晰，符合货物设计、检验、安装、调试、考核、操作和维修的要求。如卖方提供的技术资料不能满足要求时，必须在收到买方通知后规定时间内，免费向卖方重新提供正确、完整和清晰的技术资料。技术资料运抵目的地机场前的一切费用和风险由卖方承担。

（二）索赔

合同履行中常见的卖方违约有下列几种情况：(1)卖方未按合同规定时间交货；(2)在开箱检验中，由于卖方的责任，货物数量、重量、质量、规格、性能不符合合同要求；(3)在安装，调试过程中，发现卖方提供的货物有缺陷，或由于卖方设计错误或提供技术资料的错误，或由于卖方技术人员的指导错误而造成货物损坏，并由此导致安装、调式不能按合同规定进行；(4)货物由于卖方责任，考核未能通过；(5)由于卖方原因，货物不能完全达到合同规定的技术指标和保证值，但不影响货物的正常安全使用，能够验收使用；(6)在合同保证期内发现属于卖方责任的货物缺陷和（或）损坏。

此外，合同中的索赔对象还有由于承运人的装运不善而产生的货损以及运输保险中由于保险范围内的风险所致货损，货差的索赔。因此，应在合同中明确规定索赔依据，索赔期限，处理索赔的办法以及索赔金额等内容。

索赔依据包括法律依据（即合同）、事实依据及符合法律规定的出证机构。索赔期限的规定方法一般有两种，即约定索赔期限和法定索赔期限。

八、不可抗力条款

不可抗力条款主要包括：免责规定；不可抗力事故范围；不可抗力事故的通知和证明；受不可抗力影响的当事人延迟履行合同的最长期限。

合同当事人任何一方，由于发生不可抗力事故而影响履行合同时，应根据不可抗力事故影响的时间相应延长履行合同的期限。不可抗力事故的范围一般有两种规定方法：一是列明不可抗力事故，如战争、火灾、水灾、风灾、地震等。另一种方法是除明确列明某些不可抗力事故外，还加上"以及双方同意的其他不可抗力事故"。这主要是因为在合同中难以列明所有不可抗力事故，为便于灵活处理在执行合同时发生双方同意的其他无法事先估计和无法控制的事故。当不可抗力事故发生后，遭受不可抗力事故影响的一方应尽快将所发生的不可抗力事故情况以电报或电传方式通知另一方，并在14天内向另一方提交有关当局出具的书面证明文件，供另一方确认。在不可抗力事故终止或清除后，遭受事故影响的一方亦应尽快以电报或电传方式通知另一方，并以航空挂号函方式予以确认。遭受不可抗力事故影响的一方延迟履行合同的最长期限一般规定为90天，最长不超过120天，如逾期，双方应尽快通过友好协商解决合同的执行问题，并达成协议。

应当注意的是，合同中订立不可抗力条款是一般的商业惯例，但在不可抗力事故范围问题上，凡自然力量事故，各国认识比较一致，而社会异常事故，则在解释上经常产生分歧。由于不可抗力是一项免责条款，交易双方均可援引，当执行合同对当事人中某一方不利时，他可能会扩大对不可抗力的解释。因此，合同双方应慎重对待不可抗力条款，特别是对一些含义不清或没有确定标准的概念，不应作为不可抗力对待。对于一些属于政治性的事件，可由买卖双方于事件发生时根据具体情况，另行协商解决。

思 考 题

1. 什么是国际贸易惯例？它对当事人有无法律约束力？
2. 为什么说信用证是一种单据买卖？
3. 信用证方式支付下，单据具有什么样的作用？
4. 国际工程中货物采购在工程承包中的重要性如何？
5. 如何作好采购前的准备工作？

第十一章 外汇与融资的基本知识

本章介绍国际工程从业者需要懂得的外汇与融资知识，其中包括外汇概念、外汇汇率与外汇市场、外汇风险管理与外汇管制、融资的概念和与国际工程有关的主要融资方式。

第一节 外 汇

一、外汇的概念

外汇（Foreign Exchange）是国际汇兑的简称，外汇的概念有动态和静态之分，而静态意义上的外汇概念还进一步有广义和狭义之分。

动态意义上的外汇，是指人们将一种货币兑换成另一种货币，用以清偿国际间债权债务的行为。在这一意义上，外汇的概念等同于国际结算。

广义的静态外汇概念泛指一切以外国货币表示的资产，在各国的外汇管理法令中所沿用的便是这种概念。如我国1980年颁布实施的《中华人民共和国外汇管理暂行条例》对外汇的解释是："外汇是指：外国货币，包括钞票、铸币等；外币有价证券，包括政府公债、国库券、公司债券、股票、息票等；外币支付凭证，包括票据、银行存款凭证、邮政储蓄凭证；其他外汇资金。"在这一意义上，外汇的概念等同于外币资产。

狭义的外汇概念是指以外币表示的，可用于国际结算的支付手段。按照这一定义，以外币表示的有价证券由于不能直接用于国际间的支付，故不属于外汇；同样，外国钞票也不能算做外汇，外钞只有携带回发行国，并贷记在银行帐户上后，才能称作外汇。因此，在这个意义上，只有存放在国外银行的外币资金，以及将对银行存款的索取权具体化了的外币票据，才构成外汇。具体来看，外汇主要包括以外币表示的银行汇票、支票、银行存款等。银行存款是狭义外汇概念的主体，这不仅是因为各种外汇支付凭证都是对外币存款索取权具体化了的票据，而且还因为外汇交易主要是运用在国外银行的外币存款来进行的，人们通常就是在这一狭义意义上使用外汇概念的。

外汇根据可否自由兑换有自由外汇和记帐外汇之分。自由外汇指的是无需货币发行国批准，可以随时动用，自由兑换为其他货币，或可以向第三者办理支付的外汇。作为自由外汇的货币的一个根本特征是可兑换（Convertible），其在国际支付领域中被广泛使用，是国际外汇市场主要的买卖对象。目前世界上有50多种货币是可兑换货币，其中以美元（USD，US＄）、英镑（GBP，£）、德国马克（Deutsche Mark，DM）、瑞士法郎（Swiss Franc，SF）、法国法郎（French franc，FF）、日元（Japanese Yen，JP￥）等主要工业国家货币表示的外汇属于自由外汇，是世界各国普遍接受的主要支付手段。记帐外汇，又称协定外汇或清算外汇，是指未经货币发行国同意，不能自由兑换成其他货币，或对第三者进行支付的外汇，记帐外汇只能根据两国政府间的清算协定，在双方银行开立专门帐户记载使用。

值得注意的是：由一国货币当局持有的外币资产，称为外汇储备。外汇和外汇储备不是同一个概念。

在外汇市场上，基于大家对某种货币汇价走势的预测，外汇有硬币（Hard Money）和软币（Soft Money）之分。硬币指的是在外汇市场上趋于升值的货币，又称其是一种坚挺的货币；软币指的是在外汇市场上趋于贬值的货币，又称其为一种疲软的货币。进出口贸易计价结算货币的选择以及外币借贷币种的选择都不能忽视外币升贬的趋势，这在后面还会提到。

二、外汇汇率与外汇交易

（一）外汇汇率的概念及标价方法

外汇汇率（Foreign Exchange Rate）指的是把一个国家的货币折算成另一个国家的货币的比率、比价或价格，也可以说是以一种货币表示的另外一种货币的价格。比如：在汇率式子＄1＝RMB￥8.2731中，8.2731便是把美元折算成人民币的比率，或者是以人民币表示的美元的价格，在这个美元和人民币汇率的表达式中，美元由于拥有标准单位，便被称为标准货币，而人民币便被称为标价货币。在表示两个国家货币汇率时，先要确定用哪个国家的货币为标准货币，由于标准货币的确定不同，便存在着两种不同的汇率标价方法。

1. 直接标价法

直接标价法（Direct Quotation）是用一定单位的外国货币为标准，折算成若干数量的本国货币来表示汇率的标价方法。比如：对我国来说，＄1＝RMB￥8.2731便属于直接标价法。绝大多数国家都采用直接标价法。在直接标价法下，汇率升高，意味着本币贬值，外币升值，汇率降低则反之。

2. 间接标价法

间接标价法（Indirect Quotation）是用一定单位的本国货币为标准，折算成若干数量的外国货币来表示汇率的标价方法。比如：相对我国来说，RMB￥1＝＄0.1208便属于间接标价法。英国和美国（美元和英镑汇价的表示方法例外）都是采用间接标价法的国家，在间接标价方法下，汇率升高，意味着本币升值，外币贬值；汇率降低则反之。

（二）外汇汇率的分类

外汇汇率依据不同的标准便有不同的分类。这里介绍四种不同的外汇汇率分类。

1. 按外汇交易支付工具划分，可以将外汇汇率分为电汇汇率（T/T Rate）、信汇汇率（M/T Rate）和票汇汇率（D/D Rate）。电汇汇率指的是银行卖出外汇后以电讯方式通知国外存款行付款时所采用的外汇价格。电汇汇率下的外汇交收时间最快，一般银行不能占用顾客资金，因此电汇汇率最高，在银行外汇交易中的买卖价均指电汇汇率。电汇汇率是计算其他各种汇率的基础。信汇汇率指的是银行卖出外汇后以信函方式通知国外存款行付款时所采用的汇率。由于航邮比电讯通知需要时间长，银行在一定时间内可以占用顾客资金，因此信汇汇率比电汇汇率低。票汇汇率指的是在兑换各种外汇汇票、支票和其他票据时所用的汇率。因票汇在期限上有即期和远期之分，故汇率又分为即期票汇汇率和远期票汇汇率，后者要在即期汇票的基础上加远期付款的利息。

2. 从银行买卖外汇的角度来分，外汇汇率可分为买入汇率和卖出汇率。外汇买卖一般均集中在商业银行等金融机构，它们买卖外汇的目的是为了追求利润，方法即是贱买贵卖，赚取买卖差价。商业银行的机构买进外币时所依据的汇率是买入汇率（Buying Rate），也称买入价;卖出外币时所采用的汇率为卖出汇率(Selling Rate),也称卖出价。买入价和卖出价的幅度一般在1‰~5‰。在外汇市场上挂牌的外汇牌价一般均列有买入汇率和卖出汇率。在直接标价法下,一定外币后的前一个本币数字表示买价,即银行买进外币时付给客户的本币数;后一个本币数字表示卖价,即银行卖出外汇时向客户收取的本币数。在间接标价法下,情况恰恰相反。在本币后的前一个外币数字为卖出价,即银行收进一定量的本币而卖出外币时,它所付给客户的外币数;后一个数字为买入价,即银行付出一定量的本币而买进外币时,它向客户收取的外币数。

外汇牌价表中除列有买入和卖出汇率外,一般还经常公布现钞(Bank Note)价。现钞买入价比银行买入汇票等支付凭证的价格低,因为银行买入外币汇票后,通过航邮划帐,可很快地存入外国银行开始生息,调拨使用;而银行买入外币现钞,要经过一定时间,积累到一定数额后,才将其运送并存入外国银行调拨使用。在此以前,买进钞票的银行要承受一定的利息损失;将现钞运送并存入外国银行的过程中,还有运费、保险费的支出,银行要将这些损失及费用开支转嫁给出卖现钞的顾客,所以银行买入现钞所出的价格低于买入各种形式的国际结算凭证的价格,而银行卖出现钞时,则根据一般的卖出汇率,不再单列。

3. 按照外汇买卖交割的时间的不同分为即期汇率(Spot Exchange Rate)和远期汇率(Forward Exchange Rate)。即期汇率是外汇买卖双方成交后,在两个营业日之内进行交割所用的汇率;远期汇率是外汇买卖双方成交后,在两个营业日之后的某一天进行交割所采用的汇率。远期汇率的报价方法有两种,一种是直接报出远期外汇的实际汇率,瑞士和日本等国采用此法;一种是报远期差价法,即用升水(at Premium)、贴水(at Discount)和平价(at Par)标出远期汇率和即期汇率的差价,远期汇率由即期汇率和远期差价加(减)后得出。其中。远期差价里的升水即远期外汇比即期外汇贵,贴水表示远期外汇比即期外汇便宜,平价则表示两者相等。如:在伦敦外汇市场上某日即期汇率为1英镑=1.4608美元,三个月后远期外汇升水0.51美分,则三个月美元远期汇率为1英镑=1.4608-0.0051=1.4557美元,若三个月美元远期贴水0.51美分,则1英镑能兑换到的美元数量增加,即1英镑=1.4608+0.0051=1.4659美元。

4. 按汇率获得方法的不同,将汇率分为基本汇率(Basic Rate)和套算汇率(Cross Rate)。一般地,一国货币所面临的外国货币数量很多,该国不可能制定公布出该国货币和任何国外货币的比价,而通常只是选择和本国经济贸易关系密切的一个或几个国家的货币,制定出该国货币和它们之间的比价。这种由国家公布制定的汇率为基本汇率,根据基本汇率套算出来的两国货币之间的汇率便为套算汇率。

(三)影响外汇汇率变动的因素

汇率是两种货币之间的价值比,因此汇率变动的基本特点是以两种货币之间的价值之比为基础,随货币的供求变化而变动,从汇率变动的这一特点出发,影响汇率变动的因素大体可归纳如下:

1. 国际收支

国际收支(Balance of Payment)是一个国家的居民在一定时期内和其他国家的居民之间经济交易的系统记录。这些经济交易包括进出口贸易,劳务输出入,单方面转移,长短期资本的流动等,因此国际收支是一国对外经济活动的综合反应,国际收支不平衡是影响汇率变动的最直接的因素,因为国际收支发生不平衡,不论是顺差还是逆差,都必然导致外汇的供过于求或求过于供,从而使汇率受到影响。例如,美国60年代到70年代长期出现大量国际收支逆差,导致货币贬值,汇率下跌;相反,从50年代到70年代,德国国际收支长期保持顺差,德国马克对美元、英镑、法国法郎几次升值,汇率上涨。

2. 通货膨胀

通货膨胀(Inflation)指的是一国一般物价水平的普遍性、持续性的上涨。当一国发生通货膨胀时,该国的货币购买力下降,其汇率随之趋于下降。此时通货膨胀的相对水平比绝对水平更为重要,若该国的通货膨胀率高于外国的,该国的货币购买力下降,其汇率趋于下跌;若两国的通货膨胀率相同,则两国间的名义汇率不受影响。

通货膨胀影响汇率的渠道多种多样,它可以通过提高出口商品、劳务的外币价格,削弱其国际竞争力,从而影响贸易收支、劳务收支;也可以通过降低实际利率,阻碍资本流入,刺激资本流出。由于是间接影响外汇供求,通货膨胀的影响只有在一个较长时期才能体现出来。

3. 经济增长率的国际差别

经济增长率和汇率的关系有两种,其一,当一国经济增长率高于别国而且它的出口不变时,由于进口的商品劳务随着国民收入的增加而增加,外汇需求增加,该国货币的汇率下降,外汇汇率上升。其二,当一国经济增长的同时出口亦增长,或经济增长是靠出口推动的时候,该国出口的增长可能超过国民收入增长造成的进口的增加,使该国的货币汇率上升,外汇汇率下降。这是仅就商品劳务的进出口而言,若考虑到资本流动,情况就更为复杂,不管怎样,经济增长率对汇率的影响不仅需要一个较长的时间才能体现出来,而且持续的时间也较长。

4. 相对利率高低

在资本自由流动的条件下,利率高低直接影响一国对金融资产的吸引力。一般来说,一国利率上升,将提高本国金融资产对外国金融资产投资者的吸引力,从而引起资本内流,本币汇率上升;反之汇率下降。当然,这里指的一国利率的高低不是绝对的,而是相对的,一国利率的升降必须是高于其他国家的利率升降,才会对汇率变动产生影响。这主要是由作为金融商品的资本在国际间的移动是以追求高利为目的的特性所决定的。1981年初至1985年初,日、美两国货币汇率的变化即体现了这一点。1981年美日两国利差一直保持在8%~9%左右,日本长期资金大量外流,致使年末平均汇率比年初下降了约10%,1982年,日元大幅下跌的原因仍然主要是美国利率高于日本,两国利差经常保持在6%~8%之间,日本长期资本继续外流,1982年1月,日元对美元汇率比1981年末下降了约27%,1983年、1984年美国中央银行贴现率分别为8.5%和8%,而日本仅为5%;美国商业银行的优惠贷款利率分别为11%和10.75%,而日本仅为5.5%。尽管日本的贸易收支盈余连年增长,分别达到314.5亿美元和442.57亿美元,但日本的长期资本逆差却分别上升到177亿美元和496.51亿美元,1985年2月,日元对美元汇率仍比1982年11月下降了5.2%。

5. 中央银行干预

中央银行为将汇率稳定在某一区间而在外汇市场上买卖外汇,从而改变外汇市场上外汇供求双方的力量对比,带来汇率的短期波动。

6. 心理预期及政治、新闻舆论因素

心理预期是指人们对将来事物发展变化的预计。当外汇市场参加者预期某种货币的汇率在今后将疲软时,他们为避免损失或获取额外的好处,便会大量抛售该种货币,反之则会大量买进。外汇市场参加者的心理预期的形成,往往受一国的经济增长状况、国际收支状况、财政金融政策以及国际政治军事形势以及其他不可预计的突发性事件的影响。

政治、新闻舆论因素对汇率变动也会产生短期影响。1991年8月原苏联发生非常事件时,当总统戈尔巴乔夫被扣押在克里米亚后,德国马克对美元的汇率急剧下降,在几天之内,由1美元=1.7717马克下降到1美元=1.8600马克,这是由于德国在原苏联有大量投资,如苏联政策变化,会对德国投资产生不利影响。

(四) 外汇交易

所谓外汇交易(Foreign Exchange Transactions)是指在外汇市场上进行的买卖外汇的活动。外汇交易主要是由于对外贸易和投资需要用不同的货币实行结算和支付而产生的。进口商为办理进口商品和运费、保险费及其他劳务费用、手续费等的结算,需要购买外币;对外投资、侨民汇款和利润汇出等也都需要购买外币;而出口商收进外汇,投资者吸入外资和侨民汇入款以及利润汇回等则需要卖出外币。外汇交易所体现的外币运动,实质上反映了国际间的有形贸易、无形贸易和资本投资中的商品运动和资本运动。在各国实行浮动汇率时期,外汇交易还具有满足贸易和投资者避免汇率波动风险的作用。同时,由于对未来的某一时期汇率变动趋势及幅度的预测不同,许多外汇交易又具有投机的性质。

1. 即期外汇买卖

即期外汇买卖(Spot Exchange Transaction)指的是外汇买卖双方成交后,在两个营业日之内进行交割的一种外汇交易方式。所谓营业日,即为工作日,当然把假期除外。通常,即期外汇买卖是在双方达成交易后的第二个营业日进行交割,例如:10月24日达成交易,26日即为买卖双方的交割日,双方应当保证,自己的付款能使对方开户行在26日收妥交易的货币,并开始记息。在交易日与交割日之间若遇到收款行所在国例行休假,交割日应向后顺延,直到交易日后第二个营业日。如:1988年1月9日作了一笔美元与日元的交易,10日是第一个工作日,11日纽约假期,12日星期六,13日星期天,因此,起息日应当是14日(星期一),这样才算第二个工作日交割。由此可见,客户出于贸易付款需要时,应当核算好时机,尽量使交割日和付款日吻合,以免造成不该有的损失。

2. 远期外汇买卖

远期外汇买卖(Forward Exchange Transaction)指的是外汇买卖双方成交后先签合同,规定外汇买卖的数额、汇率和将来交割的时间,在合同到期日再按合同规定实行卖方付汇、买方付款的外汇买卖业务。

远期外汇买卖最大的特点是在现在把将来买卖外汇的汇率给固定住,将来合同到期,无论即期汇率为多少,买卖双方皆按合同中规定的远期汇率来交割,从而可使对外经济主体减少将来汇率变动对其不利的风险。具体来看,在出口商以短期信贷方式出卖商品,进口商以延期付款方式买进商品的情况下,从成交到结算这一期间对他们来讲都存在着一定的外汇风险。因汇率的波动和下浮,出口商的本币收入可能比预期的数额减少,进口商的本币支付可能比预期的数额要增加。在国际贸易实务中,为减少外汇风险,有远期外汇收入的出口商可与银行订立出卖远期外汇合同,一定时期后按签约时规定的价格将其外汇收入出卖给银行,从而防止汇率下跌带来的损失,有远期外汇支出的进口商也可与银行签订购买远期外汇合同,一定时期后,按约定价格向银行购买规定数额的外汇,从而防止汇率上涨而增加成本负担。此外，由于远期外汇买卖的存在，也便于有远期外汇收支的对外经济主体核算其成本支出，事先计算利润盈亏。

3. 择期远期交易

如上所述，远期外汇买卖可使将来买卖外汇的汇率、数量、交割时间在现在确定下来。远期交易这样的特点使其在具备上述的优越性外还存在着局限性，即利用这种交易的进出口商和其他任何远期外汇的买卖者必须确切地知道他在什么日期将会收到外汇或需要支出外汇。可事实上许多人，尤其是进出口商，往往既不可能事先知道货物运出的确切日期，也不可能知道收款或付款的具体日期，远期外汇交易的固定交割日期这一特点不能满足不知确切收付款日期的进出口商，于是择期远期交易应运而生。

所谓择期远期交易(Option Date Forward Transaction)即是顾客和外汇银行签订合约，据合约，顾客可以在今后未确定的日期以事先确定的汇率买进或卖出一定数量外国货币的外汇交易。一个将在贸易合同签订后第二个月收到出口货款但不能确定具体日期的出口商可与银行签订一择期远期合约，择期在第二个月，则根据该合约此出口商必须在第二个月内将外汇卖给银行，至于究竟在这个月的那一天交割，完全由他自己选择。

远期外汇交易使用的汇率是远期汇率，而择期远期外汇交易则由银行选择从择期开始到结束期间最不利于顾客的汇率作为择期远期的汇率。

【例11-1】 美国一进口商以择期远期交易购买了10万英镑，择期在第一个月和第二个月，即该进口商可在合约签订后的第一、二个月这两个月中的任何一天购买所需英镑，银行的卖出价为：即期汇率：£1＝$1.8300，1个月远期汇率为£1＝$1.8400，二个月的远期汇率为£1＝$1.8500，则在这笔择期买卖中对顾客最不利或对银行最有利的汇率为£1＝$1.8500，该美国进口商在他所选择的交割日买入10万英镑所采用的汇率应为£1＝$1.8500。

4. 外币期货交易

外币期货交易(Foreign Currency Future)是在期货交易所里买卖期货合约的交易。期货合约是标准化的远期合约，其交易币种、交易单位、交易时间、交割时间和地点都有统一规定，价格是由买卖双方以公开喊价的方式决定的。

外币期货交易和远期外汇交易有类似之处，比如：从本质上说，这两种交易都是买卖双方事先签订合约，规定好交易条件，在将来某个日期才实行实物交割，买方付款，卖方交汇收款，即这两种交易成交时买卖的都是合约，它们在避免外汇风险和外汇投机方面的作用是一样的。但这两种外汇交易方式又存在很大差异，比如：外币期货交易的合约是标准化的，每份合约的交易金额都相同，客户只能买卖每份合约交易金额的整数倍量的外币，而远期外汇交易可作零头交易；外币期货交易是在期货交易所里由买卖双方以竞价方式成交的，交易所一般采取会员制，非会员从事期货买卖必须支付一定佣金委托期货经纪人代其购买，而远期外汇交易则用电话、电传在客户、外汇银行、经纪人之间进行，买卖外汇的远期汇率由银行报出。此外，外币期货交易和远期外汇交易最大的不同在于：远期外汇交易90%以上最终都要进行实物交割，买方付款收汇，卖方付汇收款，而在外币期货交易中，进行实物交割的很少，只有1%～2%左右，绝大部分交易在交割日前都通过相对的交易冲销了。外币期货交易的上述特点使它具备了套期保值(Hedging)的功能。

在外汇交易中，套期保值指的是在现汇市场上买进或卖出外汇的同时又在外汇期货市场上卖出或买进金额大致相同的期货合约，在两个时间点上因价格变动造成的现汇买卖上的盈亏，可以由外汇期货交易上的亏盈弥补。

【例11-2】 假定美国一跨国公司将其英国子公司多余的20万英磅调回国内使用5个月，为避免将来购买英磅回调给子公司时英磅升值，该跨国公司采取期货套期保值，交易情形如下：

现汇市场	外汇期货市场
1月1日 卖出20万英磅，汇率为£1＝＄1.8000 收入360000美元	买入8份七月份英镑期货，每份25000英磅，共计20万英磅，汇率£1＝＄1.8100 应支付362000美元
6月1日 买入20万英磅，汇率£1＝＄1.8300 支付366000美元	卖出8份七月份的英镑期货合约，汇率 £1＝＄1.8350 应收入 367000美元
－6000美元	＋5000美元

上例由于汇率变动，总公司在现汇市场上损失了6,000美元，在外汇期货市场上盈利5,000美元，套期保值的最终结果是损失1,000美元，和不进行套期保值相比，损失大大减少。

5. 外币期权交易

外币期权交易（Foreign Currency Option）指的是远期外汇的买方（或卖方）与对方签订购买（或出售）远期外汇合约，并支付一定金额的期权保险费（Premium）后，在合约的有效期内或在规定的合约到期日，有权按合约规定的协定价格（Striking Price or Exercise Price）履行合约，行使自己购买（或出售）一定数额的外汇的权力，但这种权利有不行使的自由，即交纳期权保险费的期权买方有权在协定汇价和所决定的交割日的即期汇价之间选择对自己有利的汇率。

外币期权交易按照行使期权的时间来看有欧式期权和美式期权之分，在到期日之前可以行使的外汇期权为美式期权，只能在到期日行使的期权为欧式期权。而按照期权的性质来看，外币期权交易又有买进期权（Call Option）和卖出期权（Put Option）只分，买进期权又可称为看涨期权，其购买者（Call Buyer）支付期权保险费并取得以固定汇率购买特定数量外汇的权利；卖出期权又称为看跌期权，其购买者（Put Buyer）支付期权保险费并取得以既定汇率出售特定数量外汇的权利。

【例11-3】 一美国人在1月1日购买了美式英磅买进期权1,000英磅；协议价格£1＝＄1.800，保险费每英磅0.005美元，到期日4月1日，这就是说，该美国人在4月1日前，即1月1日到4月1日这段时间中的任何时候都有权以£1＝＄1.8000的汇率购买1,000英磅。他取得这种权利的成本即保险费是每购买1英磅支付0.005美元，1,000英磅共需支付50美元。当然他也可以不行使权利，此时他的损失是50美元的保险费，该美国人的交易对手即期权的卖出者有义务在美国人要求行使期权、买入1,000英磅时向其支付外汇。若该美国人购买的是欧式期权，那么他只能在4月1日行使该期权。

6. 掉期交易

掉期交易（Swap Transaction）是在买进或卖出即期外汇的同时，卖出或买进远期外汇，在短期资本投资或在资金的调拨活动中，若将一种货币兑换成另一种货币，为避免汇率波动的风险，常常运用掉期业务，以防止可能发生的损失。比如：瑞士某银行，因业务经营的需要，以瑞士法郎购买1亿意大利里拉存放于米兰三个月，为防止三个月后里拉汇率下跌，存放于米兰的里拉不能换回原来数额的瑞士法郎，该瑞士银行利用掉期业务，在买进1亿里拉现汇的同时，卖出三个月里拉的期汇，从而避免此间汇率下跌而承担的风险。

三、外汇风险管理与外汇管制

（一）外汇风险的概念及类型

外汇风险（Foreign Exchange Risk）又称汇率风险，指的是经济主体在持有或运用外汇的经济活动中，因汇率变动而蒙受损失的一种可能性。从事涉外贸易、投资、借贷等活动的主体，不可避免的会在国际范围内收付大量外汇，或拥有以外币表示的债权债务。当汇率发生变化时，一定数量某种外汇兑换或折算成本币或另一种币别的外汇的数量额较以前为少或为多，这就可能使外汇持有者或运用者获利。但是，经营稳健的经济主体一般不愿意让经营成果蒙受这种自身无法预料和控制的汇率变化的影响。自1973年西方主要工业国家实行浮动汇率制度以来，各主要货币的汇率不仅大幅度、频繁地波动，而且它们之间经常出现难以预料的地位强弱转化。由此，在各种涉外经济活动中，外汇风险问题显得更为突出。有关经济主体在其经营活动中，都将外汇风险防范作为经营管理的一个重要方面。

外汇风险可以分为三种类型，一种是交易风险（Transaction Risk），其指的是在运用外币进行计价收付的交易中，经济主体因外汇汇率变动而蒙受损失的可能性，这是一种流量风险。外汇风险中的另一种是折算风险（Translation Risk），又称会计风险，指经济主体对资产负债表进行会计处理中，在将功能货币转换成记帐货币时，因汇率变动而呈现帐面损失的可能，这是一种存量风险。经济风险（Economic Risk）属于外汇风险中的又一种类型，其又称为经营风险，是指意料之外的汇率变动通过影响企业生产销售数量、价格、成本，引起企业未来一定期间收益或现金流量减少的一种潜在损失。汇率的变动通过影响企业的生产成本、销售价格，将引起产销数量的调整，并由此最终带来获利状况的变化。值得注意的是，经济风险定义中的汇率变动仅指意料之外的汇率变动，而不包括意料到的汇率变动，对于一个企业来说，经济风险比折算风险和交易风险都更为重要，因为其影响是长期性的，而折算风险和交易风险的影响是一次性的。

涉外经济主体的外汇风险管理是指对外汇市场可能出现的变化作出相应的决策，以避免汇率变动可能造成的损失。对于不同类型的外汇风险，应采取不同的管理方法，在本节我们主要介绍交易风险的管理。

（二）外汇风险中交易风险的管理

1. 交易风险产生的几种情形

1）在商品劳务的进出口贸易当中，若外汇汇率在外币收付时较合同签订时有所涨跌，则进口商需要付出更多的本币或其他货币，出口商则会在本币收入上有所损失。比如：我国某外贸公司从美国进口一批机械设备，合同规定以美元计价结算，货价为250万美元，支付日期为三个月后，签订合同时，美元的银行卖出价为＄1＝￥8.2371，但三个月后，美元的银行卖出价变为$1=￥8.2800，则此外贸公司在购买250万美元时，需要比合同签订时多支付（8.2800－8.2731）×250万＝17250元人民币。

2）在资本输出（输入）中，如果外汇汇率在外币债权债务清偿时较债权债务关系形成时发生下跌（或上涨），债权人（债务人）就只得收回（付出）相对更少（更多）的本币或其他外币。例如：我国某金融机构在东京发行一笔总额100亿日元，期限为五年的武士债券，用所筹得的资金来发放五年期美元贷款支持国内某大型投资项目，按照当时日元对美元的汇率，$1=JP￥224.93，该金融机构将100亿日元在国际外汇市场上兑换成4445.83万美元，但五年期满后，日元对美元的汇率变为$1=JP￥120，若不考虑利息部分，该金融机构要偿还100亿日元，就需要8333.33万美元，这较金融机构收回4445.83万美元贷款本金多3887.5万美元，这些额外支付的美元，就是该金融机构因所借外币的汇率上浮而蒙受的损失。

3）外汇银行在中介性外汇买卖中持有外汇头寸的多头和空头，也会因汇率变动而可能蒙受损失。

2. 交易风险管理办法

1）选择货币法

在有关对外贸易和借贷等经济交易中，选择何种货币签订合同作为计价结算的货币或计值清偿的货币，直接关系到交易主体是否将承担汇率风险。在选择合同货币时，应争取使用本国货币作为合同货币，其实是把汇率风险转嫁由交易对方接受，这是因为以本币进行结算，清偿时不会发生本币与外币之间的兑换，外汇风险因而无从产生。但争取以本币作为合同货币不是能轻易如愿的。若必须以外币计价结算，则应选择好硬币和软币。将来有外币收入的对外经济主体应争取以硬币作为合同货币，以在将来结算和清偿时兑换回更多数额的本国货币或其他外币。将来有外币支出的对外经济主体应争取以软币作为合同货币，以在将来结算和清偿时少支付一些本国货币或其他外币。但各种货币的"软"、"硬"不是绝对的，严格来看，这种方法并不能保证经济实体免遭汇率变动的损失。

另外，在签订对外经济收付合同时，也可在合同中加列货币保值条款。货币保值是指选择某种与合同货币不一致的价格稳定的货币，将合同金额转换用所选货币来表示，在结算或清偿时，按所选的货币表示的金额以合同货币来完成收付。在签订合同时加列货币保值条款，能够防止汇率多变的风险，往往被用于长期合同。

2）金融交易法

交易合同签订后，涉外经济实体可以利用外汇市场和货币市场来消除外汇风险，主要方法有：现汇交易、期汇交易、期货交易、期权交易、掉期交易、借款与投资、借款—现汇交易—投资、外币票据贴现、福费廷交易等。其中外汇交易方法我们在前面已介绍过，这里只对其他的方法给予简单介绍。

借款法与投资法（Borrowing and Investing）。这是通过创造与未来外汇收入或支出相同币种、相同金额、相同期限的债权或债务以达到消除外汇风险目的的一种风险防范措施，其中借款法用于有未来外汇收入的场合，投资法用于有未来外汇支出的场合。比如：出口商在签订合同后，可以从银行借入一笔与未来外汇收入相同币种、相同金额、相同期限的款项，并将这笔借款在外汇市场上卖出，换成本国货币，当这笔借款到期时，以当日收回的外汇偿还。

借款—现汇交易—投资（Borrow-Spot-Invest，BSI）是一种将借款、现汇交易和投资综合运用的方法,主要用于对未来有外汇支出的风险防范。具体操作是:进口商(或债务人)在签订合同后,当即从银行借入一笔本国货币,其期限与未来外汇支出的期限相同,其金额按现汇汇率与未来外汇支出的金额等值。然后,以所借本币在现汇市场上买进未来支出的外汇,并将该外汇投资于交易对方所在国的货币市场,投资期限于未来外汇支出期限相同。到结算日或清偿日,投资亦到期,便以收回的外汇投资本金履行支付或偿付的义务,同时偿还从银行的本币借款。

外币票据贴现(Discount),出口商在向进口商提供资金融通而拥有远期外汇票据的情况下,可以拿远期外汇票据到银行要求贴现,提前获取外汇并将其出售,取得本币现款。

福费廷交易(Forfaiting),指一种中期、固定利率、无追索权的出口贸易融资的贴现业务。在这一业务中,银行在办理经进口商承兑的远期外汇票据贴现后,不能对出口商行使追索权,出口商在贴现这种票据时是一种卖断,以后票据拒付与出口商无关,出口商将票据拒付风险和外汇风险一并转嫁给贴现票据的银行。

3)其他管理方法

提前或拖后(leads or lags),是指涉外经济主体根据对计价货币汇率的走势预测,将收付外币的结算日或清偿日提前或错后,以达到防范外汇风险或获取汇率变动的利益的目的。

配对法(Matching)是指涉外主体在一笔交易发生时或发生后,再进行一笔与该笔交易在币种、金额、付款日上完全相同,但资金流向正好相反的交易,使两笔交易所面临汇率变动的影响相互抵消的一种做法。

汇率变动保险,指涉外经济主体向有关保险公司投保汇率波动险,一旦因汇率变动而蒙受损失,便由保险公司给予合理的赔偿,汇率风险的保险一般由国家承担。在日本,保险标的仅限于部分长期外币债权,币种仅限于美元、英镑、德国马克、法国法郎和瑞士法郎。在美国,由国际开发署承担保险责任,保险标的为美国居民的对外投资。

3. 外汇管制

外汇管制(Foreign Exchange Control)是指一个国家为了维持国际收支的平衡和汇价水平的稳定,对外汇买卖和国际结算等实行管制,管制的范围包括贸易、非贸易、资本输入、输出、汇率、外汇市场、银行存款帐户等方面,即一个国家的政府指定或者授权某一机构制订有关外汇管理的法令,通过各种法令、条例、制度对其国境内和其管辖范围内的本国人、外国人、本国单位和外国单位的一切外汇收、支、存、兑活动实行管制。

外汇管制的目的首先是为了防止资本外逃,这在战争期间尤为重要。一国的资本可能是由于政局动荡等因素而引起大量外逃,由于资本外逃而造成对外币需求的增加,在外汇收入不足的情况下,国际收支必然会出现严重逆差。这时,一国政府往往实行严厉的外汇管制措施,对资本从国内调出不予以批准,同时采取优惠政策吸引国外资本的流入。其次,实行外汇管制可以改善一国国际收支经常项目的状况。一国外汇管制通常通过限制进口、鼓励出口的种种条例改善国际收支经常项目的逆差。再次,外汇管制还可以通过稳定汇率的条例及措施保护本国贸易的发展,如果汇率受本国通货膨胀及世界市场等因素的影响经常发生波动,就会增加进出口贸易亏损的风险,影响对外贸易的顺利发展,一般实行外汇管制的国家往往对本国货币的官方汇率予以确定,尽可能减少对外贸易的风险。另外,实行外汇管制还有利于稳定本国物价,促进国内经济平衡发展,特别是对那些外汇资源比较缺乏,国际收支困难较为严重的国家就更如此。

由于各国的经济实力不同,在世界经济中所处的地位不同,其国内经济发展情况不同,因此对外汇管制的具体措施也有不同的侧重,但总体来说,实行外汇管制的国家一般对汇率、贸易外汇收支、非贸易外汇收支、资本输入输出、银行帐户存款、黄金和现钞的输出、输入等分别采取一定的管制办法。

汇率是一国实行外汇管制的主要内容之一,实行汇率管制的方法主要有两种:直接管制和间接管制。直接管制即由政府公布汇率,用行政手段规定各项外汇收支,按公布汇率结汇;间接管制就是一国利用外汇基金在市场上进行干预,来稳定汇率。这些国家在中央银行建立外汇平准基金,汇率一般由市场供求关系所决定。政府授权中央银行运用这项基金在外汇市场买卖外汇,调节市场供求的不平衡,以达到稳定汇率的目的。

贸易外汇收支是国际收支最大项目,实行外汇管制的国家多对贸易外汇实行严格管制,以集中出口外汇收入,限制进口外汇支出,解决贸易逆差,追求国际收支平衡。其中管制出口外汇的主要内容是:规定出口商必须把全部或一部分出口贸易所得的外汇收入,按官方汇率结售给指定银行,以保证国家集中外汇收入,统一使用。为了鼓励出口,刺激出口商的积极性,外汇管制当局通常规定下述出口结汇办法,比如规定不同种类出口商品的出口商可按官方汇率结售一部分外汇收入,剩余部分既可用于自己进口,也可按自由市场的汇率转售他人;再比如,对出口商发放优惠贷款,出售传统商品的外汇收入可提前结汇,某些出口商品结汇时间可适当推迟等等。在进口外汇的管制上,实行外汇管制的国家为了减少外汇支出,防止资本外逃,减缓国际收支逆差,一般都规定进口商所需的外汇,须向管汇当局申请,批准后方可供售,有些国家的进口外汇的批准手续与进口许可证的颁发会同办理,只要获得进口许可证,所需外汇也即获得批准,有的国家则需另办申请批准手续。

非贸易外汇的收入与支出包括于国际收支的经常项目之中,它主要包括无形贸易的收入与支出。无形贸易主要指:货运、保险、港口供应与劳务、旅游、投资收支、邮电、使领馆费用及承包工程费用等。一般国家规定,属于贸易从属费的运费、保险费及港口供应与服务等往往不再作另行规定,基本按照贸易管制的办法,对于其他非贸易外汇的收支则通过许可证制、预付存款制、课征非贸易外汇购买税、规定非贸易外汇的购买时间、控制非贸易外汇对外支付的时间等方式进行管理。

资本项目是国际收支中的重要项目,因此实行外汇管制的国家大都十分重视对资本输出、输入的管制。一些发展中国家为了利用外资,一般鼓励资本输入。部分发达国家近年来国际收支出现顺差,其本国货币经常遇到升值的压力,这些国家为了减少其国际收支逆差,往往对资本输入进行限制。

实行外汇管制的国家往往对黄金、现钞的输出、输入进行管制。这些国家往往限制私人输入黄金,当国际收支出现顺差或逆差需要输出和输入黄金时,只能由中央银行统一办理。外汇管制的国家有些禁止现钞输出,有些规定现钞输出的最高限额,以防止本国资本的外逃及对本国汇率的影响等。

第二节 融 资

一、融资概述

资金问题,历来都是业主和承包商最为关切和颇费心机的问题。对于业主来说,自己发包的工程能否顺利完成，关键之一在于他能否顺利地将工程建设资金按时安排就位，而对于任何一家工程建筑公司来说，他能在国际建筑市场获得成功，不仅取决于其技术能力，管理经验以及他在实际活动中赢得的信誉，还要看他融通资金的能力和使用资金的本领，一项大型工程项目招标时，承包商的财务状况，固定资产和流动资金情况往往被列为最重要的资格预审条件。这就是说，没有足够的资金后盾力量的承包商，是不能通过预审而获得大型项目的投标资格的。此外，无论业主还是承包商，若没有足够的资金，即使是项目开了工或是中标得了一项大型工程，其结果必然是因资金拮据，周转困难或融资成本过高而以失败告终，至于80年代后在世界工程和承包市场上流行的延期付款工程，带资建设的交钥匙工程等，实际上是将承包商推到了借款人的地位，如果没有恰当的资金融通方式，即使是大型国际建筑承包商，对于这类工程的承包也会望而生畏，所以，如果事先不将资金安排妥当，谁也不敢冒然发包或投标承揽这样的工程。因此，国际工程从业者应该熟悉和了解国际金融市场上的几种主要融资方式。

二、国际商业银行中长期信贷

（一）国际商业银行中长期贷款的特点

中长期贷款指的是期限在一年以上的贷款，第二次世界大战前将贷款期限一年至五年的贷款称为中间贷款，五年以上的称为长期贷款。二战后，习惯上将一年以上十年左右的贷款统称为中长期贷款，一般不严格划分中间与长期的界限。当前欧洲货币市场对工商企业的中长期贷款最长为6—7年，对政府机构的贷款最长为12年。中长期贷款有四个主要特点：

1. 要签订贷款协议。短期贷款，银行与借款人之间常常通过电话、电讯联系，就能明确贷款条件、利率水平和归还期限等，一般勿需签订书面协议；而中长期贷款，由于期限较长，贷款金额较大，一般均签订书面的贷款协议。

2. 联合贷款，即一笔贷款往往由数家甚至二、三十家银行提供，这也叫银团贷款（Consortium Loan）、辛迪加贷款（Syndicate Loan）。采取联合贷款的原因，一是中长期贷款金额较大，一家银行无力提供；二是可以分散风险，万一贷款到期不能收回，则由诸多银行分担损失。

3. 政府担保。中长期贷款如果没有物质担保，一般均由政府有关部门对贷款协议的履行与贷款的偿还进行担保。

4. 采用浮动利率。由于贷款期限较长，若在贷款期内将利率定死，对借款双方都是不利的。如果采取固定利率方式，贷款协议签订时利率较低，在贷款期内，市场利率高涨，但协议已将利率定死，贷款银行不能要求再行提高利率，这时贷款银行吃亏较大；反之，贷款协议签订时利率较高，以后市场利率下降，因协议将利率定死，借款人不得要求贷款银行降低利率，这时借款人吃亏较大。如为浮动利率，则在贷款期内允许借贷双方视市场利率的实际情况，对原定利率进行调整，一般贷款协议规定每半年或三个月调整一次利率。

（二）中长期贷款的利息及费用负担

1. 利率。中长期贷款收取的利息，一般按伦敦银行同业拆放利率（LIBOR）来收取。在香港、新加坡、巴林，有关银行中长期贷款也有分别按HIBOR、SIBOR和BIBOR计算利息的。

2. 附加利率。LIBOR为短期利率，所以借取中长期贷款要在LIBOR的基础之上，附加一个利率。附加利率的习惯做法是随着贷款期限的延长,附加利率的幅度逐渐提高。若贷款期限为十年,头二、三年的附加利率为0.3125%;中间二、三年的附加利率为0.5%;最后二、三年附加利率为0.625%。

3. 管理费(Management Fee)。近似于手续费,根据贷款金额,按一定费率收取,费率一般为0.25%~0.5%。

4. 代理费(Agent Fee)。在银团贷款中借款人对银团代理行或牵头银行所支付的费用。因为代理行或牵头银行要与借款人及参加贷款的银行进行日常的联系交往,从而发生电传费、电报费、办公费等的支出,这些费用均包括在代理费中。

5. 杂费(Out of Pocket Fee)。贷款协议签订前所发生的一切费用均为杂费。如:贷款银行与借款人联系的车马费、宴请费、文件修订费、以及律师费等。

6. 承担费(Commitment Fee)。指的是贷款协议签订后对未提用的贷款余额所支付的费用。承担费根据未提用贷款的余额,按一定费率计算。承担费率一般为年率0.25%~0.5%。

(三)贷款本金的偿还方式

1. 到期一次偿还。这适用于贷款金额相对不大、贷款期限较短的中期的贷款。

2. 分次等额偿还。这种方式下,在宽限期(Grace Period)内,借款人无需还本,只是每半年按实际贷款额付息一次,宽限期满后开始还本,每半年还本并付息一次,每次还本金额相等,这适用于贷款金额大、贷款期限长的贷款。

3. 逐年分次等额偿还。这种方式与第二种方式类似,但无宽限期,从借款第一年起开始分次还本付息。

对借款人来说,在上述方式中,以到期一次偿还最为有利。因为一方面,实际贷款期限与名义贷款期限相一致,占用时间较长;另一方面,到期才偿还贷款本金,偿债负担不重。第二种方式尚可接受,因为实际贷款期限虽比名义贷款期限为短,但有几年宽限期,在几年内可不还本,偿债负担相对有所缓和。第三种方式则很不利,因为实际贷款期限仅为名义贷款期限的一半,且须从第一年起开始还本,偿债负担较重。

(四)贷款协议中的提前偿还条款

一般地讲,一国借款人从外国银行获得中长期信贷,在贷款所用货币的汇率、利率不变,而且借款人又确有长期资金需要的情况下,贷款期限越长,则对借款人越有利。但在有些情况下,借款人动用贷款协议中的提前偿还条款反而较为有利。比如,在下列三种情况下,提前归还贷款就较为有利:

1. 贷款所用货币汇率开始上涨,并有继续上涨的趋势,此时,借款人如仍按原定期限归还借款,则将蒙受由于汇率上涨造成的巨大损失。

2. 在贷款采用浮动利率的条件下,利率开始上升,并有继续上升的趋势;或利率一次上涨幅度较大。此时,借款人如仍按原定期限归还贷款,则将负担较重的利息。

3. 在贷款采用固定利率的条件下,当国际金融市场上利率下降时,借款人可以筹措利率较低的新贷款,提前偿还原来利率较高的旧贷款,借以减轻利息负担。

(五)贷款货币的选择

一个借款人从国际商业银行贷款,基本上应遵循以下原则:

借款的货币与使用方向相衔接。

借款的货币要与购买设备后所生产产品的主要销售市场相衔接。

借款的货币最好选择软币,即具有下浮趋势的货币,但这类货币往往利率较高。

如果在借款期内硬币上浮的幅度小于硬币和软币的利率差,则借取硬币也是有利的,否则借软币。

三、出口信贷

（一）什么是出口信贷

出口信贷（Export Credit）是一种国际信贷方式,是国家为支持和扩大本国大型设备的出口,加强国际竞争能力,以给予利息补贴并提供信贷担保的方法,鼓励本国的银行对本国出口商或外国进口商提供利率较低的贷款,以解决本国出口商资金周转的困难,或满足国外进口商对本国出口商支付货款需要的一种融资方式。出口信贷是争夺市场,扩大资本货物销售的一种手段。

（二）出口信贷的特点

1. 出口信贷属于对外贸易中长期信贷。

2. 出口信贷的利率,一般低于市场利率,利差由国家给予补贴。

3. 出口信贷的发放与信贷保险结合,发达国家一般都设有国家信贷担保机构,对银行发放的中长期出口信贷给予担保。

4. 国家成立专门的发放出口信贷的机构,制定政策,管理与分配国际信贷资金,特别是中长期信贷资金。

（三）出口信贷的主要类型

1. 卖方信贷

在大型机械装备与成套设备贸易中,为便于出口商以延期付款方式出卖设备,出口商所在地银行对出口商的信贷即为卖方信贷（Supplier's Credit）。在卖方信贷方式下,进出口商签订合同后,进口商先支付10%～15%的定金,在分批交货验收和保证期满时,再分期付给10%～15%的货款,其余70%～80%的货款在全部交货后若干年内分期偿还（一般每半年还款一次）,并付给延期付款期间的利息。而出口商（卖方）向其所在地的银行商借贷款,融通资金。进口商（买方）随同利息分期偿还出口商（卖方）货款后,根据贷款协议,出口商再用以偿还其从银行取得的贷款。出口商向银行借卖方信贷,除按出口信贷利率支付利息外,还须支付信贷保险费、承担费、管理费等,这些费用均附加于出口成套设备的货价中。因此延期付款的货价一般高于以现汇支付的货价,有时高出3%～4%,甚至有的高出8%～10%。

2. 买方信贷

在大型机械设备贸易中,由出口商（卖方）所在地的银行贷款给外国进口商（买方）或进口商的银行,以给予融资便利,扩大本国设备的出口,这种贷款叫买方信贷（Buyer's Credit）。

在买方信贷方式下,进口商与出口商洽谈贸易,签订贸易合同后,进口商先缴相当于货价15%的现汇定金。在贸易合同签订后至预付定金前,进口商再与出口商所在地银行签订贷款协议,进口商用其所贷款项,以现汇条件向出口商支付货款,进口商对出口商所在地银行的贷款,按贷款协议的条件分期偿还。

3. 福费廷交易

福费廷交易（Forfaiting）是在延期付款的大型设备贸易中，出口商把经过进口商承兑的、期限在半年以上至五、六年的远期汇票，无追索权地售予出口商所在地的银行和大金融公司，以提前取得现款的一种资金融通方式。

4. 信用安排限额

信用安排限额（Credit Line Agreement）指的是出口商所在地的银行为了扩大本国一般消费品或基础工程的出口，给予进口商所在地的银行以中期融资的便利，并与进口商所在地银行配合，组织较小金额业务的成交。其一般有两种形式：一种是一般用途信用限额（General Purpose Lines of Credit），有时也叫购物篮信用。在这种形式下，出口商所在地银行向进口商所在地银行提供一定的贷款限额，以满足对方许多彼此无直接关系的进口商购买该出口国消费品的资金需要。另一种是项目信用限额（Project of Lines of Credit），在这种形势下出口商银行向进口国银行提供一定贷款限额，以满足进口国的厂商购买出口国的基础设备（Capital Goods）和基础工程建设的资金需要。

5. 混合信贷

混合信贷（Mixed Credit）指的是国家为扩大本国设备的出口，加强本国设备出口的竞争能力，在出口国银行发放卖方信贷或买方信贷的同时，出口国政府还从预算中提出一笔资金，作为政府贷款或给予部分赠款，连同卖方信贷或买方信贷一并发放，以满足出口商或进口商支付当地费用与设备价款的需要。政府贷款的利率一般比出口信贷利率更低，这就更有利于促进该国设备的出口，并可加强与借款国的经济技术与财政合作关系。政府贷款一般占整个贷款金额的30%～50%。这种为满足同一设备项目的融通资金需要，卖方信贷或买方信贷与政府贷款混合贷放的方式即为混合信贷，这一信贷形式近几年来发展较大。

四、政府贷款

（一）政府贷款的概念

政府贷款是指一国政府利用财政或国库资金向另一国政府提供的优惠性贷款。贷款国政府使用国家财政预算收入或国库的资金，通过列入国家财政预算支出计划，向借款国政府提供贷款。因此，政府贷款一般由各国的中央政府经过完备的立法手续批准后予以实施。政府贷款通常是建立在两国政府政治经济关系良好的基础之上的。

（二）政府贷款的特点

1. 政府贷款是以政府名义进行的双边政府之间的贷款，因此，往往需要经过各自国家的议会通过，完成应具备的法定批准程序。

2. 政府间贷款一般是在两国政治、外交、经济关系良好的情况下进行的，是为一定的政治、外交、经济目的服务的。

3. 政府贷款属于中、长期无息或低息贷款，具有援助性质。

4. 政府贷款一般要受到贷款国的国民生产总值、国家财政收支与国际收支状况的制约，因此，它的规模不会太大。

（三）政府贷款的条件

1. 政府贷款的标的应该是货币金额，而且常以贷款国的货币表示，有时也以第三国货币表示，这是每笔政府贷款规模的标志。

2. 政府贷款既可以无息，即不必计算与支付利息；又可以计息，但利率较低，年利率一般在1%～3%左右，当然个别也有高达5%左右。按规定，政府贷款的赠予部分应高于

25%，甚至高于35%。

3. 政府贷款中的无息贷款或者低息贷款，有时规定应由借款方向贷款方支付一定百分比的管理费，或称手续费。对于计息的政府贷款，有时还规定应由借款方向贷款方支付一定百分比的承担费，多数国家提供的政府贷款不收取费用。

4. 政府贷款的期限属于中、长期贷款，一般为10年、20年、30年甚至长达50年。贷款的用款期（Availability Period），即使用贷款的支付期限，一般规定为1~3年，有的长达5年；贷款的宽限期（Grace Period），即贷款开始使用后只支付利息、不偿还本金的期限，一般为5年、7年或10年；贷款的偿还期（Repayment Period），即还款的期限，一般规定从某年开始即10年、20年或30年之内，每年分两次偿还贷款本金并支付利息。

5. 政府贷款虽属优惠性质，但它毕竟要为贷款国家的政治、外交和经济利益服务，因此，政府贷款中除很少使用的现汇贷款外，对于商品贷款或与项目结合的贷款，通常规定采购限制条件，比如：借款人借入贷款，必须用于购买贷款国的资本货物、技术、商品和劳务，从而带动贷款国的货物和技术劳务的出口。

（四）政府贷款的种类

1. 无息贷款。这是最优惠的贷款，不必计算和支付利息，但要收取一定的手续费，一般不超过1%。

2. 计息贷款。这种贷款必须计算和支付利息，它的利息率都比较低，年利率一般在1%~3%左右。除贷款利息之外，有时也规定借款国须向贷款国政府支付不超过1%的手续费。

3. 现汇贷款。系指贷款国政府向借款国政府提供可以自由兑换的货币的贷款，由借款国根据自己的需要予以使用，还款期内借款国须偿还同种可自由兑换的货币。

4. 商品贷款。指贷款国政府向借款国政府提供规定品种数量的原材料、机器、设备等商品，计价汇总作为贷款，至于商品贷款是以货物偿还还是以可自由兑换的货币偿还，由双方协商确定。

5. 与项目相结合的贷款。指贷款国政府向借款国政府提供为双方协议的建设项目所需要的整套原材料、机械设备、设计技术图、专利许可证和专家指导、人员培训、劳务技术服务等，计价汇总，作为贷款额度。

6. 政府混合贷款。指政府提供的低息优惠性贷款或政府提供的无偿赠款与出口信贷结合使用而组成的一种贷款。

五、国际金融组织贷款

在国际工程开发与投资业务中，可以进行融资的一条主要渠道是国际金融组织的贷款。在国际金融组织中，有全球性金融组织，如世界银行集团，也有区域性金融组织，如亚洲开发银行等。了解这些金融组织贷款对搞好国际工程开发与投资工作有重大的作用与意义。

（一）世界银行贷款

1. 世界银行的成立及宗旨

世界银行（International Bank for Reconstruction and Development，IBRD或简称World Bank）成立于1945年12月，凡参加世界银行的国家必须首先是国际货币基金组织的会员国，根据"国际复兴开发银行（世界银行）协定"第一条规定，世界银行的宗旨可以归纳为：对用于生产目的的投资提供便利，以协助会员国的复兴与开发；鼓励较不发达国家生产与资源的开发；促进私人对外投资；用鼓励国际投资以开发会员国生产资源的方法，促进国际贸易的长期平衡发展,并维持国际收支平衡。

2. 世界银行的贷款条件

世界银行的主要业务以实收资本、公积金和准备金,或者以其从其他会员国金融市场筹措的资金,和其他金融机构一起联合对外发放贷款,或自行发放贷款;也承做对私人投资、贷款给予部分或全部保证的业务。世界银行的贷款条件是:

1)限于会员国,若贷款对象为非会员国的政府时,则该项贷款须由会员国政府、中央银行和世界银行认可的机构进行担保。

2)申请贷款的国家确实不能以合理的条件从其他方面取得贷款时,世界银行才考虑发放贷款、参加贷款或提供保证。

3)申请的贷款必须用于一定的工程项目,有助于该国的生产发展与经济增长。

4)贷款必须专款专用,并接受世界银行的监督,银行的监督不仅在使用款项方面,同时在工程的进度、物资的保管、工程管理等方面也进行监督。

5)贷款的期限一般为数年,最长可达30年。从1976年7月起,贷款利率实行浮动利率,随金融市场利率的变化定期调整,并附加一定的利息。与国际资金市场收取承担费相似,世界银行对已订立借款契约,而未提取部分,按年征收0.75%的手续费。

6)贷款使用的货币。世界银行使用不同的货币对外发放贷款,对承担贷款项目的承包商或供应商,一般用该承包商、供应商所属国的货币支付。如果由本地承包商供应本地物资,即用借款国货币支付;如本地供应商购买的是进口物资,即用该出口国货币支付。

3. 世界银行的贷款种类

1)项目贷款与非项目贷款。这是世界银行传统的贷款业务。

2)"第三窗口"(The Third Window)贷款。这是在传统贷款之外的一种中间性贷款,其贷款条件宽于世界银行的一般性贷款,但优惠条件不如国际开发协会贷款。

3)技术援助贷款。首先是指在许多贷款项目中用于可行性研究、管理或计划的咨询,以及专门培训方面资金贷款;其次还包括独立的技术援助贷款,即为完全从事技术援助的项目提供的资金贷款。

4)联合贷款(Co-financing)。这是世界银行同其他贷款者一起,共同为借款国的项目融资,以有助于缓和世界银行资金有限与发展中会员国不断增长的资金需求之间的矛盾。

(二)国际开发协会的贷款

国际开发协会(International Development Association,IDA)是专门向低收入发展中国家提供优惠长期贷款的一个国际金融组织,是世界银行集团的附属机构。其宗旨是对欠发达国家提供比世行贷款条件宽、期限较长、负担较轻,并可用部分当地货币偿还的贷款,以促进它们经济的发展和居民生活水平的提高,从而补充世界银行的活动,促进世界银行的目标的实现。

从国际开发协会的贷款条件来看,协会贷款只提供给低收入发展中国家,按最初标准,人均GNP为425美元以下,现在人均GNP不超过580美元(1987年),均有资格获得协会信贷。协会贷款对象规定为会员国政府和公私企业,但实际上均向会员国政府发放。其贷款的用途与世界银行一样,是对借款国具有优先发展意义的项目或发展计划提供贷款。贷款的期限为50年,宽限期10年,头10年不必还本;第二个10年,每年还本1%,其余30年每年还本3%。偿还贷款时,可以全部或一部分使用本国货币偿还,贷款只收取0.75%的手续费。

（三）国际金融公司贷款

国际金融公司（International Finance Corporation，IFC）和国际开发协会一样也是世界银行集团的一个附属机构，其宗旨是通过对发展中国家尤其是欠发达地区的重点生产性私人企业提供无需政府担保的贷款与投资，鼓励国际私人资本流向发展中国家，支持当地资金市场的发展，以推动私人企业的成长和成员国经济发展，进一步充实世界银行的业务活动。

国际金融公司的贷款与投资，只面向发展中国家的私营中小型生产企业，并不要求会员国政府提供担保，公司贷款一般每笔不超过200～400万美元，在特殊情况下最高也不超过2000万美元。公司贷款与投资的部门，主要是制造业、加工业和采掘业、旅游业，以及开发金融公司，再由后者向当地企业转贷。

国际金融公司贷款的方式为：直接向私人生产性企业提供贷款；向私人生产性企业入股投资，分享企业利润，并参与企业的管理；或将上述两种方式相结合。公司在进行贷款与投资时，或者是单独进行，尔后再将债权或股票转售给私人投资者，或者是与私人投资者共同对会员国的生产性私人企业进行联合贷款或联合投资，以促进私人资本向发展中国家投资。

国际金融公司贷款的期限一般为期7～15年，还款时需用原借入货币进行支付，贷款的利率不统一。

（四）亚洲开发银行贷款

亚洲开发银行（Asian Development Bank，AsDB）是个类似世界银行、但只面向亚太地区的区域性政府间金融开发机构。它于1966年11月正式成立，并于同年12月开始营业，总部设在菲律宾首都马尼拉。其宗旨是向其成员国和地区成员提供贷款与技术援助，帮助协调成员国在经济、贸易和发展方面的政策，同联合国及其专门机构进行合作，以促进亚太地区的经济发展。

从亚行的贷款条件来看，亚行根据1990年人均国民生产总值的不同将发展中成员分为A、B、C三类，对不同种类的国家或地区采用不同的贷款或赠款条件。按贷款条件划分，亚洲开发银行的贷款可分为硬贷款、软贷款和赠款三类。硬贷款的贷款利率为浮动利率，每半年调整一次，贷款的期限为10～30年（含2～7年宽限期）。软贷款，即优惠贷款，仅提供给A类成员（人均国民生产总值不超过851美元），贷款期限为40年（含10年宽限期），不收利息，仅收1％手续费。属于B类成员有可能获得软贷款，但与普通资金混合使用。至于赠款，则用于技术援助，资金由特别基金提供，但赠款金额有限制。

亚行贷款的具体形式可分为：

1. 项目贷款，即为某一成员发展规划的具体项目提供的贷款，这些项目须具备经济效益好，有利于借款成员的经济发展和借款成员有较好的资信等三个条件。

2. 规划贷款，即对成员国某个需要优先发展的部门或其所属部门提供资金，以便通过进口生产原料、设备和零部件，扩大现有生产能力，使其结构更趋合理化和现代化。

3. 部门贷款，即对成员国的同项目有关的投资进行援助的一种形式。这项贷款是为提高所选择的部门或其分部门执行机构的技术与管理能力而提供的。

4. 开发金融机构贷款，是通过成员的开发性金融机构进行的间接贷款，因而也称中间转贷。

5．综合项目贷款，是对较小的借款成员的一种贷款方式，把借款数额不大的一些项目捆在一起作为一个综合项目来办理贷款手续。

6．特别项目援助贷款，是为避免亚洲开发银行提供贷款的项目执行过程中由于缺乏配套资金等未曾预料到的困难所提供的贷款。

7．私营部门贷款，分为由政府担保的贷款，或是没有政府担保的股本投资以及为项目的准备等提供技术援助的直接贷款、通过开发性金融机构的现额转贷和对开发性金融机构进行股本投资的间接贷款等。

8．联合贷款，指一个或一个以上的官方机构或私人投资者等经济实体与亚洲开发银行共同为成员国某一项目融资。

思 考 题

1．简述外汇的概念。
2．影响外汇汇率变化的主要因素是什么？
3．外汇交易有哪些方式？
4．试述外汇交易风险管理的办法。
5．简述国际金融市场上的主要融资方式。

主要参考文献

1. 蒋兆祖,刘国冬主编. 国际工程咨询. 北京:中国建筑工业出版社,1996
2. 汤礼智主编. 国际工程承包总论. 北京:中国建筑工业出版社,1997
3. 梁镒编著. 国际工程施工索赔. 北京:中国建筑工业出版社,1996
4. 雷胜强主编. 国际工程风险管理与保险. 北京:中国建筑工业出版社,1996
5. 石玉川主编. 国际贸易理论与实务. 北京:中国建筑工业出版社,1996
6. 何伯森编著. 国际工程招标与投标. 北京:水利电力出版社,1994
7. 梁镒主编. 国际工程施工经营管理. 北京:水利电力出版社,1994
8. 国际咨询工程师联合会(FIDIC)编. 臧军昌等译. 土木工程施工合同条件应用指南. 北京:航空工业出版社,1992
9. 高晓兵,谢庆平主编. 土木工程施工合同条件(FIDIC条款)概论. 北京:中国铁道出版社,1995
10. 中华人民共和国财政部编. 世界银行贷款项目招标文件范本——土建工程国际竞争性招标文件. 北京:清华大学出版社,1997
11. 中华人民共和国财政部编. 世界银行贷款项目招标文件范本——国际复兴开发银行贷款和国际开发协会信贷采购指南. 北京:清华大学出版社,1997
12. 中华人民共和国财政部编. 世界银行贷款项目招标文件范本——货物采购国际竞争性招标文件. 北京:清华大学出版社,1997
13. 中华人民共和国财政部编. 世界银行贷款项目招标文件范本——标准评标报告格式. 北京:清华大学出版社,1997
14. 刘兴东,高拥民主编. 建设监理理论与操作手册. 北京:宇航出版社,1993
15. ITC UNCTAD/GATT编. 亚太地区国家技术咨询服务出口手册. 北京:中国对外经济贸易出版社,1993
16. 刘舒年编著. 国际工程融资与外汇. 北京:中国建筑工业出版社,1997
17. 钱荣堃,陈平等编. 国际金融. 成都:四川人民出版社,1993
18. 孙成刚著. 外汇理论与实务. 北京:中国审计出版社,1995
19. 国际贸易经济合作研究院主办. 国际经济合作. 1994.1~1998.5